KB189505

간화선

간화선

조·계·종·수·행·의·길

조계종
출판사

禪門의 活句는 萬古의 指南이니

達摩의 面壁九年이요 慧可의 求法斷臂로다.

六祖의 頓法이요 馬祖의 平常心인데

臨濟는 喝을 내지르고 趙州는 無字를 외치도다.

大慧는 만연한 死句를 쳐부수고서

祖師의 禪旨를 다시금 提唱하니

石屋과 太古는 등불 앞에서 拍掌하는구나.

三處傳心은 海東으로 源流되어 흘렀고

그 禪河는 三南을 두루 적셨으니

時時에 明眼이요 處處에 知音이로다.

昨今에 看話의 宗旨가 幢柱에 거듭 내걸리니

萬古의 指南이요 禪門의 活句로다.

僧俗의 活計가 여기에 있으니

正路대로 參究하고 또 參究할진저.

억!

2549(2005)년 季春 조계종 종정 도림 법전 識

간 행 사

석가모니 부처님이 보리수 아래에서 깨친 지 2600여 년, 이 깨달음의 소식이 한반도에 전해진 지 어언 1700여 년이 되었습니다. 이 장구한 불교사에서 禪은 부처님의 깨달음을 가장 간명직절하게 보여주는 가르침으로 자리잡았습니다.

비록 선종이 중국에서 성립되었다고는 하나 부처님의 깨달음과 역대 조사님들의 깨달음이 다르지 않으며, 선종에서는 그 깨달음을 어떤 방편도 인정치 않고 바로 체험할 것을 강조합니다. 그러한 禪은 중국, 한국, 일본, 베트남 등 동아시아에서 주된 수행법으로 정착되어 자유자재하고 활발발한 선풍과 문화를 드러내며 대중의 삶과 함께 하여 왔습니다.

특히 송나라 시대에 이르면 선사 스님들이 조사 스님들과 문답을 통해 깨친 인연을 화두로 정형화하여 출·재가를 막론하고 일상에서 참구하도록 하여 禪을 더욱 대중화, 사회화하는 길을 열었습니다.

禪에서는 우리의 마음이 본래 부처라 하고, 보이는 이대로가 극락세계라고 합니다. 곧 부처와 중생이 둘이 아니고, 깨달음과 번뇌가 하나라는 것입니다. 또한 禪의 깨달음은 언어와 문자에 의지하지 않으며, 사유분별이 끊어진 경지에서 바로 자기 마음을 보는 것이라고 합니다. 그래서 禪의 깨달음은 生老病死를 일거에 초탈하여 우리로 하여금 대자유와 대지혜를 얻게 합니다. 이런 점에서 이 禪을 門 없는 門이며, 길 없는 길이라고도 합니다.

그러나 이 禪 수행이 언어와 문자를 의지하지 않기 때문에 자유자재하기도 하지만, 한편으로 아직 미숙한 이에게는 오히려 그것이 禪 자체를 이해하고 체험하는 데 장애가 되기도 합니다.

이를 안타깝게 생각해 온 종단에서는 3년 전부터 종단의 간화선 수행 방법을 정립하여 이 시대 대중이 보다 명료하게 선을 이해하고 수행할 수 있도록 지침서 간행을 추진하여 왔습니다. 그 과정에서 전국선원수좌회의 선원장 스님들께서도 이 불사의 취지를 이해하시고 십여 차례 이상의 편집회의에 동참하시면서 誠心과 勞苦를 아끼지 않으셨습니다.

그리하여 이 책은 禪의 본지에 맞게 이론보다 實參, 방편보다 法

을 위주로 하되, 禪에 입문하려는 초심자나 오랫동안 정진해 온 수행자나 모두에게 도움이 되게 만들었습니다.

부디 이 책을 인연하여 누구나 자기의 본래면목을 바로 보아 온갖 시비분별과 괴로움을 여의고 자유자재하고 활발발한 禪을 체험하시어 마침내는 구경처를 밝히시기 바랍니다.

끝으로 이 불사에 물심 양면으로 기꺼이 협조해 주신 선원장 스님들께 특별히 감사드리고, 아울러 불학연구소 소임자들과 제방에서 성원하여 주신 사부대중께 깊은 감사의 뜻을 표합니다.

佛紀 2549(2005)년 4월 25일
대한불교조계종 교육원장 청 화 합장

편 찬 사

아쉬운대로 간화선 지침서에 대한 정리 작업을 끝내고 편찬사를 쓰게 되었습니다.

간화선에 대한 믿음이 투철한 수행자에게는 말이나 글이라는 방편이 필요 없습니다. 『육조단경』이나 『서장』 등 明眼宗師들의 祖師語錄은 말길이 끊어지고 마음길이 끊어진 일구소식을 명명백백하게 잘 보여 주고 있는 까닭입니다.

그러나 21세기를 맞으면서 간화선이 위기라는 말이 나오고 있습니다. 그만큼 현대인들은 말을 따라가고 이해가 선행되어야 믿는 시대에 살고 있기 때문일 것입니다.

이러한 때를 당하여 말의 흔적을 빌려서라도 최상승 화두참선법에 조금이나마 도움이 되었으면 하는 노파심에서 제방 선원장 스님들이 간화선 편찬에 동참하게 되었습니다. 말보다는 체험을 중시하는 간화선인만큼 동참해야 할지 말아야 할지 많이 망설였으나 두 번에 걸친 수좌회의를 거쳐 어렵게 동참하기로 결정하였습니다. 말 없음으로 마음길이 끊어진 도리, 간화선의 진수를 여여하게 보여 주신

祖師 스님들께 누가 되지 않을까 심히 우려됩니다.

그러나 또 한편 생각해 보면 제3수련이나 그 외 여러 가지 외도 선이 범람하고 있는 것이 현실이기도 합니다. 그러한 문제 의식의 대안 역시 간화선일 수밖에 없습니다. 왜냐하면 주관과 객관이 나누어지기 이전 일구소식, 즉 내가 부처라는 본래성불 도리는 만고불변의 진리일 수밖에 없으니까요.

그러나 막상 간화선 편찬 작업을 시작해 보니 '不立文字 敎外別傳 直指人心 見性成佛'의 도리를 글로 표현한다는 것이 얼마나 어리석은 일인가를 새삼 느끼게 되었습니다. 그렇기는 하나 최선을 다하여 발심이 곧 도량이라는 생각에서 진발심과 정견으로 이어져 말길과 마음길이 끊어진 본래면목을 깨닫는 데 도움이 되도록 노력했습니다.

물론 간화선은 진솔하고 철저한 자기 체험에서 발심이 되고 그 바탕에서 정견이 바로 서는 만큼 이 책은 어디까지나 그러한 길로 들어가는 안내서일 뿐입니다. 이러한 달을 가리키는 손가락의 안내로 눈을 가지고 눈을 보려는 어리석음에서 벗어날 수 있었으면 하는 바람입니다.

꿈 속에서는 꿈인 줄을 모릅니다. 오직 큰 신심과 큰 의심, 큰 분심을 몰록 일으킬 수 있어야 합니다. 그리고 조그만 경계에 속지 말고 大疑之下에 必有大悟임을 굳게 믿어야 합니다. 부디 확철대오 광도중생하여 조계선맥이 중흥하기를 간절히 발원하며 이러한 안내서가 꿈 속의 꿈인 줄 알고 크게 웃는 기연이 오기를 바랄 뿐입니다.

이 책이 나오기까지 애써 주신 모든 분들께 합장하고 고마움의 예를 올립니다.

나무마하반야바라밀

佛紀 2549년 봄

편찬위원장 혜 국 합장

11

치 사

무문無門 선사는 "부처님의 말씀은 마음으로 종을 삼고 문 없음으로 문을 삼는다(佛語心爲宗 無門爲法門)"라고 했습니다. 이처럼 불법은 마음이 근본이기에 세존世尊께서는 이심전심以心傳心의 방법으로 가섭에게 마음을 전하셨으며, 문 없는 문으로 들어가는 길이기에 문자에 의지하지 아니하고 교외별전教外別傳으로 심인心印을 전하셨습니다.

하지만 대각大覺 국사는 "지극한 뜻은 말을 떠나 있으므로 설명으로 헤아리기 어려우나 이름(名)과 의미(義)를 빌리지 않는다면 어찌 그 뜻을 드러낼 수 있겠는가?"라고 했습니다. 비록 선법禪法이 마음에 있고 그것이 언어와 사유를 벗어나 있는 이언절려離言絶慮의 세계라고 할지라도 그곳으로 중생들을 인도하기 위해서는 부득이 세간의 언어로 설명할 수밖에 없습니다.

언어와 문자가 비록 종취宗趣는 아니며 제불조사께서 전하신 심법은 아닐지라도 깨달음의 세계를 지시하는 이정표인 것만은 분명합니다. 그래서 대혜大慧 선사는 문자에 의지하지 않고 곧바로 화두를 참구하는 간화선을 지도함에 있어서도 자상하게 편지로 전달하는 노고를 마다하지 않으셨습니다.

　비록 문자라 할지라도 그것을 바르게 활용한다면 선문禪門을 두드리는 문와자門瓦子가 되며, 이것이 계기가 되어 생사고해를 벗어나 대해탈의 세계로 들어가는 방편이 되기 때문입니다. 이런 연유로 달마 대사는 교教에 의지하여 종취를 깨닫는다는 '자교오종藉教悟宗'을 말씀하셨고, 무문 선사는 말 없는 세계로 가야 하는 학인들의 난망한 마음을 덜어 주기 위해 『무문관無門關』 48칙을 정리하여 선문禪門을 두드리는 기와조각으로 삼게 하였습니다.

　오늘 이렇게 간화선에 대한 친절한 수행 지침서를 펴내게 된 것도 이상과 같은 취지에서 중생들을 바른 길로 인도하고자 하는 수좌 스님들의 뜻이 모여 이루어진 결실입니다. 고우, 무여, 혜국, 의정, 설우 스님으로 구성된 간화선 편찬위원 스님들은 선원의 고요함을 뒤로한 채 육신의 고단함을 마다하지 않고 이와 같이 훌륭한 수행 지침서를 발간하였습니다. 이것은 장겁長劫에 걸쳐 육도六途로 유랑

流浪하는 중생을 생사해탈生死解脫의 세계로 인도하고자 하는 자비심의 발로가 아닐 수 없습니다.

이제 선에 대한 관심은 비단 우리나라뿐만 아니라 전 세계적인 현상이 되었습니다. 전국선원수좌회에서는 이와 같은 세계적 추세에 발맞추어 한국선의 역사와 수승함을 보여 주기 위해 기존에 발간된 『간화선』의 인용문을 한국 조사 스님들의 법어로 교체하는 작업을 거쳐 개정판을 내놓게 되었습니다. 이 책이 조계의 정문으로 들어가는 나침반이 됨은 물론 한국선의 수승함을 세계에 알리는 데 일조하리라 믿습니다.

끝으로 이 책이 나오기까지 세심하게 내용을 심의해 주시고 한 자 한 자 검증하는 번거로운 수고를 아끼지 않으신 전국선원수좌회 편찬위원 스님들께 다시 한 번 감사의 말씀을 전하며, 더불어 교육원 불학연구소와 조계종출판사 관계자들에게도 종단을 대표하여 노고를 치하하는 바입니다.

묘한 깨달음의 정체는 마음의 길이 모두 끊어져야 한다(妙悟要窮

心路絕)고 했습니다. 부디 이 책의 가르침을 길잡이로 삼아 밖으로 모든 인연을 쉬고(外息諸緣) 안으로 마음의 헐떡거림을 소멸하여(內心無喘) 제불조사와 어깨를 나란히 하는 선지식이 곳곳에서 많이 배출되기를 기원합니다.

2007년 12월

대한불교조계종 총무원장 지 관

차 례

제1부 기초 단계

제1장 조사선과 그 역사적 전개

제2장 간화선 개관

제2부　실참 단계(공부 단계)

제1장 화두의 결택 단계

제2장 지도자의 역할

제1부

기초 단계

제1장
조사선과 그 역사적 전개

1. 조사선의 의미와 그 흐름

조사선의 의미

죽이는 칼(殺人刀)과 살리는 칼(活人劍), 이것은 존재의 본래 모습이자 살아 흐르는 삶의 알맹이다. 그러니 죽임에 대해 말하더라도 터럭 하나 다치지 않고 삶에 대해 말하더라도 곧 목숨을 잃고 만다. 깨달음 그 자리는 어떤 성인도 전할 수 없는 것이니 어거지로 깨닫고자 하는 이는 물 속의 달을 건지려는 원숭이와 같다.

殺人刀活人劍 乃上古之風規 亦今時之樞要. 若論殺也 不傷一毫 若論活也 喪身失命. 所以道 向上一路 千聖不傳 學者勞形 如猿捉影.

— 『碧巖錄』 第12則. 洞山麻三斤

조사선祖師禪이란 깨달음을 완성한 모든 조사들이 본래 이뤄져 있는 깨달음의 세계를 바로 눈앞에 들어 보인 법문이다. 이 법문에 들면 말길과 생각의 길이 끊어지고 스스로가 본래 부처임을 명확히 깨달아 어디에도 걸리지 않는 자재한 삶을 누리게 된다.

체로금풍體露金風이라는 말이 있다. 가을바람에 잎이 다 떨어지면 나무의 본래 모습이 적나라하게 드러나는 곳에 맑은 가을바람이 충만한 것을 표현한 말이다. 이와 같이 누구라도 조사선의 법문을 들으면 말과 생각이라는 자아의 존재방식이 허물어져 법계의 참모습이 있는 그대로 드러나게 된다. 조사선이란 바로 이와 같은 것이다.

부처님께서는 마흔다섯 해 동안 길에서 길로 다니며 쉼 없이 가르침을 펴다가 마침내 스스로 체득하신 깨달음의 세계를 마음에서 마음으로 전하는 이심전심以心傳心의 방법으로 마하가섭 존자에게 전하니, 이 일의 기연機緣은 다음과 같다.

어느 날 부처님께서는 한 송이 연꽃을 들어 많은 대중 앞에 보이셨는데 그 대중 가운데 오직 마하가섭 존자만이 빙그레 미소지었다. 부처님께서 연꽃을 들어 마음을 보이시자 가섭 존자가 그 마음을 바로 깨닫고 미소로 화답해 드린 것이다.

"꽃을 드시자 빙그레 웃네."

이른바 '염화미소拈花微笑'가 바로 이것이다.

선禪은 염화미소의 뜻깊은 기연으로 탄생하였다. 부처님께서는 이 염화미소의 기연 외에도 두 번 더 이심전심의 방법으로 가섭 존자에게 마음을 전하였으니 이것을 '삼처전심三處傳心'이라 한다. 이와 같이 부처님께서 가섭 존자에게 전해 주신 법은 그 뒤로도 스승과 제자 사이에 끊임없이 계승되었다.

인도에서 스물여덟 번째로 이 법을 물려받은 분은 보리 달마菩提達摩 조사이다. 달마 조사는 중국으로 건너와 부처님의 진정한 선법禪法을 전하여 동토東土의 첫 조사가 되었던 것이다.

조사선의 흐름

중국의 선종禪宗은 인도의 스물여덟 번째 조사이자 중국 조사선의 첫 번째 조사인 달마 선사로부터 시작되었다. 이리하여 부처님께서 전하신 선법은 초조 달마(達摩 ?~?), 이조 혜가(慧可 487~593), 삼조 승찬(僧璨 ?~606), 사조 도신(道信 580~651), 오조 홍인(弘忍 601~674), 육조 혜능(慧能 638~713) 선사를 통해 면면히 계승되어 선종의 거대한 흐름을 형성하였다. 마하가섭 존자로부터 혜능 선사까지 선법을 이어 온 전법 조사들은 모두 서른세 분이다. 그래서 삼십삼 조사 또는 삼삼조사卅三祖師라 일컫고 있다.

선은 이와 같이 부처님께서 마하가섭 존자에게 마음을 보여주신 일에서 싹이 텄다. 이 선법이 여러 조사들을 거쳐 중국에 이르게 되었으니, 달마 조사께서는 소림사에서 면벽구년面壁九年으로 마음자리를 보이셨고 역대 조사들께서도 마음에서 마음으로 이어가며 전해 왔기에 이를 조사선이라 한다.

조사선을 실질적으로 정착시킨 분은 육조 혜능六祖慧能 선사이다. 혜능 선사는 모든 사람이 본래 지닌 자성自性을 직시하여 바로 그 자리에서 몰록 깨치는 돈오견성頓悟見性을 천명하였다. 중국의 선종이 면면히 흐를 수 있었던 것은 혜능 선사가 이러한 돈오선법을 온몸으로 펼쳐냈기 때문이다.

혜능 선사의 선법을 확고히 다진 분은 선사의 제자인 하택 신회(荷澤神會 684~758) 선사이다. 그는 오조 홍인 선사의 문하에서 선법을 익혔던 대통 신수(大通神秀 606~706) 선사와 그의 문하 숭산 보적(嵩山普寂 651~739) 선사가 가르친 선을 북종선北宗禪이라 부르고 혜능 선사의 선법을 남종선南宗禪이라 하였다. 신회 선사는 북종선은 점차적인 닦음을 통해 깨달음에 이르는 점수법漸修法으로 조사선의 방계傍系이며, 혜능 선사의 남종선은 달마 조사가 전한 돈오법頓悟法으로 정통이라 하였다. 곧 신수 선사의 북종선은 점차적으로 이르는 점수법인 반면에 혜능 선사의 남종선은 마음을 단도직입하여 견성하는 돈오법으로 이 두 선법은 수행과 깨달음의 길에 큰 차이가 있다는 점을 부각시켰다.

신회 선사 이후 조사선을 크게 융성시킨 분들은 마조 도일(馬祖道一 709~788) 선사와 석두 희천(石頭希遷 700~790) 선사 문하의 선지식善知識들이다. 이들은 양자강 남쪽에 위치한 강서江西와 호남湖南 지방을 중심으로 조사선풍을 크게 진작시켰다. 마조 선사는 남악 회양(南嶽懷讓 677~744) 선사의 법을 이었고, 석두 선사는 청원 행사(靑原行思 ?~740) 선사의 법을 이었다. 마조와 석두 선사는 조사선의 가르침을 널리 펼쳐 뛰어난 제자들을 많이 두어 선종을 역사 속에 확고히 뿌리내리게 하였다.

예를 들면 마조 선사의 많은 제자 중에 백장 회해(百丈懷海 749~814) 선사가 있다. 백장 선사는 선원禪院의 청규淸規를 제정하고 중국에 최초의 선 수행 공동체인 총림叢林을 만들었다. 또한 '하루 일하지 않으면 하루 먹지 않는다(一日不作 一日不食)'는 생활 원칙을 스스로 실천하여 자급자족하면서 수행에 전념하는 선원 공동체의 기틀을 다져 선종을 역사의 반석 위에 우뚝 서게 하였다.

마조 선사와 석두 선사 문하의 많은 선지식들은 또 그 문하에 수많은 선사들을 배출하여 선법이 중국뿐만 아니라 동아시아에 널리 확산되게 하였다. 9세기에서 10세기 중반에 이르면 석두계에서는 조동종·운문종·법안종, 마조계에서는 임제종·위앙종의 오가五家가 성립되었고, 다시 11세기 중반에 이르면 임제종에서 황룡파와 양기파가 분립되니 이른바 오가칠종五家七宗이라는 중국 선종의 황금기를 누리게 된다.

이후 오가칠종이 점차 쇠퇴하여 12세기 중반이 되면 조동종 계통의 굉지 정각(宏智正覺 1091~1157) 선사가 묵조선默照禪을 선양하게 되었고, 임제종 계통의 대혜 종고(大慧宗杲 1089~1163) 선사는 이를 비판하면서 간화선看話禪을 체계화하여 널리 확산시켰다. 그러므로 조사선은 다시 수행방법상 묵조선과 간화선으로 나뉘어 새로운 시대를 맞이하기에 이른다.

대혜 종고 선사가 체계화한 간화선은 조사선의 핵심을 가장 잘 간직하고 있는 수행법이다. 즉 간화선은 조사선이 강조하는 견성 체험을 그대로 이어받았을 뿐만 아니라, 조사 스님들께서 마음의 본래면목本來面目을 바로 보였던 말길이 끊어진 말씀을 화두라는 형태로 잘 정형화해서 이 화두를 통해 지금 이 자리에서 마음을 깨치게 하는 탁월한 수행법이다.

2. 한국선의 역사와 전통

선의 전래와 조사선의 수용

한국의 간화선은 육조 혜능 선사가 정착시킨 조사선의 흐름을 고스란히 이어받고 있는 조사선의 정맥이다. 한국에 이 선법이 처음 들어온 것은 신라 말과 고려 초기로 당시 당나라에서 유학한 구법승들이 중국에서 선법을 받아와 이 땅에 전파하기 시작했다.

이들은 대부분 혜능 선사의 제자들에게 선법을 받아왔고 이들에 의해 형성된 것이 바로 구산선문九山禪門이다. 고려시대에 이르자 이 구산선문을 통칭하여 '조계종曹溪宗'이라 불렀는데, 이것은 혜능 선사의 선법을 이은 선종이라는 뜻이다.

대한불교조계종의 '조계종'이라는 종명 또한 혜능 선사가 머물며 돈오선법을 펼쳤던 산 이름에서 유래한다. 당송시대부터 혜능 선사를 조계 혜능曹溪慧能으로 불러 온 점으로 볼 때, 조계종은 그 정체성을 조사선의 정맥을 잇는 데 두고 있음을 단적으로 알 수 있다.

구산선문과 그 선문을 연 개산조開山祖는 『선문조사예참문禪門祖師禮懺文』[1]에 따르면 다음과 같다.

① 가지산문迦智山門 도의道義 국사

② 사굴산문闍崛山門 범일(梵日 810~889) 국사

③ 사자산문師子山門 도윤(道允 798~868) 국사

④ 성주산문聖住山門 무염(無染 800~888) 국사

⑤ 봉림산문鳳林山門 현욱(玄昱 787~868) 국사

⑥ 희양산문曦陽山門 도헌(道憲 824~882) 국사

⑦ 동리산문桐裏山門 혜철(慧哲 785~861) 국사

⑧ 수미산문須彌山門 이엄(利嚴 870~936) 국사

⑨ 실상산문實相山門 홍척洪陟 국사

『선문조사예참문』에서는 가섭 존자로부터 육조 혜능 선사에 이르는 서른세 분의 삽삼조사卅三祖師 법계를 기록하고 난 뒤 구산선문의 개산조를 위와 같이 밝히고 있다.

조계종의 종조인 도의 국사는 혜능 선사의 4세인 서당 지장(西堂智藏 735~814) 선사에게 선법을 받아왔다. 도의 국사는 지장 선사를 스승으로 모시고 참구하여 의심뭉치인 의단疑團을 풀고 드디어 막힌 체증을 뚫었다. 이를 본 지장 선사는 마치 돌 속에서 아름다운 옥을 고른 듯, 조개껍질 속에서 진주를 주워 낸 듯 기뻐하면서 "진실로 이런 사람에게 법을 전하지 않고 누구에게 전하랴!"2 하면서 법명을 '도의道義'로 고쳐 주었다고 한다.

---

1. 1600年 正月 八公山 符仁寺 開板

이렇게 해서 조사선은 우리나라 스님으로서는 최초로 도의 국사에게 전해진 것이다. 그런데 도의 국사가 의단을 풀었다는 내용을 보면 국사는 지장 선사에게 참문參問하여 가르침을 받고 스승이 전해준 말씀을 간절하게 참구하다가 깨달았음을 알 수 있다. 물론 당시 조사선의 수행법은 간화선이 체계화되기 이전의 선법이었다. 그렇지만 간화선이 체계화되기 이전의 조사선에서도 화두 참구와 같은 방식의 수행법이 있었다는 점을 분명히 알아야 한다.

고려를 세운 태조 왕건의 건국이념은 불교였다. 성종 이후에는 유학이 정치이념으로 자리잡게 되면서 불교는 그때까지 기능해 왔던 역사 형성력이 약화되었고 기존의 문벌귀족과 유착되면서 보수 세력으로 자리하게 되었다. 이런 상황에서 대각 국사大覺國師 의천(義天 1055~1101)이 출현하여 문벌귀족과 결탁한 왕권강화라는 왕실의 정책에 부응하여 경전을 수집하고 속장경을 조판하고 천태종을 개창하였다.

한편 왕실의 강력한 후원을 받는 천태종의 출현으로 선종은 다소 위축되었는데, 12세기에 접어들어 교단을 정비하면서 새로운 기

---

2. 洪州開元寺, 就於西堂智藏大師處, 頂謁爲師, 決疑釋滯. 大師猶若攟石間之美玉, 拾蚌中之眞珠 謂曰 … "誠可以傳法, 非斯人而誰" ─『祖堂集』第17卷.

반을 다져 나갔다. 가지산문의 원응 학일(圓應學一 1052~1144) 국사와 사굴산문의 묵암 탄연(默庵坦然 1070~1159) 국사는 선종의 부흥을 위해 활약했던 분들이다. 또한 선승들과 폭넓은 교류를 하면서 당시 고려 선에 사상적 영향을 크게 미쳤던 이자현(李資賢 1061~1125) 거사는 활기찬 거사불교시대를 꽃피웠다.

이러한 두 흐름은 사상과 실천에서 상호 교류를 통해 북송에서 들어온 새로운 선사상을 수용하면서 이전의 선풍을 새롭게 변화시켜 나갔다. 당시 송나라에서는 『능엄경楞嚴經』이 유행했는데 중국에서 유학한 의천은 『능엄경』을 들여와 능엄도량을 개설하고 주석서를 정리하여 『능엄경』을 크게 펼쳤다. 이자현 거사는 이 영향으로 처음에는 선사상을 기본 입장으로 하여 『능엄경』을 받아들였으나 뒷날 설봉(雪峰 822~908) 선사의 어록을 보다 깨닫게 되어 그 당시 탄연 선사와 같은 여러 선승들과 활발하게 교류하게 되었던 것이다.

이 무렵의 고려 선승을 대표하는 선사 가운데는 담진曇眞 선사가 있다. 선사는 송나라에 3년 동안 유학하면서 부산 법원(浮山法遠 991~1067) 선사에게 선법을 받고 변경에 있는 정인사淨因寺의 주지로 주석하기도 했다. 담진 선사는 유학을 통해 북송 선종계의 동향과 사상적 흐름에 깊은 영향을 받았다. 선사는 예종 13년 안화사安和寺 주지로 있으면서 유학생활을 통해 익힌 선법과 좌선규칙을 폈는데, 이것은 고려 선풍을 조직적이고 체계적으로 활성화시키는 큰 계기가 되었다. 담진 선사의 법을 이은 제자들이 왕사 · 국사에 오르면서 담진 선사 문하의 선승들이 불교계를 이끄는 주된 흐름을 형성하게 되었다.

탄연 선사도 임제종의 황룡 혜남(黃龍慧南 1002~1069) 선사의 선법을 이은 개심(介諶 1080~1148) 선사에게 서신을 통해 인가를 받고 그의 제자들과 활발하게 교류하였다. 선사가 개심 선사에게 인가받은 일은 선종사서인 『오등회원五燈會元』에 수록되어 있다.

이와 같이 담진 선사를 비롯하여 탄연 선사와 학일 선사 같은 분들이 북송의 선사들과 교류하면서 고려에는 새로운 선적禪籍이 들어와 송의 선문학이 도입되었고 공안선公案禪이라는 새로운 선풍이 자리를 잡게 된다.

간화선의 수용과 정착

고려시대 무신집권기에 보조 지눌(普照知訥 1158~1210) 선사의 등장으로 선풍은 다시 한번 크게 일어나게 되었다. 보조 국사가 수선사修禪社[3]에서 선정과 지혜를 함께 닦는 수행운동인 정혜결사定慧結社를 전개하자, 선을 닦는 수행자들이 사방에서 모여들었다.

---

3. 지금의 순천 송광사

이 때 비로소 대혜 선사가 세운 간화선법이 보조 국사에 의해 우리나라에 처음 도입된다. 국사는 수행으로 들어가는 문으로 성적등지문惺寂等持門, 원돈신해문圓頓信解門과 더불어 간화경절문看話徑截門이라는 세 가지 방법을 세웠다. 여기서 간화경절문이란 화두를 들고 바로 질러가는 간화선 수행법을 말한다. 국사는 뛰어난 근기의 수행자를 위해 간화선을 제시했던 것이다.

국사는 그의 나이 마흔한 살 때 지리산 상무주암上無住庵에서 『대혜어록大慧語錄』을 보다가 깨달음을 얻게 되었다. 『대혜어록』은 중국에서 간화선을 정착시킨 대혜 선사의 어록이다. 이 글을 읽고 깨친 보조 국사는 간화선의 수행법과 이치에도 저절로 눈이 열렸을 것이다. 국사는 『간화결의론看話決疑論』과 『절요사기節要私記』에서 간화선 수행의 필요성과 무자無字 화두를 들 때 생길 수 있는 문제점에 대하여 자세히 언급하고 있다.

그러나 간화선을 고려 불교에 본격적으로 수용한 분은 진각 혜심(眞覺慧諶 1178~1234) 국사이다. 혜심 선사는 우리나라 최초의 공안公案 모음집이라 할 수 있는 『선문염송禪門拈頌』을 편찬하였다. 이 공안집은 수행승들이 화두로 공부할 수 있는 실질적인 길을 열어 놓았다. 또한 혜심 선사는 『구자무불성화간병론狗子無佛性話揀病論』을 저술하여 수행자들이 '무자 화두(狗子無佛性話)'에 들어 공부할 때 생길 수 있는 구체적인 병통과 그 증상에 대하여 자세히 밝혀 놓았다.

혜심 선사 이후 간화선의 수행법과 가풍은 수선사의 열여섯 국사를 통하여 계승되었다. 물론 이분들이 활동하던 시기에도 중국에서 간화선 수행법이 몇 차례 고려에 들어오기도 하였다.

1270년 무신정권이 무너지고 왕정복고가 이루어지면서 고려는 본격적으로 원나라의 간섭기에 접어들게 된다. 무신집권기에 고려 불교를 주도하던 수선사와 백련사 계통이 퇴조하고 충렬왕 이후 선종의 가지산문과 천태종의 묘련사 계열과 법상종 계통이 고려 불교의 역사 전면에 새롭게 떠오르게 된다.

수선사가 퇴조하면서 간화선의 흐름은 새롭게 떠오른 일연(一然 1200~1289) 선사를 중심으로 한 가지산문이 주도하기에 이른다. 일연 선사는 젊은 시절 밀교와 관음신앙에 뜻을 두었으나 그 뒤 사상적 변화를 일으켜 멀리 보조 선사의 법을 잇고, 1249년에는 남해 정림사에서 『선문염송』을 열람하고 『선문염송사원禪門拈頌事苑』을 저술하였다. 이 무렵 고려의 많은 선승들은 원나라에 들어가 구법활동을 하였고, 이들을 통해 많은 선적과 새로운 선법이 도입되면서 고려의 선종은 새로운 국면을 맞게 된다.

간화선의 발전과 완전한 정착

간화선이 이 나라에 확고하게 정착된 것은 고려 말에 활약한 세 선지식에 의해서였다. 이 세 선지식은 태고 보우(太古普愚 1301~1381), 나옹 혜근(懶翁惠勤 1320~1376), 백운 경한(白雲景閑 1299~1375) 선사를 말한다. 이분들은 몸소 중국으로 들어가 선문의 진정한 종사들과의 거량을 통해 임제종의 바른 법맥을 이은 뒤 고려로 돌아왔다. 이렇게 해서 세 선지식은 당시 고려 선문의 새로운 가풍으로 형성된 몽산蒙山 선사의 가르침대로 깨달은 뒤 본색종사를 찾아가 인가를 받는 엄정한 전통을 세웠던 것이다.

태고 보우 국사는 스무 해 동안의 뼈를 깎는 정진으로 서른일곱 살에 오매일여寤寐一如가 되고, 서른여덟 살 때 활연히 대오大悟했다. 선사는 그 뒤 원나라 하무산霞霧山에 머물던 석옥 청공(石屋淸珙 1272~1352) 선사를 찾아가 임제종의 정맥을 이어왔다.

나옹 혜근 선사는 스물일곱 살에 크게 깨치고 원나라에 들어가 그 곳에서 십 년 동안 머물렀다. 스님은 원나라에 머무는 동안 처음에는 평산 처림(平山處林 1279~1361) 선사에게 가사와 불자拂子와 함께 그의 선법을 전해 받았고, 다음에는 인도에서 건너온 선지식인 지공指空 선사에게 가사와 불자 및 범어로 쓴 서신을 받아왔다.

백운 경한 선사는 어려서 출가하여 크게 깨달은 뒤 중국에 가서 태고 국사와 마찬가지로 석옥 청공 선사의 법을 받아왔다. 백운 선

사는 세계 최고의 금속활자본인 『직지심체요절』[4] 의 편저자이기도
하다.

　나옹 혜근과 백운 경한 선사의 활약이 두드러진 것도 사실이지
만 간화선을 고려 말에 널리 확산하여 정착시킨 분은 역시 태고 보
우 국사이다. 보우 국사는 본분종사의 가풍으로 부처를 초월하고 조
사를 뛰어넘는 초불월조超佛越祖의 격외선지格外禪旨에 따라 '대장경
의 모든 가르침과 천칠백 공안과 임제의 할喝과 덕산의 방棒일지라
도 본분상에서 볼 때는 다 부질없는 것'이라 설파했다.

　국사는 간화선 수행을 하되 화두를 참구하여 의심이 끊어지지
않도록 하고, 화두를 타파한 뒤에는 본색종사를 찾아가 깨달은 경지
를 확인받으라고 가르쳤다. 곧 태고 선사는 화두를 참구하여 깨달은
뒤 본색종사를 찾아가 묻고 바른 깨달음인지 아닌지를 결택받아야
한다는 간화선 수행체계를 명확히 세워 놓은 것이다.

---

4. 고려시대인 1372년에 백운 경한(白雲景閑, 1299~1375) 선사가 부처님과 조사의 게
송·법어에서 선의 요체를 깨닫는 데 필요한 내용을 뽑아 엮은 책이다. 정식 서명은
『백운화상초록불조직지심체요절白雲和尚抄錄佛祖直指心體要節』이나, 주로 『불조직
지심체요절』로 부른다. 상·하 2권으로 되어 있다. 1377년 청주 흥덕사에서 금속활
자로 찍어냈는데, 지금까지 전해지는 것은 하권 1책으로 프랑스 국립도서관에 소장되
어 있다. 이것이 세계에서 가장 오래된 금속활자본이며, 2001년 유네스코 세계기록
유산으로 지정되었다. 우리나라의 간화선사가 지은 선서가 세계 최초의 금속활자본
이었다는 것은 매우 의미 있는 일이다.

태고 보우 국사가 대한불교조계종의 중흥조로 숭앙받는 이유는 이러한 간화선의 수행체계를 확립한 점과 더불어 중국에서 임제종의 정맥을 이어와서 이 법맥이 조선 불교를 통해 끊임없이 전해 내려왔기 때문이다. 다음은 보우 국사가 석옥 청공 선사를 만나 법을 거량하여 임제선법을 전해 받은 내용이다.

석옥 화상이 「태고암가」의 발문을 써 주면서 물었다.

"우두牛頭 선사가 사조四祖를 만나기 전에는 무엇 때문에 온갖 새들이 꽃을 입에 물고 왔는가?"

"부귀하면 사람들이 다 우러러보기 때문입니다."

"사조를 만난 뒤에는 무엇 때문에 꽃을 입에 문 새들을 찾아볼 수 없었는가?"

"가난하면 아들도 멀어지기 때문입니다."

"공겁空劫 이전에도 태고太古가 있었는가, 없었는가?"

"허공이 태고 가운데서 생겼습니다."

석옥 화상은 미소를 지으며 말했다.

"불법이 동방으로 가는구나."

화상은 다시 가사를 주며 믿음을 표하며 말했다.

"이 가사는 오늘 전하지만 이 법은 부처님께서 전하시어 오늘에 이른 것이오. 이제 그대에게 전해 주니 잘 보살펴 지녀서 끊어지지 않게 하시오."

또 주장자를 집어 들면서 이렇게 당부했다.

"이것은 노승이 평생토록 지녔던 것이오. 오늘 그대에게 주니 그
대는 이것으로 길잡이를 삼으시오."

屋跋 所獻歌以授 乃問 牛頭未見四祖時 因甚百鳥啣花. 曰富貴人皆
仰. 曰見後因甚百鳥啣花覓不得. 曰淸貧子亦踈. 屋又問 空劫已前
有太古耶 無太古耶. 曰空生太古中. 屋微笑云 佛法東矣. 遂以袈裟
表信曰 衣雖今日 法自靈山 流傳至今 今附於汝 汝善護持 毋令斷
絶. 拈拄杖囑云 是老僧平生用不盡的 今日附你你將這箇 善爲途
路.   ─『太古和尙語錄』「行狀」

조선시대의 간화선 전승과 근세의 간화선 재흥

간화선법은 보우 국사에 의해 우리나라에 완전히 정착되었고 이
것을 계기로 간화선은 한국 불교의 주된 수행법으로 확고하게 자리
잡았다. 보우 국사의 선맥은 환암 혼수(幻菴混修 1320~1392), 구곡 각
운(龜谷覺雲), 벽계 정심(碧溪正心), 벽송 지엄(碧松智嚴 1464~1534), 부용
영관(芙蓉靈觀 1485~1571) 선사로 이어졌고, 영관 선사에 이르러 다시
청허 휴정(淸虛休靜 1520~1604) 선사와 부휴 선수(浮休善修 1543~1615) 선
사의 양대 산맥을 형성하게 된다.

서산 선사 문하에는 편양 언기(鞭羊彦機 1581~1644) 선사와 사명 유정(四溟惟政 1544~1610) 선사라는 두 거장이 나왔고, 이 가운데 편양 언기 선사의 문파가 뒷날까지 번창하게 되었다. 이 선맥은 다시 편양 선사에서 풍담 의심(楓潭義諶 1592~1655), 월담 설제(月潭雪霽 1632~1704), 환성 지안(喚惺志安 1664~1729) 선사로 이어진다.

　근세에 와서 조계종의 간화선풍을 크게 진작시킨 분은 경허 성우(鏡虛惺牛 1846~1912) 선사와 용성 진종(龍城震鍾 1864~1940) 선사이다. 경허 선사는 용암 혜언龍巖慧彦 선사의 법을 이었다. 경허 선사의 출현은 꺼져 가는 간화선의 선풍을 되살리는 직접적인 계기가 된다. 경허 선사의 제자로는 수월(水月 1855~1928) · 혜월(慧月 1862~1937) · 만공(滿空 1871~1946) · 한암(漢岩 1876~1951) 선사 같은 분들이 있다.

　용성 선사는 환성 지안 선사의 법맥을 이었다. 간화선에서는 무엇보다도 법을 소중하게 여기기 때문이다. 이리하여 환성 선사 이후 적막하던 종문이 이분들로 말미암아 다시 활기를 되찾아 오늘에 이르렀다. 이분들의 선풍은 모두 조사선에 바탕을 둔 간화선 일맥이었다.

3. 우리나라의 조사선 가풍

고대광실 큰 대궐도 안중에 없고
소림의 가풍도 따르지 않네.
이 모든 격식에서 벗어났으니
구름 밖 저곳에 청산이 푸르네.
珠樓玉殿未爲對 少室風規亦不式
燦破八萬四千門 那邊雲外靑山碧   －『太古和尙語錄』「太古庵歌」

한국 불교는 조사선 가풍의 간화선 수행이 펄펄 살아 숨쉬고 있
는 불교로 이는 다른 불교권에서는 찾아볼 수 없는 참으로 희유한
점이다. 조사선을 잉태해서 낳은 중국에서는 명·청대에 들어 당·
송대의 활발하던 선풍이 침체되어 가다 근대의 문화혁명 과정에서
그 맥이 거의 단절되어 버렸다.

일본 또한 선이 이어지고는 있지만 그것이 일본 불교계를 대표
할 수 있는 주된 수행법은 아니다. 우리나라에서 대규모로 시행되고
있는 안거제도만 하더라도 일본에서는 겨우 일각에서만 이어지고
있을 뿐이다. 더구나 최근 들어 젊고 총명한 서양 불자들이 조계종
으로 출가하여 참선 정진하고 있는 모습을 볼 때, 우리나라 조사선
의 전통과 가치를 다시 한번 주목하지 않을 수 없다.

조계종에서는 해마다 이천여 명의 수선납자들이 일백여 선원에서 세 달씩 여름안거(夏安居)와 겨울안거(冬安居)에 들어간다. 안거란 선원에서 산문 밖 출입을 일체 삼가고 참선 정진하는 일을 말한다. 안거 동안 선원 수행자들이 잠자리에서 일어나는 시간은 사찰의 기상 시간인 새벽 3시 혹은 그보다 빠른 새벽 2시다. 기상한 뒤 선원 대중들은 죽비 소리에 맞추어 말없이 삼배로만 예불을 올린다. 선원에서는 때 맞춰 음식을 드는 공양(供養) 시간과 함께 일하는 운력(運力) 시간 외에는 각 선원의 청규에 따라 저녁 9시나 10시 또는 11시까지 좌선 정진에만 몰두한다. 선원의 정진 시간이 다른 까닭은 선원마다 정진하는 가풍이 다르기 때문이다. 선원의 정진하는 가풍은 보통 세 가지로 나누어진다.

첫째, 일반정진이 있다. 일상적으로 행하는 정진으로 하루 여덟 시간 내지 열 시간 참선 정진을 한다.

둘째, 가행정진(加行精進)이 있다. 이는 일상 정진에 더욱 박차를 가하여 힘쓴다는 뜻으로 하루 열두 시간 내지 열네 시간 참선한다.

셋째, 용맹정진(勇猛精進)이 있다. 밤낮 스물네 시간을 잠자지 않고 정진하는 것으로 보통 열여덟 시간 이상 참선을 한다. 대다수 선원에서는 온 대중이 이레 동안 용맹정진하며 어떤 선원에서는 한 달 동안 용맹정진하기도 한다.

용맹정진 외에도 세 달 내지 그 이상의 기간을 정하여 눕지 않고 좌선하는 장좌불와長坐不臥가 있으며, 혼자서만 기거할 수 있는 독방에 문을 걸어 잠근 채 문 밖을 나가지 않고 홀로 참선 정진하는 무문관無門關 수행도 있다. 이러한 무문관 수행은 여섯 달, 한 해, 세 해, 많게는 여섯 해 단위로 이어지기도 한다. 이 밖에도 15개월 결사, 삼년 결사 등의 형태로 온 대중이 산문 밖 출입을 일체 금하고 한 선원에서 일정 기간 동안 정진하기도 한다.

안거가 끝나면 선승들은 만행萬行을 떠난다. 이러한 선승들을 구름이나 강물처럼 흐르는 수행승이라는 뜻으로 운수승雲水僧이라 일컫는다. 만행을 떠나는 까닭은 안거 기간 동안 참선 정진으로 일구어 낸 경지를 구체적인 삶의 현장에서 펼쳐 보는 데 있다. 그리고 눈 밝은 스승을 찾아가 자신의 깨달음이나 수행상태를 점검받기도 한다. 또한 만행은 여러 가지 삶의 경계에서 화두를 여일하게 드는 또 하나의 구도 과정이기도 하다.

운수납자雲水衲子라는 말이 있다. '납자'란 누더기처럼 승복을 입고 다니는 수행승을 말한다. 즉 검소하게 기운 누더기 승복을 걸치고 이곳 저곳을 걸어다니며 스스로의 수행력을 키워 나가거나 깨친 상태를 세밀히 점검하는 수행승을 운수납자라 한다. 또 어떤 납자들은 산철결제라 하여 정기적인 안거가 아닌 해제철에도 지속적으로 참선하는 선원에서 함께 정진하기도 한다.

우리나라의 그윽하고 맑은 산 품 안에는 선원이나 작은 암자들이 자리잡고 있다. 이런 곳에는 영겁의 어둠을 밝히려는 운수납자들이 모여 오롯이 미동도 하지 않은 채 화두 일념의 좌선 삼매에 들어 있다. 또한 수많은 재가불자들도 도심 속의 시민 선방에서 화두를 들고 참선 정진하면서 자기 마음자리를 밝혀 나가고 있다.

제2장
간화선 개관

1. 간화선이란 무엇인가?

간화선의 본질

한 기연, 한 경계, 한 말씀, 한 구절에서 깨닫고자 하는 것은 생살을 긁어 부스럼을 만들고 고정된 틀을 만드는 것이다.

垂示云 一機一境 一言一句 且圖有箇入處 好肉上剜瘡 成窠成窟.

— 『碧巖錄』 第3則 「垂示」

대혜 종고 선사는 『서장書狀』에서 이렇게 말한다.

이 일은 총림에 오래 살면서 많은 선지식을 찾는 데 있지 않다. 다만 한 마디 말끝에 바로 깨닫고 겉돌지 않는 게 귀할 뿐이다. 사실대로 말하자면 터럭만큼의 간격도 용납하지 않는다.

마지못해 '바로'라 말해도 이것은 이미 헛돌아 버린 것이며, 마지못해 '깨달았다'고 해도 이것은 벌써 어긋나 버린 것이다. 하물며 자질구레한 것을 이리저리 끌어 붙여 부처님의 가르침을 들먹이며 이치가 어떻고 일이 어떻다고 떠벌려 이 공부를 마칠 수 있겠는가.

此事 不在久歷叢林 飽參知識 只貴於一言一句下 直截承當 不打之潘爾 據實而論 間不容髮. 不得已 說箇直截 已是紆曲了也 說箇承當 已是蹉過了也. 況復牽枝引蔓 擧經擧敎 說理說事 欲究竟耶.

—『書狀』「答徐顯謨」

여기서 말하는 이 일이란 마음을 밝히는 일이다. 대혜 선사는 이 마음을 '한 마디 말끝에 바로 깨닫는 것'이 중요하다고 했다. 영가현각(永嘉玄覺 665~713) 선사도 '깨달음의 노래'인「증도가證道歌」에서 "한 마디 말끝에 밝게 깨달아 백억 가지 법문을 훌쩍 뛰어넘는다(一句了然超百億)"고 했다.

간화선은 이렇게 부처님과 역대 조사께서 이르신 한 마디 말이나 순간적으로 보이신 짧은 행위 끝에 백억 가지 법문을 뛰어넘어 바로 깨달음에 이르는 수행법이다. 이것은 캄캄한 방에 불이 켜지면 한순간에 모든 것을 '확' 밝히는 이치와도 같다. 간화선은 이와 같이 단박에 뛰어넘어 바로 여래의 경지에 들어가는 것(一超直入如來地)이다.

간화선이란 다시 말하여 '화두話頭를 간看하여 본래 성품자리를 바로 보는 선법'이다. 본래 성품을 보고 깨닫는 것이다. 이 본래 성품자리는 모두가 지닌 자성自性이다. 이 성품을 보고 깨닫는다고 해서 견성성불見性成佛이라 한다.

간화선은 석가모니 부처님 이래 인도와 중국을 거치면서 자성을 깨닫는 여러 가지 참선법 가운데 가장 발달된 수행법으로 자리잡았다. 간화선이 뛰어난 점은 마음의 당처를 바로 들어 보인 선사들의 갖가지 화두를 타파하여 그 자리에서 견성성불하기 때문이다. 화두란 말길과 생각의 길이 끊어진 말이다. 말길과 생각의 길이 끊어졌기에 근기가 뛰어난 사람은 이 화두를 받자마자 단박 그 자리에서 깨닫는다.

하지만 대다수 사람들은 그러지 못하기에 어쩔 수 없이 화두를 들고 의심해 들어가는 것이다. 그러면 화두의 실례를 들어 화두를 어떻게 참구하며 그 의미는 무엇인지 살펴보기로 하자.

다음은 조주(趙州 779~897) 선사의 무자無字 화두이다.

어떤 스님이 조주 선사에게 물었다.

"개에게도 불성이 있습니까?"

선사가 대답했다.

"없다(無)."

여기에서 수행자는 '부처님께서는 모든 중생에게 불성이 있다고 하셨는데 조주 스님은 어째서 없다(無)고 했는가?' 이렇게 의심해 들어가야 한다. 이것이 무자 화두를 참구하는 요령이다.

또 한 예를 들면,

어떤 스님이 운문雲門 선사에게 물었다.

"부처란 무엇입니까?"

운문 선사가 대답했다.

"마른 똥막대기이니라."

수행자는 부처님은 지고한 깨달음을 이룬 분인데 운문 스님은 '왜 똥막대기라 했을까' 하고 간절히 의심해야 한다. 화두는 이렇게 수행자로 하여금 큰 의심을 불러일으키게 한다. 그리하여 수행자의 마음이 온통 의심 덩어리가 되게 하여 마침내 그 의심 덩어리가 툭 터지는 경지로 이끌어 주는 것이다.

화두는 또한 사유할 수 있는 모든 출구를 철저히 차단한다. 이럴 수도 없고 저럴 수도 없다. 그렇다고 주저앉을 수도 없다. 사방이 은산철벽으로 차단되어 바람 한 점 지나지 못하는 철의 장막 한가운데 서 있는 것과 같다. 다시 예를 들어 보자.

진각 선사의 서간문에 나오는 법문이다.

붓이라 부르면 집착이요, 붓이라고 부르지 않으면 등지게 된다. 화두를 들어 일으키는 곳을 향하여 알려 하지 말고, 분별의식으로 헤아리거나 알아맞히려 하지도 마라. 말을 해도 안 되고 말이 없어도 안 된다.

喚作筆子則觸 不喚作筆子則背 不得向擧起處承當 不得於意根下卜度 不得下語 不得無語. ──『眞覺國師語錄』,「答崔尙書」

긍정도 안 되고 부정도 안 된다. 이래도 안 되고 저래도 안 된다. 그렇다고 또 다른 무엇을 갖다 대도 안 된다. 도저히 접근할 길이 없다. 어느 쪽의 길도 허용되지 않는다. 그렇기 때문에 언어의 길이 끊어진 언어도단言語道斷이요, 마음의 자취 또한 끊긴 심행처멸心行處滅이다. 이 자리에서 의문 덩어리인 화두가 활활 살아난다.

간화선이라 할 때, 그 간看하는 대상으로서의 화두는 대상화해서 객관적으로 보이는 어떤 것이 아니다. 그것은 커다란 의심을 일으켜 끝없이 몰입해 들어가는 것이다. 화두는 주관과 객관을 근거로 하는 생각의 길이 끊어진 곳에 있다. 여기에는 단지 커다란 의심만이 남아 있을 뿐이다. 그래서 화두에 깊이 들어간다는 뜻으로 참구參究라는 말을 쓰기도 한다.

역대 조사들은 이렇게 화두를 간절히 의심해 들어가야 한다고 입을 모아 강조했다. 화두가 수행자에게 커다란 의심으로 다가왔을 때 화두는 비로소 생사심을 끊는 취모검吹毛劒이다. 이 때 화두는 더 이상 알음알이(知解)로 분별하는 대상이 아니며, 탐구의 대상도 아니다. 온몸을 던져 의심하고 의심하여 의심이 단단히 뭉쳐 오도 가도 못 할 때, 이 의심 덩어리(疑團)를 깨뜨려 깨달음에 이르는 것이다.

간화선에서는 왜 의심을 강조하는가?

간화선의 생명은 철저한 의정을 통해 깨치는 데 있다. 화두는 일상적인 분별의식을 불태워 스스로의 본성을 깨닫게 한다. 사람들은 보통 주변의 사물이나 일에 대해서 그것을 대상화하고 양변兩邊으로 나누어 판단하면서 살아간다. 그것도 자신의 의식 속에 채색된 주관적인 선입견으로 분별하고 추리하여 이런저런 것에 대한 결정을 내린다. 우리의 분별의식은 이렇듯 자신의 색안경을 낀 채 대상을 보고 사유판단하기 때문에 불완전하기 짝이 없는 것이다. 현실을 있는 그대로 보지 못하는 맹점을 지니고 있으면서도 날로 그 불완전성에 익숙해져 가고 있는 것이다.

이것은 우리의 일상의식이 '나'라고 하는 생각을 축으로 세상을 이리저리 재단해 보는 알음알이로 끊임없이 꿈틀대고 있기 때문이다. 우리들이 먹고 마시고 사량하며 살아가는 이성의 구조란 게 본래 이와 같다. 문제는 자신의 본래 성품이 이러한 분별의식에 가려그 바른 모습이 확연하게 드러나지 않는 데 있다. 오직 분별의식을타파해야만 자신의 본성이 밝게 드러나게 된다.

본래면목을 밝히려면 화두를 들고 그것과 하나가 되어 간절하고사무치게 의심해 들어가야 한다. 이렇게 지극히 의심해 들어가다 보면 화두 하나만 또렷이 남게 되는데, 이 때 어떤 계기(機緣)를 만나 화두를 타파하면 마침내 자신의 본래 모습을 몰록 깨치는 것이다.

이것은 마치 캄캄한 암흑 속을 헤매면서 일편단심으로 눈 뜨기만을 바라던 장님이 어떤 부딪친 계기로 번쩍 눈을 뜨는 것과 같다. 또한 이것은 백년 천년 동안 막혀 있던 체증이 한순간에 내려가고짊어지고 있던 물통의 밑바닥이 탁 빠져버린 상황과도 같다. 하지만눈을 떠 보면 그러한 깨달음이 스스로에게 본래 갖춰져 있던 것임을확인할 따름이다. 그러니 새로 얻은 것도 깨달은 것도 없는 것이다.

2. 간화선이 지닌 조사선으로서의 특징

조사선과 간화선은 비록 이름은 다르나 본질적인 면에서는 동일한 구조이다. 그래서 조사선과 간화선은 시대적 의미가 부여되어 구분된 한갓 이름에 불과하다고 볼 수도 있다. 역사적으로 그렇게 나뉘었을 뿐 간화선에는 조사선의 정신과 이치가 고스란히 담겨 있다. 다만 수행방법상 화두를 들고 참구하는 것을 강조했기에 간화선이라 부른 것이다. '화두'라는 것도 이미 조사선 속에 있던 내용이다. 간화선은 다만 그것을 정형화하고 체계화했을 뿐이다. 그러므로 조사선과 간화선은 같은 맥락이라 봐도 결코 틀린 말이 아니다.

그렇다면 조사선을 다른 수행법과 구별할 수 있는 특징은 무엇일까?

조사선의 특징

① 본래성불本來成佛의 강조

사람은 누구나 본래 부처이다. 우주 만물이 모두 다 본래 부처이다. 이미 다 그대로 완성되어 있다. 보이는 모든 것이 본래 완성되어 있으니 부처라 하고, 있는 그대로가 극락이다. 단지 우리가 분별망상에 가리어 있는 그대로 본래 부처자리를 보지 못하고 있을 뿐이다. 본래 부처자리에서 보면 우리는 그 자체로 성불해 있기 때문에 번뇌와 보리를 따로 나누어 번뇌를 제거해 나갈 필요가 없다.

조사선은 번뇌와 보리를 대립적으로 보아 보리로 번뇌를 없애 가는 점수법이 아니다. 우리는 본래 부처이기에 번뇌와 보리를 나누고 보리로 번뇌를 제거해 나가는 것이 아니다. 번뇌의 성품이 따로 있고 보리의 성품이 따로 있는 것이 아니다. 번뇌 즉 보리요, 중생 그대로가 부처이다. 조사선은 선정禪定을 통해 해탈하는 것이 아니라 이미 해탈되어 있는 자신의 본래 모습을 바로 보는 것이다.

② 부처님의 깨달음과 조사의 깨달음이 다르지 않음

조사선에서 조사祖師란 깨달은 선지식을 말한다. 조사와 부처님의 깨달음의 세계는 하등 다를 것이 없다. 조사선에서는 법法이 가장 중요하다. 조사는 본래면목을 스스로 깨달아 제자들에게 법을 지도하는 스승이기 때문에 절대적인 존경과 신뢰를 받는다. 조사의 말씀을 담은 어록語錄 또한 부처님 경전처럼 여겨진다. 혜능 선사의 법이 담긴 『육조단경』이 그 대표적인 예이다.

불조佛祖라는 말과 더불어 조불祖佛이라는 말이 널리 쓰이는 까닭은 조사선에서 부처님과 조사를 동일하게 여기기 때문이다. 조사선 문에서는 조사들이 대대로 법을 전하는 과정을 통하여 선의 법맥이 끊임없이 이어지기 때문에 조사의 지위를 매우 중요하게 여겨왔다.

③ 스승과 제자와의 선문답이나 방과 할, 그 밖에 기연을 통한 깨침

조사선에서는 스승이 법을 설하고, 고함을 치고, 눈썹을 치켜 올리며, 방망이를 휘두르는 행위를 통해 마음을 바로 보고 깨닫는다. 또는 청허 휴정 선사처럼 닭 우는 소리를 듣고 깨닫기도 한다.

이 같은 모든 행위나 기연은 언어와 사량을 떠나 살아 있는 마음의 당처를 바로 보여주는 법문이다. 그것을 바로 알아차리는 수행자는 바로 깨닫게 된다. 이것을 '마음을 바로 가리켜(直指人心) 본래 성품을 보고 깨닫게(見性成佛) 함'이라고 한다. 이렇게 해서 깨달음의 법이 스승과 제자 사이에 마음과 마음으로 이어져 끊이지 않게 되는 것이다.

④ 언하변오言下便悟의 강조

조사선의 두 번째 조사인 혜가 선사는 초조인 달마 선사가 "불안한 마음을 가져오라"고 말씀하자 그 자리에 깨친다. 육조 혜능 선사도 "마땅히 머무는 바 없이 그 마음을 내라"라는 『금강경』 구절을 듣는 순간에 깨달았고, 혜능 선사의 제자들도 스승의 설법을 듣고 그 말끝에 바로 깨달았다. 이렇게 '말끝에 바로 깨닫는 것'을 '언하변오'라 한다. 그 밖에 선의 종장들도 이렇게 선문답이나 설법을 듣고 말끝에 깨달았다. 머뭇거리면 안 된다. 바로 지금 이 자리에서 한 마디 말끝에 몰록 깨쳐야 한다. 물론 그러기까지는 무르익은 수행이 준비되어 있어야 한다. 말길과 생각의 길이 끊어진 상태에서 한 마디 듣고 바로 깨닫는 것이다.

조사선은 이렇듯 말과 생각을 떠난 자리에서 조사 스님의 선문답이나 행위에 대해 골똘히 의심해 나가다가 그 의심이 단단히 뭉쳐졌을 때 여러 가지 기연을 통해 의심을 타파하고 바로 마음을 보고 깨닫는 것을 강조한다.

간화선은 조사선의 본래 정신을 회복한 것이다

송나라 시대에는 조사들의 선문답과 법어를 사색을 통해 분별 이해하는 풍토가 짙었다. 그 결과 조사의 언구에 독자적인 해석을 붙이는 송고문학頌古文學이 유행하게 된다. 이 당시 사대부 중에는 선에 관심을 갖거나 참선 수행을 하는 사람들이 늘어나게 되었는데, 이에 따라 조사들 사이의 선문답을 뜻과 이치로 이해하고 그것을 게송으로 표현하는 경향이 나타났다. 이는 의심을 불러일으켜 깨달음에 이르게 하는 본래의 의미를 상실하고 화두를 사량으로 이해하는 의리선義理禪적 경향에 빠진 것이라 하겠다.

대혜 선사는 이러한 시대적 폐단에 맞서 옛 조사들의 말씀인 화두를 깨달음에 이르는 틀로 새롭게 조직하여 '간화'라는 보다 적극적인 선법을 세상에 펼쳤다. 곧 옛 조사들의 이심전심의 선문답을 깨침의 관문이라는 독특한 방식으로 정형화하고 이렇게 정형화된 화두를 철저한 의심으로 참구해 나아가는 선법을 체계화하고 활발하게 정착시켰던 것이다. 따라서 일상 삶의 일이었던 조사선의 선문답이 간화선에 들어오면 자성에 눈을 뜨게 하는 활로인 화두로 정형화된 것이다. 바로 이 점이 조사선과 간화선이 형식적으로나마 갖는 차이이다.

조사선에서도 조사가 던진 한 마디 말끝에 바로 깨닫지 못할 경우에는 조사 스님의 말씀을 두고두고 의심하기 마련이다. 간화선에서도 순간 깨침을 강조하고 있다. 이처럼 조사선과 간화선은 수행의 방법에서 본질적인 차이가 있는 것이 아니다. 조사들이 제자들에게 질문을 하든지 선지식이 제자에게 화두를 주든지 그것은 그 순간 본래면목을 깨치라고 하는 것이고, 깨침이 이루어지지 않을 때는 어쩔 수 없이 화두로 의심해 들어가는 것이다.

간화선 성립의 의의는 역대 조사들의 정신을 다시 회복하는 데 있다. 송나라 시대에 이치로 해석되던 조사들의 말씀과 행위를 역대 조사들의 본래적 삶 자체로 생생하게 되돌려 놓은 것이다.

간화선은 당나라 때 선문답이나 어록 또는 여러 가지 기연을 통해 조사 스님들이 보여준 본래면목에 대한 여러 형태의 지시어指示語를 화두로 삼아 본분 자리를 밝히는 혁신적인 수행법이다. 그러므로

간화선은 조사선의 정신을 잘 이어받은 바로 질러가는 탁월한 수행
법이라 할 수 있다.

3. 간화선에서 본래성불을 강조하는 이유

본래성불이란?

당당한 대도여! 밝고 분명하도다. 사람마다 본래 갖추고 있고,
저마다 다 이뤄져 있네.

堂堂大道 赫赫分明. 人人本具 箇箇圓成.　　－『金剛經五家解』「冶父頌」

이것은 야보 선사의 게송으로 '중생 그대로가 부처'라는 뜻이다.
본래성불本來成佛의 의미란 바로 이런 것이다. 간화선에서 이것만큼
중요한 것이 없으니 본래성불을 바로 보는 것이 선의 본질이기 때문
이다. 그렇다면 정말 '내가 본래 부처인가?' 나아가 '내가 부처라면
닦을 필요가 없는 것인가?'

조사선에서는 '중생이 수행을 통해 깨달아 부처가 되는 것'이 아
니라고 한다. 중생이 부처되기 위해 참선하는 게 아니란 말이다. '본
래 있는 우리 그대로가 부처'이기 때문이다. 본래 스스로 갖추어진
성품은 닦아서 얻어지는 것이 아니다. 닦아서 얻어진다면 그것은 부
서지기 마련이다. 또한 진리는 잃어버릴 수 있는 것이 아니듯이 본
래 성품은 잃어버렸다가 다시 찾는 게 아니다. 성품은 이렇듯 본래
부터 갖추어져 보편되어 있기에 본래 구족本來具足이라 한다. 본래

구족해 있는지라 스스로가 부처임을 보기만 하면 된다.

　그래서 선에서는 번뇌를 털어내어 부처의 성품을 드러내는 것이 아니라, 본래 부처인 자기 성품을 바로 보라고 강조한다. "그대는 본래 완성되어 있다. 그런 네 자신을 바로 봐라, 봐." 이렇게 확인시켜 주는 것이 선이다. 달리 추구할 게 없다.

　백운 경한 선사는 이렇게 말한다.

　예전의 모든 불조들을 살펴보면 진실로 사람들에게 전한 법은 하나도 없었다. 만약 법을 전하여 미혹된 중생을 구제하고자 한다면 남을 속이는 것일 뿐만 아니라 스스로도 속게 된다. 원만히 밝은 하나의 성품이 허공을 가득 채우니, 천차만별한 갖가지 현상도 그 본체는 서로 다르지 않다. 사람마다 낱낱이 모두 그것을 갖추고 있거늘 어떤 법을 가지고 누구에게 건네준단 말인가! 마음이 곧 부처요 부처가 곧 마음이니, 부처가 부처를 찾을 필요는 없다. 달마 대사가 서쪽에서 와서 전한 뜻을 알고자 하는가? 9 곱하기 9는 원래 81이니라.

　看他從上諸佛祖 實無一法與人傳 若欲傳法救迷淸 非但謾人亦自謾 一性圓明滿大虛 千差萬別體不殊 人人箇箇皆具足 擬將何法付與誰 卽心卽佛佛卽心 不須將佛更求佛 若人欲識西來意 九九元來八十一.

　　　　　　　　　　　　　　　　　　　　　－『白雲語錄』卷下

나옹 선사도 다음과 같이 말한다.

이 정각正覺의 성품은 예부터 지금까지 위로는 모든 부처님에서부터 아래로는 육도의 범부에 이르기까지 하나하나에 당당히 드러나고 하나하나에 모두 갖추어져 있다. 어떤 티끌에나 통하고 어떤 사물에나 나타나니, 수행에 의지하여 이루지 않고도 뚜렷하고 밝게 빛난다.
此正覺之性 自古至今 上至諸佛 下至六凡 一一堂堂 一一具足 塵塵上通 物物上現 不待修成 了了明明   – 『懶翁語錄』

또한 "중생이 다름 아닌 부처라네. 사물마다 잡기만 하면 어느 것이나 부처의 기틀이니 본래면목本來面目은 본디 다름이 없노라"[5]라고 하였다.

백운 선사나 나옹 선사 모두 나 자신이 본래 이뤄져 있는 부처라고 한다. 그러니 이 자리는 수행으로 닦아 얻어지는 게 아니다. 만약 깨달음이 수행을 통해 새롭게 얻어지는 것이라면 자신이 본래 부처라 말할 수 없을 것이다.

---

5. "不是衆生非是佛 物物拈來摠是機 本來面目元無別." –『普濟尊者三種歌』

석가모니 부처님께서도 모든 사람은 본래 온전히 이뤄져 있는 부처라는 점을 분명히 말씀하셨다. 부처님께서는 "법을 보는 자는 연기緣起를 보고, 연기를 보는 자는 법을 보리라"고 하셨다. 또한 이 연기법은 석가모니 부처님이 발견했을 뿐이지 만든 것이 아니며, 부처님과 관계없이 이 세상에 영원히 존재하는 것이라 하였다. 그러니 연기법이 본래 내 안이나 밖이나 두두물물에 두루 존재하고 있는 것이다.

『화엄경』「여래수량품」에서는 "마음과 부처, 중생 이 세 가지는 차별이 없다"고 하였다. 우리의 청정한 마음이 바로 부처님 마음이라는 것이다. 이것을 이론적으로 체계화한 것이 여래장사상如來藏思想이다. 여래장은 불성佛性이라고도 한다. 불성사상은 일체 중생이 본래 모두 불성을 가지고 있다는 가르침이다. 즉 중생은 그 본성이 근본적으로 청정하다는 자성청정심自性淸淨心을 밝히고 있다. 불성 곧 여래장은 청정한 여래법신을 말한다.

여래장은 본래부터 청정하여 한결같이 변하지 않는다. 청정한 모습으로 그렇게 본래부터 존재하는 것이다. 그러나 이러한 여래장이 고정 불변하는 실체로 존재하는 것은 결코 아니다. 이것은 어디까지나 연기로서 존재한다.

『열반경』에서는 불성을 가리켜 "있는 것도 아니고 없는 것도 아니며 있기도 하고 없기도 하다"고 하였다. 있다 없다 하는 양변을 떠난 중도로 존재하는 것이다. 이것은 고정된 실체로서의 불성이 아니라 연기로 존재한다는 것을 바로 알아야 한다.

어떻게 본래성불을 드러내는가?

불교 수행에서 '수행을 부처가 되어 가는 과정으로 이해하고 출발하느냐', '본래 이뤄져 있는 부처라는 사실에서 출발하느냐' 하는 것은 매우 중요한 문제이다. 수행을 통해 점차 번뇌를 닦아 나가는 길, 곧 중생이 부처가 되어 가는 수행법을 점수법이라 한다. 부파불교의 선법과 신수神秀 선사의 북종선北宗禪 등이 모두 여기에 속한다.

그러나 혜능 선사가 이어온 선법은 '저마다 본래 부처'라는 자리에 서 있는 선이다. 혜능 선사의 선법인 남종선南宗禪은 달마 조사가 전한 조사선의 골수骨髓로 간화선의 핵심을 이루고 있다. 『육조단경』에 실린 신수 선사와 혜능 선사의 게송을 통해 북종선과 남종선의 차이를 살펴보자.

신수의 게송

身是菩提樹   몸은 보리수요

心如明鏡臺   마음은 맑은 거울

時時勤拂拭   늘 힘써 닦아

| 莫使有塵埃 | 티끌 묻지 않게 하라 |

마음의 본성을 거울에 비유하고 있다. 거울같이 밝은 본성 위에 번뇌의 먼지가 끼어 있어 깨치지 못하고 있다는 말이다. 그 먼지를 부지런히 털고 닦으면 참마음에 이를 수 있다는 것이다.

혜능의 게송

菩提本無樹	보리나무 본래 없고
明鏡亦非臺	거울 또한 틀이 아니네
佛性常淸淨	불성은 늘 청정한데
何處有塵埃	어디에 먼지 있으리

혜능 선사의 게송은 신수 선사의 그것과는 다른 세계를 드러내고 있다. 청정한 불성이 본래 구족되어 있기에 그것을 바로 깨치면 된다는 것이다. 또 이 마음이란 형태가 있는 것이 아니라 본래 한 물건도 없는 무일물(本來無一物)이니, 여기에는 어떤 먼지도 낄 수 없고 그것은 닦아야 할 대상도 아니라는 것이다.

이와 같은 본래성불의 의미를 조사어록을 통해 한 번 더 살펴보자. 당대의 재상 배휴(裵休 797~870)가 황벽 선사에게 물었다.

"도가 무엇입니까? 그리고 어떻게 수행하는 것이 옳습니까?"

황벽 선사가 되물었다.

"도가 무엇이기에 수행하려고 하는가?"

"도를 어떻게 닦아야 하는가?" 하는 배휴의 질문에 황벽 선사는 '이미 도가 자신 속에 갖춰져 있는데 구태여 왜 수행하려고 하느냐?' 라고 되묻고 있다. 본래 성불해 있다는 것이다. 그러니 다시 수행할 필요가 없다는 이야기다. 점차 닦아 본래성불을 드러내는 것이 아니라 단박에 그 자리를 깨달아야 한다는 것이다.

본래성불인데 왜 닦아야 하나?

그렇다면 본래성불인데 왜 닦아야 할까? 그것은 '나' 가 있다는 착각에 빠져 스스로가 본래 부처라는 사실을 모르고 그것을 보지 못하고 있기 때문이다. 자신이 본래 부처라는 것을 못 보고 있기에 그 모습을 보려고 수행을 하는 것이다. 부처님께서는 여러 경전에서 "본래 부처이기에 닦을 것도 없고 증득할 것도 없다(無修無證)"라고 말씀하셨다. 이 말씀은 자신이 본래 부처임을 모르는 중생들이 닦을 필요도 없고 깨달음을 증득할 필요도 없다는 뜻이 아니다. 역대 선사들은 결코 수행하지 않고 일 없이 빈둥거리며 지내라는 말은 하지 않았다. 닦지 않으면 그저 범부일 따름이다.[6] 그래서 치열하게 수행할 것을 강조한다. 왜 그럴까? 닦아야 할 필요가 없다고 하면서 어째서 다시 수행하라고 할까?

그것은 범부 중생의 현재적 상황이 본래 부처인 자신의 성품을 온전히 살려내지 못하고 있기 때문이다. 삶의 현재적 상황이 비록 그렇기는 하지만 우리의 본래 성품이 바로 부처이기 때문에 우리는 한사코 수행을 해야 하는 것이다. 단 수행을 하되 내가 바로 부처라는 자리에서 출발하자는 것이다.

수행은 평상시의 이 마음이 그대로 부처님 마음임을 믿고 분별 취사하지 않는 것을 말한다. 이것은 결코 조작적인 수행이 아니다. 다만 미혹한 이는 그것을 믿지 못하므로 번뇌 속에서 고통을 받고 있는 것이다. 이것저것 조작하지 않는 마음이 중요하다. 그래서 마조(馬祖 709~788) 선사는 이렇게 말한다.

> 도란 닦을 필요가 없다. 오직 오염되지만 말라. 어떤 것이 오염인가? 나고 죽는 마음으로 취하거나 향하거나 조작하는 이것 모두가 오염이다. 도를 알고자 하는가? 평상심이 바로 도다. 왜 평상심이 도라고 말하는가? 여기에는 조작도 시비도 취사도 단상斷常

---

6. "若言脩得脩成 還壞卽同聲聞 若言不修卽同凡夫." -『馬祖錄』

도 범부와 성인도 없기 때문이다.

道不用修. 但莫汚染. 何爲汚染. 但有生死心 造作趣向 皆是汚染.
若欲直會其道. 平常心是道. 何謂平常心. 無造作無是非 無取捨 無
斷常 無凡聖.　　　　　　　　　　　　　　　　　　　　 —『馬祖錄』

　　조작과 시비를 떠나는 것은 알음알이를 없애기 위한 것이다. 앞
서 인용한 황벽 선사의 법문에서도 이 모든 알음알이를 떠나 무심하
게 되면 마음의 본체가 그대로 드러난다고 했다. 그래서 마조 선사
는 "어떻게 도를 닦아야 깨칠 수 있습니까?" 하는 질문에 이렇게 답
한다. "자성은 본래 청정하다. 그러니 선이다, 악이다 하는 분별 경
계에 막히지만 않으면 된다. 이런 사람이 바로 도를 닦는 사람이다."
　　선악에 막히지 않는다는 것은 분별이나 취사에 떨어지지 않는다
는 뜻이다. 우리가 화두를 참구하며 수행하는 것도 자신이 본래 부
처라는 사실을 굳게 믿고 그것을 체험하고 확인하는 일이다. 화두를
드는 것은 조작과 시비분별을 함께 없애는 데 있다.
　　조사선에서는 수행자들이 스스로가 본래 부처임을 확인하기 위해
선문답을 통해 깨닫는 증득의 과정을 거친다. 간화선에서는 깨달음
의 과정을 화두라는 독특한 방식을 도입함으로써 좀더 명확하고 구
체적인 틀로 정형화하고 있다. 조사선과 화두선은 다만 이 점이 서로
다를 뿐이다. 우리는 본래 부처다. 우리는 이것을 바로 보아야 한다.

4. 역대 조사들의 수행 및 깨달음의 기연과 간화선

간화선은 오조 법연(五祖法演 ?~1104) 선사와 원오 극근(圓悟克勤 1063~1135) 선사를 거쳐 대혜 종고(大慧宗杲 1089~1163) 선사에 의해 완전하게 체계화되었다. 그러나 간화선의 핵심인 화두 참구는 이전부터 있었다. 선사들의 선문답이 바로 화두의 원형이다. 나아가 부처님께서 가섭 존자에게 마음을 전하신 기연들 또한 대표적인 화두의 원형으로 지칭되고 있다.

간화선은 조사선의 골수에서 태어난 조사선의 적자嫡子로 공식화된 고칙공안古則公案을 수행법으로 쓴다는 점이 조사선과 다를 뿐이다. 스승과 제자 사이에 나누는 격의 없는 문답과 그 대화 속에서 몰록 깨달음을 얻는 방식은 조사선이 조사선일 수 있는 가장 핵심적인 요소이다. 다시 말해 조사선은 상당설법上堂說法과 선문답 등을 통해 바로 견성성불하는 깨달음의 총체적 실천 방법이었으며, 간화선은 이러한 깨달음의 모범을 참구의 대상으로 삼아 수행법으로 재구성한 깨침의 새로운 길이라는 말이다.

따라서 달마 선사는 물론이고 혜능 · 마조 · 조주 · 임제 선사 같은 대부분의 조사들도 간화선의 핵심인 철저한 발심과 의심을 통해서 '몰록' 깨달았다는 점에서 이분들의 수행과 깨달음 또한 본질적으로 간화선과 다르지 않다고 말할 수 있다. 이 밖에도 조사선과 간화선의 동질적 요소로 스승과 제자의 관계, 선지식의 역할과 위상을 함께 중시해 온 점 등을 들 수 있다.

조사선에서 이루어졌던 특정한 깨달음의 계기는 상당설법과 선문답뿐 아니라 특별한 상황 속에서 연출된 선사들의 갖가지 행동이나 별안간 맞부딪친 자연물과의 기연 속에서 나타나는 경우도 많다. 조사선문에서 이루어진 깨달음의 기연을 정리하면 대략 위에 말한 세 가지로 나눌 수 있다.

첫째는 한마디 말끝에 바로 깨닫는 언하변오言下便悟를 들 수 있다. 이 같은 깨달음은 조사선의 중요한 특징으로 상당설법이나 선문답, 한 구절의 경전 말씀과 맞부딪치는 찰나에 스스로 본래면목을 깨닫는 것을 말한다. 이러한 전통은 달마 조사를 잇는 여러 조사들과 혜능 선사의 견성 체험에서 명확하게 드러나며, 혜능 선사의 선법을 이어 온 수많은 선지식들의 깨달음의 기연이 되기도 하였다.

혜능 선사는 스승인 홍인 화상의 한마디 말에 크게 깨쳤다고 하면서 이러한 선법을 널리 유포시켜 자기의 본성을 단박 깨달으라[7]고 말했다.

혜능 선사의 가르침을 이은 직계 제자들 또한 스승이 본래면목

---

7. "善知識, 我於忍和尙處 一聞 言下大悟 頓見性眞如本性. 是故將此敎法 流行後代 令學道者 頓悟菩提各自觀心 令自本性 頓悟." - 『六祖壇經』

을 들어 보이는 말끝에 그 자리에서 자성을 깨달았다. 이와 같이 문답 방식을 통해 깨닫는 예는 『마조록』, 『백장록』, 『임제록』 등 여러 어록에 많이 실려 있다. 예를 들어 보자.

조주趙州 선사에게 한 스님이 물었다.

"제가 이 곳에 처음 왔습니다. 잘 지도해 주십시오."

조주 선사가 말하길, "아침 죽은 먹었느냐?"

스님이 답하길, "네, 죽은 먹었습니다."

다시 조주 선사가 말했다.

"그러면 바릿대를 씻게."

스님은 그 자리에서 깨달았다.

趙州因僧問 某甲乍入叢林 乞師指示. 州云 喫粥了也未. 僧云 喫粥

了也. 州云 洗鉢盂去. 其僧有省.　　　　　 －『無門關』第7則「趙州洗鉢」

뜻밖의 행위를 통해 깨닫는 경우는 황벽 선사에게 몽둥이질을 당한 임제 선사나 임제 선사에게 뺨을 맞은 정상좌定上座 그리고 수로水老 선사의 예 등에서 잘 드러난다.

홍주洪州 땅 수로 스님이 처음으로 마조 선사를 찾아뵙고 물었다.

"달마가 서쪽에서 와서 전한 진리가 무엇입니까?"

마조 선사가 말했다.

"엎드려 절하라!"

수로 스님이 엎드려 막 절을 하려는 순간 선사가 별안간 걷어차 버렸다.

이에 수로 스님이 크게 깨달았다.

洪州水老 和尚初參祖. 問 如何是西來的的意. 祖云 禮拜著. 老纔 禮拜 祖便與一蹋. 老大悟.　　　　　　　　　　　－『馬祖錄』

또한 덕산 선감(德山宣鑑 780~865) 선사는 캄캄한 밤에 촛불을 받아 쥐다가 스승이 촛불을 확 불어 끄는 순간 대오하였다.

끝으로 자연물과의 기연을 통해 깨달은 예는 대나무에 돌멩이가 부딪혀 나는 소리에 깨달은 향엄香嚴 선사나 물 속에 비친 자신의 모습을 보고 깨친 동산洞山 선사 같은 분들이 있다. 행위나 자연물을 통해 경험하는 깨달음 역시 그냥 얻어지는 것이 아니다. 그것은 그 이전에 본래면목을 묻는 스승의 질문을 간절히 참구한 끝에 뭉쳐 있던 의심이 뜻밖의 계기를 통해 홀연히 타파된 것이다. 이러한 깨달음의 기연 또한 결코 간화선과 다르지 않다.

우리나라에서도 화두를 참구하다가 선문답 밖의 기연을 통해 깨닫는 경우도 많이 있었다. 예를 들면 조선시대의 서산 선사는 닭이 우는 소리를 듣고 깨달았으며, 근대의 용성 선사는 낙동강을 건너다 깨달았다. 이렇듯 깨달음의 기연 또한 간화선과 조사선이 서로 다르지 않다.

조사선문의 설법과 문답에는 현장성現場性이 넘치는 긴박감과 일상성에 충실한 자연스러움이 있다. 간화선은 이러한 조사들의 설법과 문답들의 실례實例들을 정형화시켜 이것을 참구의 대상으로 삼는 수행법이다. 나아가 스승은 수행자가 화두를 들기 앞서 여러 가지 법문으로 발심을 촉발시켜 주고 화두를 타파한 뒤에도 선문답을 통해 그 깨달음의 옳고 그름을 확인해 준다.

5. 간화선은 왜 최상승법인가?

어느 수행법이든 그것이 부처님의 가르침에 뿌리하고 있다면 그
것은 모두 불교 수행법이라 할 수 있다. 더구나 그것이 부처님의 법
에 따라 지혜를 드러내는 것이라면 불교 수행법으로 아무런 손색이
없을 것이다. 지혜가 드러난 작용과 상태를 고요하고 밝다고 해서
적조寂照라고 표현한다.

육조 혜능 선사는 이렇게 말한다.

> 위없는 대열반이여, 둥그렇게 밝아 언제나 고요하고 밝게 비춤이
> 로다.
>
> 無上大涅槃 圓融常寂照.   －『六祖壇經』

마음이 이러한 적조의 상태에 머무르려면 마음을 잘 관리하고
다스려야 한다. 그래서 『관심론觀心論』에서 "마음을 관하는 한 가지
법이 모든 수행을 다 포함한다(觀心一法 總攝諸行)"라고 했다.

그러나 이러한 깨침의 세계에 '얼마나 정확하고 빠르게 인도하
는가'라는 점에서는 수행법마다 차이가 나게 마련이다. 간화선은
자신이 본래 부처라는 자리에서 시작하는 선법이기에 어떠한 차제
次第도 거치지 않고 바로 깨달음으로 가는 가장 수승한 수행법이다.

간화선이 최상법인 이유

간화선을 최상승最上乘 수행법이라 말하는 까닭은 무엇인가?

첫째, 간화선은 조사선의 전통을 잘 간직하고 있기 때문이다. 조사선은 당시에 유행하던 점수법을 극복하고 돈오견성을 밝힌 수승한 수행법이다. 다시 말해 말과 이치를 떠나 바로 사람의 마음을 가리켜 그 자리에서 마음의 진면목을 바로 깨닫게 하는 것이 조사선이다. 그래서 옛 선사들은 "달을 가리키면 달을 봐야지 왜 손가락 끝을 보는가"라고 했다. 또 서산 선사는 『선교결禪敎訣』에서 이렇게 말한다.

> 선은 부처님의 마음이요 교는 부처님의 말씀이다. 교는 말로 말 없는 곳에 이르는 것이요, 선은 말 없이 말 없는 데 이르는 것이다. 말 없이 말 없는 데 이르면 그것을 무엇이라고 이름할 수 없으니 억지로 이름하여 마음이라고 한다.
>
> 禪是佛心 敎是佛語也. 敎也者 自有言至於無言者也. 禪也者 自無言至於無言者也. 自無言至於無言 則人莫得而名焉 强名曰心.
>
> ―『禪敎訣』

둘째, 간화선은 모든 것을 다 갖추고 일체의 행을 이루되 거기에 걸림이 없다. 마땅히 어디에도 머무는 바 없이 마음을 내는 게 선이다. 바로 '응무소주 이생기심應無所住而生其心'이다. 혜능 선사는 이렇게 말한다.

모든 법을 다 통달하고 모든 행을 다 갖추어 일체를 떠나지 않으면서도 다만 법의 모양을 떠나서 행위를 하되 얻는 바가 없는 것을 최상승이라 한다.

萬法盡通 萬行俱備 一切無離 但離法相 無作所得 最上乘.

— 『六祖壇經』

셋째, 간화선은 이러한 조사선 정신을 충실하게 잇고 있는데다가 조사선의 가장 발달된 형태인 화두 참구법으로 분별의식의 흐름을 차단하는 뛰어난 힘을 갖추고 있다.

간화선은 화두 참구를 통해 깨달음에 가장 빨리 질러가는 길인 경절문經截門이라는 점에서 불교 선종사에서 가장 발달된 최고의 수행법으로 자리잡게 되었다. 경절문이란 '다양한 우회의 방편을 다 버리고 근원으로 바로 가는 가장 빠르고 간명하고 적절한 길'이란 뜻이다. 간화선의 특징을 나타내는 '직절直截', '첩경捷徑' 등의 말도 이와 같은 뜻이다. 간화선은 이렇듯 다른 수행법에 비해 가장 정확하고 빠르게 깨닫는 선법이기에 최상승법이라 하는 것이다.

대혜 선사는 『서장書狀』에서 "공부한 지 오래되었음에도 힘을 얻지 못하면 바로 간명하게 힘을 얻는 방법을 구해야 한다"[8]라고 해서 경절문의 중요성을 강조했다. 우리나라에서도 보조, 진각, 태고, 나옹, 서산, 편양 선사 같은 큰 선지식들이 모두 경절문인 간화선이 최상승 수행법이라는 점을 분명하게 밝히고 있다. 곧 보조 스님은 『간화결의론』에서, 진각 스님은 『진각국사어록』에서, 보우 스님은 『태고어록』에서, 서산 스님은 『선교결』에서, 편양 스님은 『선교원류심검설禪敎源流尋釰說』에서 그렇게 말하고 있다.

휴정 선사의 『선교결』에 실린 아래의 구절에서 확인할 수 있듯이 스님은 바로 가는 경절문인 간화선이야말로 종사들이 수행인들에게 가르쳐야 할 본분이라는 점을 강조한다.

> 말세가 되니 거의가 낮은 근기뿐이다. 이들은 교외별전의 근기가 아닌지라 오직 원돈문의 이치의 길과 뜻의 길과 마음의 길과 말의 길로 보고 듣고 믿고 아는 것을 귀하게 여길 뿐이다. 저들은 이치와 뜻과 마음과 말의 길이 끊어져 아무런 맛도 없고 만질 수도 없는 곳에서 칠통 같은 어둠을 쳐부수는 이 경절문을 귀하게 여기지 않는다. 그렇다면 어떻게 해야 하는가?
>
> 이제 그대는 팔방에서 오는 납자들을 접대할 때 칼을 쓰되 긴밀하게 하여 억지로 이치에 닿지 않는 말을 하지 말라. 바로 본분인 경

---

8. "若許久 猶未得力 當求簡徑截得力處." - 『書狀』「答劉通判(二)」

절문의 활구로써 납자들로 하여금 스스로 깨쳐 스스로 얻게 하여야만 할 것이니 그것이 바야흐로 종사가 사람을 위하는 됨됨이다.

今當末世 多是劣機 非別傳之機也. 故只貴圓頓門 以理路義路 心路語路 生見聞信解者也. 不貴徑截門 沒理路沒義路 沒心路沒語路 沒滋味無摸索底上 打破漆桶者也. 然則如之何而可也. 今師對八方衲子之輩 下刃要緊 不得穿鑿 直以本分徑截門活句 敎伊自悟自得 方是宗師 爲人體裁也.

— 『禪敎訣』

간화선은 누구나 수행할 수 있는가?

그렇다면 이러한 최상승 수행법인 간화선은 누구나 수행할 수 있는 것인가? 『육조단경』에서는 뛰어난 근기를 갖춘 상근기인이 이 조사선 수행을 할 수 있다고 했다. 그렇다면 상근기가 아닌 사람은 조사선이나 간화선 수행을 할 수 없는 것일까?

결코 그렇지 않다. 근기가 낮은 이란 스스로 미혹하여 밖에서만 부처를 찾으므로 자신의 성품을 깨닫지 못하는 이를 말한다. 그러나 이렇게 근기가 낮은 이라도 단박에 깨치는 조사선의 가르침을 듣고 밖으로 치닫던 뜻을 거두고 이 순간 이 자리에서 자기 본성을 살핀다면 이런 사람이 바로 상근기이다. 이런 사람이라면 누구라도 간화선문에 들어설 수 있다.

요즘 들어 간화선의 문제점을 지적하는 분들이 많지만 이것은 간화선 자체에 문제가 있는 것이 아니라 간화선을 닦는 사람에게 문제가 있다는 점을 분명히 해야 하겠다. 또한 오늘날 이 땅의 간화선 법이 조선시대라는 억불의 모진 상황을 꿰뚫고 꿋꿋이 한국 불교의 법맥을 이어온 수많은 선배 스님들의 피와 눈물의 결정이라는 점을 결코 소홀히 여겨서는 안 될 것이다.

한편, 참선하는 사람들 가운데 간혹 다른 수행법을 비하하는 경우가 있는데, 이것은 수행자가 가장 경계해야 할 자만심에 빠져드는 길임을 명심해야 한다. 간화선 수행자 가운데 아무런 수행력도 없이 자신의 수행법만을 추켜세우며 아만만 키워 가는 이들이 있다. 이는 참으로 경계해야 할 일로 서산 선사의 다음 말씀을 귀감으로 삼아야 하겠다.

참선하는 이는 교문에 닦고 끊어가는 좋은 길이 있음을 믿지 않아서 물든 마음과 익힌 버릇이 일어나도 부끄러워할 줄 모른다. 공부의 깊이가 얕으면서도 법에 대한 오만한 생각이 많기 때문에 그 말하는 품이 무턱대고 교만하기 짝이 없다. 그러므로 옳게 배워 마음을 닦는 사람은 스스로 비굴하지도 높이지도 않는다.

禪學者 不信敎門 有修斷之正路. 染習雖起 不生慚愧. 果級雖初 多有法慢故 發言過高也. 是故得意修心者 不自屈不自高也.

　　흔히 선 수행자가 이러한 자만심에 빠지는 이유는 달과 손가락을 구별하지 못하기 때문이다. 앉아 있는 것만을 목적으로 삼거나 깨달으면 그만이라는 견성제일주의는 자만심을 키우는 독이 되기도 한다. 정견을 확립하여 진정으로 발심한 수행자는 오직 하심만이 있을 뿐 자만심은 그 그림자도 찾아볼 수 없다. 모든 오만이 사라진 수행자의 모습이야말로 누구나 갖춰야 할 가장 따뜻하고 바른 수행자의 품위이며 자세이다.

6. 간화선에서 보는 견성의 내용

혜능 선사는 말한다.

본래 마음을 알지 못하면 불법을 배워도 이로움이 없다. 마음을
알아 견성하면 곧 진리를 깨친다.

不識本心 學法無益. 識心見性 卽悟大意. ―『六祖壇經』

자신의 성품을 바로 보는 것이 깨달음이다. 곧 안과 밖이 두루 밝
아 우리의 본래 마음을 환히 비춰 그 성품을 바로 보는 것이 견성이
다. 견성이 바로 깨달음이다.

조사선에서는 깨달은 이를 무심도인無心道人이라 한다. 견성은
바로 무심無心을 깨닫는 것이고, 이 무심이 견성의 내용을 이루고 있
다. 황벽 선사는 『전심법요傳心法要』에서 이 무심도인의 마음에 대하
여 이렇게 말한다.

무심에는 일체의 마음이 없다. 여여한 바탕 그대로여서 안으로는
나무나 돌과 같아 동요함이 없고, 밖으로는 드넓은 허공과 같아
막히지도 않고 얽매이지도 않는다. 또한 주관도 없고 객관도 없
으며, 방소도 없고, 모양도 없으며, 얻거나 잃는 것도 없다.

無心者無一切心也. 如如之體 內如木石 不動不搖 外如虛空 不塞不
礙. 無能所 無方所 無相貌 無得失.　　　　　　　－『傳心法要』

황벽 선사는 견성한 사람의 마음인 무심의 경지를 허공에 비유
하고 있다. 허공의 모습이 깨달은 이의 마음이다. 이에 대하여 황벽
선사는 이렇게 덧붙여 말한다.

이 신령스럽고 늘 깨어 있는 성품은 시작 없는 예부터 저 허공과
같이 한없는 수명을 누려왔다. 그것은 생멸이 없고 유무가 없고
오염과 청정이 없고 시끄러움과 고요함을 벗어났다. 그것은 노소
가 없고 방향이 없고 안팎이 없고 수량·형상·색상·음성이 없
다. 그러므로 찾아 구할 수도, 지혜로 완성할 수도, 언어로 해설할
수도, 경계로 이해할 수도, 공을 들여 도달할 수도 없다. 이것이
바로 과거·현재·미래의 모든 불보살과 꿈틀거리는 벌레까지
도 다 함께 갖추고 있는 열반의 성품이다.

此靈覺性 無始已來 與虛空同壽. 未曾生 未曾滅 未曾有 未曾無 未
曾穢 未曾淨 未曾喧 未曾寂 未曾少 未曾老. 無方所 無內外 無數量
無形相 無色像 無音聲. 不可覓 不可求 不可以智慧識 不可以言語
取 不可以境物會 不可以功用到. 諸佛菩薩與一切蠢動含靈 同此大
涅槃性.　　　　　　　　　　　　　　　　　　　　－『傳心法要』

허공은 줄거나 느는 일이 없다. 오고 가지도 않는다. 생겨나거나 소멸하지도 않는다. 그것은 마음으로 헤아릴 수 없을 만큼 광대무변하며, 모든 가치 판단을 떠나 있다.

마찬가지로 우리의 자성도 본래 청정하고 텅 비어 만법을 그 안에 품고 있다. 중생의 마음이나 부처의 마음이나 그 속에는 반야의 지혜가 갖춰져 있어 모든 것을 두루두루 비추고 있다. 이 같은 지혜의 빛 속에 있건만 중생의 마음은 번뇌의 구름에 가리어 나타나는 경계境界를 진실이라 집착한다. 이것이 망념이다. 우리는 이 망념에 가려 청정한 자성을 바로 보지 못하는 것이다.

그러나 선지식의 가르침을 듣고 한순간에 몰록 깨닫게 되면 허공처럼 청정한 자성과 삼라만상의 본래 모습이 지혜의 빛살 속에 여실히 드러나게 된다. 그러므로 깨닫지 못하면 부처가 곧 중생이고 깨달으면 중생이 곧 부처인 것이다. 부처와 중생은 본래 차별이 없다.

견성하여 깨닫게 되면 우리는 어떻게 되는가? 『육조단경』에서는 견성하면 무념無念으로 살아간다고 말한다. 생각을 하되 생각에 걸림이 없는 것을 무념이라 한다. 혜능 선사는 말한다.

무념이란 모든 법을 보되 모든 법에 집착하지 않는 것이다. 모든 것을 두루 하되 그 모든 곳에 집착치 않는 것이다. 한결같이 자성을 깨끗이 하여 여섯 도적(六根)9들로 하여금 여섯 문으로 달려 나

가게 하나 육진六塵[10] 속을 떠나지도 않고 거기에 물들지도 않아
오고 감에 자유로운 것이다. 이것이 곧 반야삼매이며 자재해탈이
니 이것을 무념행이라 한다."

何名無念 無念法者 見一切法 不著一切法 遍一切處 不著一切處 常
淨自性 使六賊 從六門走出 於六塵中 不離不染 來去自由 卽是般若
三昧 自在解脫 名無念行.　　　　　　　　　　　　 － 『六祖壇經』

견성한 도인은 이렇듯 생각을 하되 그 생각에 걸리지 않는 무념
으로 살아가기 때문에 견성을 못한 삶과는 확연히 다를 수밖에 없
다. 견성 못 한 중생은 생각과 대상에 끄달려 그것에 집착하는 속박
된 삶을 살아가지만 견성한 도인은 진정 자유롭고 걸림이 없는 삶을
살아간다. 황벽 선사는 깨달은 이를 자재인自在人이라고 부르면서
그런 자재인에 대하여 이렇게 말한다.

종일토록 밥을 먹어도 한 톨의 밥알도 씹지 않으며, 종일토록 걸
지만 한 조각의 땅도 밟지 않는다. 이와 같은 때에 인상人相·아
상我相 같은 자아상이 사라질 것이다. 온종일 일상사를 여의지 않

---

9. 六根 : 여섯 가지 감각기관, 즉 '眼·耳·鼻·舌·身·意'를 말한다.
10. 六塵 : 대상세계, 즉 '色·聲·香·味·觸·法'을 말한다.

는 가운데 모든 경계에 미혹되지 않아야 자유인이라 할 수 있다.

但終日喫飯 未曾咬著一粒米 終日行 未曾踏著一片地. 與麼時 無
人我等相 終日不離一切事 不被諸境惑 方名自在人.　　－『傳心法要』

　　깨달은 이는 언제 어디서나 자유자재한 사람이다. 그는 나와 너
를 분별하는 자기상이 사라져 종일토록 살림을 살지만 그 일에 걸리
는 일이 없다. 깨달은 이는 결코 기상천외한 도력이나 신통력을 부
리거나 주변 환경이며 외부 조건을 멋대로 바꿀 수 있는 힘을 가진
사람이 아니다. 그도 여느 사람들처럼 먹고 자고 행동한다. 그러나
그의 삶은 견성하기 전과 견성한 뒤의 안목이 다르기 때문에 보통
사람들과는 다를 수밖에 없다. 삶과 세계를 바라보는 눈이 달라졌기
때문이다.

7. 재가자도 간화선 수행을 할 수 있는가?

간화선은 출·재가를 구별하지 않는다

선 수행에는 출가자와 재가자의 구별이 있을 수 없다. 남녀노소, 빈부귀천도 상관이 없다. 이 점은 혜능 선사가 『육조단경』에서 분명히 말하고 있다.

> 선지식들아, 만약 수행하기를 바란다면 재가도 할 수 있으니 수행하려고 꼭 절에 있을 필요는 없다. 절에 있으면서 닦지 않는다면 서방정토에 있으면서도 마음이 악한 사람과 같고, 재가에서도 만약 수행하면 동방예토의 사람이 선善을 닦는 것과 같다. 다만 스스로 원을 세워 집에서도 청정함을 닦는다면 그 곳이 곧 서방정토이다.
>
> 善知識 若欲修行 在家亦得 不由在寺. 在寺不修 如西方心惡之人 在家若修行 如東方人修善. 但願自家修淸淨 卽是西方.
>
> — 『六祖壇經』

나옹 선사 또한 수행은 재가와 출가에 달려 있는 것이 아니라고 말하고 있다.

이 일은 재가나 출가에 달려 있지도 않고, 초참과 후학에 달려 있지도 않으며, 또한 다생의 훈련에 달려 있지도 않다. 홀연히 마음이 열리는 것은 단지 당사자의 일념에 있는 진실한 믿음(信)에 달려 있을 뿐이다.

此事不在在家出家 亦不在初參後學 又不在多生熏鍊 忽得開發 只在當人一念眞實的的信字裏.　　　　　　　　　　－『懶翁語錄』

이렇듯 혜능 선사나 나옹 선사는 수행하는 데에 재가와 출가, 집과 절의 구분이 없다고 한다. 어느 곳에서든 진정으로 발심하여 간절하게 마음을 닦는 일이 중요하다고 강조하고 있다. 조사선 정신을 계승하고 있는 간화선에서도 재가와 출가의 구별이 없다. 이는 대혜 선사의 『서장』을 보면 분명히 알 수 있다. 대혜 선사와 편지를 주고받은 증시랑·강급사·부추밀·이참정 같은 대부분의 사람이 모두 재가자였다. 또한 태고 보우 선사의 어록을 봐도 선사가 법어를 베푼 대상이 공민왕·오수·장해원사·최진사·백충 거사 같은 재가자들이 많다.

대혜 선사와 보우 선사 당시 간화선을 수행했던 많은 사람들이 사대부나 거사들이었다는 사실에 주목할 필요가 있다. 역대 선사 스님들은 출가자와 마찬가지로 재가자들에게 아무런 차별 없이 자상하게 지도하였다. 이러한 점은 간화선이 살림살이를 하며 살아가는

재가자들도 수행할 수 있는 보편적인 수행법이라는 사실을 잘 보여
주고 있다.

도는 일상 속에 있다

오늘날 한국 불교의 수행 풍토로 보면 간화선을 출가 수행자들
만이 하는 특별한 수행법으로 여기거나 간화선 수행을 하려면 반드
시 선원에 가야 한다고 믿는 사람들이 많은 것 같다. 물론 선지식을
모시고 오롯하게 수행에 전념할 수 있는 출가자들이 수행하기에 가
장 좋은 여건 속에 있다는 것은 사실이다. 그러나 화두 공부는 재가
자라고 하지 못할 까닭이 전혀 없다.

선의 본질에서 보면 세상사 모두가 불법이 팔팔하게 드러나 있
는 법의 현장이다. 그래서 일찍이 부대사傅大師는 『행로난行路難』에
서 "불성의 온 모습이 바로 눈앞에서 펼쳐지고 있다(全體現前)"라고
했으며, 마조 스님은 "평상시 마음이 도(平常心是道)"라고 했다. 장작
패고 나물 캐는 일상생활에 도가 있다는 말이다. 진리는 그저 평범
하다. 그것은 밥 먹고 세수하고 일하는 데에 있지 다른 세상에 있는
것이 아니다.

진리는 우리의 앞에도 옆에도 뒤에도 어디에나 현전해 있다. 이
살아 있는 삶의 현장을 떠나 따로 도가 없기에 일상 속에서 수행하

는 것이 선 수행의 바른 길이다.

　서산 선사의 다음 말씀은 이러한 수행 경지를 잘 보여주고 있다.

　배고프면 밥을 먹고 곤하면 잠을 자네.
　맑은 물 푸른 산을 내 멋대로 오가고
　어촌과 주막거리도 내 집인 양 편하구나.
　세월이 가나오나 내 알 바 아니건만
　봄이 오니 예전처럼 풀잎 다시 푸르네.
　飢來卽食 困來卽眠. 綠水靑山 任意逍遙 漁村酒肆 自在安閑. 年代
　甲子總不知 春來依舊草自靑.　　　　　　　　　　　－『禪家龜鑑』

　나옹 혜근 선사도 말한다.

　세상의 모든 현상 그대로가 다 진실이니, 낱낱의 존재와 하나하
　나의 사물이 모두 부처님의 진골이다.
　世上萬般盡是眞 頭頭物物佛眞骨.　　　　　　　　－『普濟尊者三種歌』

　나옹 선사의 이 말씀은 '현실에 있는 현상세계 그대로가 공안'
이라는 말이다. 일상과 진리의 세계는 둘이 아니다. 다만 착각에 빠
져 둘로 나뉘어 있는 것처럼 보일 뿐이다. 화두 공부는 바로 이 둘로

나누기 이전의 자리로 돌아가는 것이다. 그래서 대혜 선사는 일상 속에서 어떤 일을 하든 끊임없이 화두를 들어야 한다고 했던 것이다.

이와 같이 간화선은 출가자와 재가자가 함께 할 수 있는 수행법이다. 어떤 사람은 "간화선은 농경문화 속의 목가적인 옛 풍경 속에서나 가능한 수행법이 아니냐"라고 묻지만 결코 그렇지 않다.

진리는 농경문화 속에만 있고 산업사회에는 없는 그런 것이 아니다. 오히려 분주한 일상생활에서 화두를 놓치지 않고 간절히 수행해 나간다면 이 척박한 삶의 현장이 바로 극락세계라는 것을 알게 될 것이다.

제3장
부처님의 가르침과 간화선

1. 부처님의 말씀과 마음, 그리고 간화선

부처님의 말씀과 선

서산 선사는 이렇게 말한다.

부처님께서 세 곳에서 마음을 전하신 것은 선지禪旨가 되었고, 한평생 말씀하신 것은 교문敎門이 되었다. 그러므로 선은 부처님의 마음이요, 교는 부처님의 말씀이다.

世尊三處傳心者 爲禪旨 一代所說者 爲敎門. 故曰 禪是佛心 敎是佛語.

— 『禪家龜鑑』

선은 부처님이 깨달은 법과 그 법의 가르침에 근거하고 있다. 사상적 측면에서 보면 부처님의 말씀에 뿌리하고 있으며, 수행적 측면에서 보면 마음을 전하는 이심전심의 법을 이어받고 있다.

부처님의 가르침은 부처님께서 중생을 교화하신 내용을 모아 기록한 대소승 경전에 모두 밝혀져 있다. 중도中道 · 연기緣起 · 무아無我 · 공空의 도리나 사성제四聖諦 · 팔정도八正道 · 육바라밀六波羅蜜 등의 실천정신이 그것이다. 이러한 부처님 말씀은 모든 사람을 지혜와 복덕을 갖춘 완전한 인격자로 완성해 내기 위한 것이다.

부처님께서 열반에 드신 뒤 불교는 많은 변화를 겪었다. 불교의 근본교단은 상좌불교와 대승불교로 갈라진다. 그 가운데 대승불교는 중국 · 한국 · 일본과 티벳 등으로 전해졌다. 다시 중국 불교에서 천태 · 화엄 · 정토 등의 교종이 출현했다. 교종이 출현한 뒤 부처님께서 깨친 진리를 직접 체험하려는 선종이 등장한다.

혜능 선사에 의해 시작된 조사선의 전통을 이은 대혜 선사는 간화선이라는 새로운 선 수행법을 확고하게 정착시켰다. 이렇게 하여 간화선은 여러 가지 선법 가운데 가장 수승한 수행법으로 자리잡았다. 간화선이 뛰어난 가르침이긴 하지만 그 목적은 부처님의 진리를 깨닫는 데 있다. 그 진리는 부처님이 깨치시고 우리에게 제시하신 가르침과 조금도 다르지 않은 것이다.

부처님께서는 스스로 깨달은 존재의 실상을 중도·연기·무아·공으로 표현한다. 선은 부처님께서 밝히신 이 진리를 당장 이자리에서 몰록 체화하거나 환히 드러내 보이는 길이다. 혜능 선사는 『육조단경』에서 반야를 강조하여 "해탈하면 바로 반야삼매다(旣得解脫 卽是般若三昧)"라고 했다. 반야삼매는 반야의 실천이며 공이 실현되는 장이다. 그래서 거듭 말한다.

> 반야는 지혜이다. 어느 때나 생각마다 어리석지 않고 항상 지혜를 행하는 것이 반야행이다.
> 般若是智惠. 一切時中 念念不愚 常行智惠 卽般若行. ―『六祖壇經』

선에서 말하는 깨달음은 바로 공에 바탕을 둔 반야행이며, 그 반야 또한 연기와 무아에 근거한다.

부처님 마음과 선, 삼처전심三處傳心

부처님께서는 언어를 통한 가르침뿐만 아니라 언어를 떠난 가르침인 선법禪法을 통해 중생들의 본래면목인 부처님 마음을 전하였다. 부처님께서는 세 곳에서 가섭 존자에게 마음에서 마음으로 법을 전하셨는데(以心傳心), 이것을 '삼처전심三處傳心'이라 한다. 조사선과 간화선은 이 삼처전심에서 유래하고 있다.

삼처전심의 내용은 『선문염송禪門拈頌』을 비롯한 선어록에 자주 등장하는 가장 대표적인 화두이다. 그런데 이것이 후대의 기록인 선어록에 등장하기 때문에 어떤 사람은 이것을 역사적 사실이 아니라 선종에서 사상적 근거를 마련하고자 지어낸 말이라고 주장하기도 한다.

하지만 삼처전심의 말씀은 부처님의 경전에서도 볼 수 있다. 경전에 나타난 이러한 사실을 선종이 발달하면서 더욱 강조하게 된 것이다. 여기에서는 경전과 조사어록에 근거하여 삼처전심을 살펴보고 그 의미가 무엇인지 알아보자.

① 영산회상에서 꽃을 들어 보이다(靈山會上擧拈花)

영산회상이란 부처님께서 법을 펼치던 영축산靈鷲山의 법회 장면을 일컫는 말이다. 이 첫 번째 기연은 "부처님께서 꽃을 들어 보이시자 가섭 존자가 미소를 지었다"는 '염화미소拈花微笑'라는 말로 세상에 널리 알려져 있다. 염화미소는 '범천이 부처님께 여쭈어 의심을 풀다'라는 『대범천왕문불결의경大梵天王問佛決疑經』에 실려 있는데, 그 내용은 이렇다.

이 때 대범천왕이 영산회상에서 부처님께 아뢰었다.

"세존께서는 이 세상에 오시어 사십년이 넘는 동안 갖가지 법을 베푸셨습니다. 이 어찌 희유한 법이 아니겠습니까? 어찌 말로 다 할 수 있는 법이라 하겠습니까? 원컨대 세상의 모든 사람과 하늘 중생을 위하여 가르침을 주시옵소서"라고 말을 마치고 금색으로 된, 천 개의 잎이 달린 연꽃(바라화)을 부처님께 바쳤다. 그리고 물러나 몸으로 법상을 만들어 중생들에게 설법해 주실 것을 진실로 간절히 청하였다.

이 때 부처님께서는 법상에 앉아 갑자기 꽃을 들어 대중에게 보이자, 인천人天의 백만억 대중은 아무도 그 뜻을 알아차리지 못하고 침묵하였다. 그러나 이 모임 중에 오직 한 존자 마하가섭만이 얼굴에 조용히 미소를 지어 보였다. 그러고는 자리에서 일어나 합장을 하고 바로 서서 온화한 모습으로 침묵하였다.

이에 부처님께서는 마하가섭에게 다음과 같이 말씀하셨다.

"여래에게는 깨달음의 눈과 열반의 미묘한 마음과 모습 없는 참 모습인 묘한 진리가 있다. 이것은 문자로는 드러낼 수 없는 것으로 교 밖에 별도로 전한 것이니 지혜가 있든 없든 인연이 되면 증득할 것이다. 오늘 이것을 마하가섭에게 부촉하니 미래세에 모든 부처의 수기를 받아 성불하게 될 것이다."

爾時大梵天王白佛言. 世尊出世四十餘年種種說法. 云何有未曾有法耶. 云何有及言語法耶. 願爲世間一切人天能示已自言了. 金色千

葉大婆羅華. 持以上佛而退捨身以爲床座 眞誠念願.

爾時世尊著坐其座廓然拈華示衆. 會中百萬人天及諸比丘悉皆默

然. 時於會中唯有尊者摩訶迦葉 卽見其示破顔微笑. 從座而起合掌

正立有氣無言.

爾時佛告摩訶迦葉言. 吾有正法眼藏涅槃妙心實相無相微妙法. 不

立文字 敎外別傳 有智無智得因緣證. 今日付屬摩訶迦葉 未來世中

奉事諸佛 當得成佛.　　　　　　　　－『大梵天王問佛決疑經』「拈花品」

선은 "부처님께서 꽃을 들어 보이시자 가섭 혼자만 빙그레 웃었
다"라는 이 뜻 깊은 기연에서 시작된다. 부처님께서는 한 송이 연꽃
을 말없이 들어 보임으로써 자신의 마음을 전했고, 가섭은 바로 그
자리에서 그 소식을 깨달아 말없이 미소를 지은 것이다. 바로 이심
전심 염화미소이다.

예부터 많은 선지식들은 염화미소에 대한 자신의 안목을 드러내
이 기연이 갖는 선의 의미를 밝혀 왔다. 혜심慧諶 선사의 말을 살펴
보자.

설령 부처님이 연꽃을 들어 보이고 가섭이 미소를 지으며, 달마
가 면벽하고 혜가가 머리를 끄덕였다고 해도 이것은 철면피가 수
치를 모르는 짓과 같다.

直饒世尊拈花 迦葉微笑 達摩面壁 神光點頭 猶是鐵裏面皮 不識羞
恥.
- 『眞覺國師語錄』「示空藏道者」

염화미소를 불립문자의 종지를 드러내는 선종의 중요한 법문으
로 보는 것이 세상의 일반적인 관점이다. 그러나 혜심 선사는 꽃을
드신 부처님과 미소를 짓는 가섭 존자를 함께 몽땅 '수치를 모르는
짓'이라 하여 염화미소에 대한 선사의 안목을 드러내고 있다. 이것
은 모든 상대적 주관과 객관을 뛰어넘어 바로 종지를 보이는 것이
다. 부처님께서 꽃을 들어 대중에게 보이신 것이 부질없는 수고를
한 것이며, 가섭이 환하게 미소지은 것은 머리 위에 머리를 얹은 것
과 같은 격이다.

② 다자탑 앞에서 자리를 나누어 앉다(多子塔前分半座)

부처님께서 가섭 존자와 자리를 나누어 앉으셨다는 이른바 '분
반좌分半座'에 대한 내용은 초기 경전인 본연부本緣部의 『불설중본기
경佛說中本起經』에 실려 있다.

세존께서 사위성 기수급고독원에서 대중을 위하여 법을 말씀하
실 때였다. 천룡귀신 사부대중이 잘 정돈되어 있었다. 이 때 마하
가섭이 남루한 모습으로 부처님께 다가왔다. 그러자 세존께서는

멀리서 보고 찬탄하시기를, "잘 왔구나. 가섭아" 하시고, 미리 법
상의 반을 나누셨다가 앉으라고 명했다. 가섭이 물러나 무릎을
꿇고 아뢰었다.

"저는 바로 여래의 끝줄 제자인데 자리를 나누어 앉으라 하시니,
어찌 그 뜻을 받들 수 있겠습니까?"

여러 대중이 생각하였다.

'이 노장에게 무슨 기이한 덕이 있기에 세존께서 자리를 나누어
앉으라고 명하실까? 이 사람이 뛰어난 분일까? 오직 부처님만이
밝히시리라.'

이 때에 부처님은 대중들의 생각하는 바를 살피시고 의심하는 바
를 해결하고자 "가섭의 큰 행이야말로 성인과 같음을 논하리라"
고 하시며 또 말씀하셨다.

"나는 사선四禪의 선정을 닦아 마음을 쉬어서 처음부터 끝까지
손실된 것이 없는데, 가섭 비구 또한 사선이 있고 선정으로 인하
여 정의定意를 얻었느니라." …(중략)…

부처님께서 본생담을 말씀하시며 더욱 성스러운 덕을 나타내어
"비구 가섭이 일체 해탈하여 모두 위없는 바르고 참된 도의 뜻을
내었으며, 법의 가르침과 이름이 널리 퍼지니 즐거움을 받지 않
겠는가"라고 하셨다.

爾時世尊在舍衛國祇樹給孤獨園 爲衆說法. 天龍鬼神 四輩弟子 嚴

整具足. 於是摩訶迦葉 垂髮弊衣 始來詣佛. 世尊遙見歡言. 善來迦

葉 豫分半床 命令就坐. 迦葉進前 頭面作禮. 退跪自陳曰 余是如來

末行弟子 顧命分坐 不敢承旨. 大衆僉念 此老道士 有何異德 乃令

世尊分坐命之. 此人 俊又 唯佛明焉. 於是如來察衆所念 欲決所疑

廣論迦葉大行齊聖. 世尊又曰 吾以四禪 禪定息心 從始至終 無有損

耗 迦葉比丘 亦有四禪 因禪定得定意. … 중략 … 佛說本昔 加以聖德

顯 比丘迦葉 一切解脫 皆發無上正眞道意 法敎名遠 莫不樂受.

— 『佛說中本起經』卷下「大迦葉始來品 第十二」

위 경전에서는 부처님께서 가섭 존자와 자리를 나누어 앉으신
일을 중요한 일로 다루고 있다. 선어록에서는 이 일이 다자탑多子塔
앞에서 벌어졌다고 하여 '다자탑전분반좌'라고 일컫고 있다. 선어
록에 실린 내용을 간추려 말하면 이렇다. 부처님께서 다자탑 앞에서
설법하고 계실 때 가섭 존자가 그 곳에 왔다. 법회장은 자리가 빈틈
없이 꽉 차 있었고 아무도 가섭 존자에게 자리를 내주지 않았다. 그
때 부처님께서는 가섭 존자를 부르시어 자리를 나누어 함께 앉으셨
다. 대중들은 그 뜻을 몰라 어리둥절했지만 가섭 존자는 홀로 그 뜻
을 알아차렸다.

정혜 초신定慧超信 선사는 이 기연을 이렇게 평하고 있다.

자리를 나누어 앉아 은밀하게 주고받음이여!

얼굴에 바로 침을 뱉어 줌이 마땅하도다.

이렇게 하지 않고 그냥 버려두었으니

자손들이 두고두고 재앙을 면할 수 없게 되었네.

密傳分半座 正好驀面唾. 不伊呂且放過 子孫未免遭殃禍.

— 『禪門拈頌』 第4則

③ 사라쌍수 아래에서 두 발을 관 밖으로 내보이시다

(沙羅雙樹下槨示雙趺)

'관 밖으로 두 발을 내보이신 일'을 곽시쌍부槨示雙趺라 한다. 부처님께서 열반에 드신 '발제하'라는 강가 언덕에는 두 그루의 사라沙羅나무가 있었다. 부처님은 이 두 그루의 사라나무 아래에서 열반에 드셨다. 부처님은 열반하신 뒤 이 사라쌍수 아래에서 관 밖으로 두 발을 내미셨는데, 이 일을 일컬어 '사라쌍수하 곽시쌍부'라 한다. 이 일에 대하여 초기 경전인 『대반열반경후분大般涅槃經後分』에는 이렇게 실려 있다.

(부처님께서 열반에 드시자 뒤늦게 도착한) 가섭 존자가 더욱 슬퍼하면서 제자들과 더불어 오른쪽으로 일곱 번 돌고, 눈물을 글썽이며 장궤 합장하고 게송으로 슬프게 탄식하였다.

"괴롭고 괴롭습니다. 대성인 존자이시여! 저는 지금 가슴을 도려내는 듯 고통스럽습니다. 세존이시여, 멸도滅度하심이 어찌하여 이렇게 빠르십니까? 대비하신데도 저를 잠깐 기다리지 못하셨습니까?" …중략…

가섭이 목베어 슬피 울며 이 게송을 끝내자, 부처님께서 큰 자비로 두 발을 천 개의 살이 달린 바퀴 모양으로 나타내어 관 밖으로 내보이시고, 그것을 돌려가며 가섭에게 보여 주셨다. 천 개의 살이 달린 바퀴에서 천 가닥의 빛이 나와 시방의 일체 세계를 두루 비췄다. 이 때에 가섭과 모든 제자들이 부처님의 발을 보고, 일시에 천 개의 살이 달린 바퀴 모양의 발에 예배하였다.

爾時迦葉復重悲哀 與諸弟子右繞七匝 盈目流淚長跪合掌 說偈哀歎. 苦哉苦哉大聖尊 我今荼毒苦切心. 世尊滅度一何速. 大悲不能留待我. …중략… 爾時迦葉 哽咽悲哀說是偈已 世尊大悲卽現二足千輻輪相 出於棺外廻示迦葉. 從千輻輪放千光明 遍照十方一切世界. 爾時迦葉與諸弟子 見佛足已 一時禮拜千輻輪相.

— 『大般涅槃經後分(二卷本)』 卷下

부처님께서 가섭 존자에게 꽃을 들어 보이신 일과 마찬가지로 자리를 나누어 앉으시고 관 밖으로 두 발을 내보이신 이 일은 부처님께서 말없이 존자에게 본래 마음을 전한 소식이다.

설봉 요종雪峰了宗 선사는 이 기연에 대하여 이렇게 말한다.

"이 일을 알면 곧 쉬리라! " 다시 "가섭이 재빠르게 정신을 차리
지 않았다면 심하게 속임을 당할 뻔했다. 부처님의 의중을 알고
자 하는가?"라 한 뒤, 선상을 치고는 말했다. "산산조각이 났
다! "

雪峯了拈 知是般事便休. 復云 不是金色頭陁 急着精彩 泊被熱謾
要見黃面老子麼. 拍禪床云 百雜碎.　　　　　　　－『禪門拈頌』第37則

이와 같이 부처님의 삼처전심은 조사선문에 와서는 모두 화두의
원형이 되고 있다. 영축산에서 가섭 존자에게 마음을 전하신 '염화
미소'가 최초의 화두인 셈이다. 물론 화두는 본래 한결같은 부처자
리를 드러내는 것이기 때문에 처음이니 끝이니 하는 수식어를 붙일
수 없다. 다만 역사적인 전거를 들자면 그렇다는 말이다.

2. 화두 참구법과 연기·중도의 구조

간화선은 비록 송나라 때 완성된 수행법이긴 하지만 그 방법론 자체는 전혀 새로운 것이 아니다. 화두는 모든 사유의 출구를 막는 강력한 힘이 있다. 이러한 화두의 구조는 부처님께서 말씀하신 중도·연기의 구조와 긴밀하게 연결되어 있다.

"개에게 불성이 있는가?"라는 질문에 조주 스님은 "없다(無)"고 답했다. 이 '무無'라는 대답은 ① 있다, ② 없다, ③ 있기도 하고 없기도 하다, ④ 있지도 않고 없지도 않다 등의 네 가지 사유방식으로 이해해서는 모두 어긋난다. 위의 네 가지 사유의 유형을 사구四句라고 하는데 '무'라는 화두는 이 사구 가운데 그 어떤 사유방식도 인정하지 않을 뿐만 아니라 사유 그 자체를 허락하지 않는다.

이와 관련하여 대혜 선사는 말한다.

유에 집착하지 않으면 무에 집착하고, 양쪽 모두에 집착하지 않으면 유·무 사이에서 분별하고 비교한다. 비록 이 병폐를 알아 챘다 해도 이내 유도 아니고 무도 아닌 곳에 집착하고 만다. 이런 까닭에 옛 성현들이 간곡하게 이르시길, "사구四句를 벗어나고 백비百非를 끊으라. 바로 한 칼에 두 동강을 내 다시는 앞뒤 생각지 말고 그대로 일천 성인의 이마를 끊으라" 하셨다. 사구란 유,

무, 유도 아니고 무도 아님, 유이면서 무인 이 네 가지를 가리키는 말이다.

若不著有 便著無 若不著此二種 便於有無之間 思量卜度. 縱識得此病 定在非有非無處 著到. 故先聖 苦口叮嚀 令離四句絶百非 直下一刀兩段 更不念後思前 坐斷千聖頂頸. 四句者 乃有 無 非有非無 亦有亦無是也.　　　　　　　　　　　　　　　－『書狀』「答張提刑」

대혜 선사는 수행은 사구를 뛰어넘어야 한다고 토로하였다. 백비百非라는 말 또한 이 사구의 개념을 확대해서 적용한 것이므로 사구와 비슷한 뜻이다. 대혜 선사뿐만 아니라 여러 선어록에서는 사구백비를 뛰어넘으라고 힘써 말한다.

마조 선사의 말씀을 보자.

한 스님이 가르침을 청하였다.

"선사께선 사구백비四句百非를 쓰지 말고 저에게 조사가 서쪽에서 오신 뜻을 바로 일러 주십시오."

僧問祖云請和尙 離四句絶百非 直指某甲西來意.　　　　　－『馬祖錄』

또 어떤 스님이 마조 선사 앞에다 하나는 길게, 셋은 짧게 네 획을 긋고는 말했다.

"하나는 길고 셋은 짧다고 해서는 안 됩니다. 사구백비를 떠나 대답해 주십시오."

그러자 선사께서는 땅에다 획 하나를 긋고 말씀하였다.

"길다 짧다고 말하진 못한다. 그대에게 대답을 끝냈다."

有僧 於祖前 作四. 上一長 下三短. 曰不得道一長三短. 離四句絶百非 請和尙答某甲. 祖乃地一日. 不得道長短. 答汝了也." -『馬祖錄』

간화선 수행자는 이렇게 사구적 분별의 출구를 모두 막고 은산철벽과 같은 화두를 대면하고 앉아 있는 것이다. 그렇다면 어떻게 사구백비를 떠나는 것이 중도·연기의 구조와 일치하는지 살펴보자.

연기의 이치는 중도의 이치와 다르지 않다. 중도는 이것과 저것을 여읜 자리에서 이것과 저것을 있는 그대로 보는 우주와 삶에 대한 바른 관점이다. 그렇다고 중도는 이것과 저것의 한가운데를 뜻하는 개념은 더욱 아니다. 이래도 틀리고 저래도 틀린다. 우리는 그것을 말이나 글로 설명해 낼 수 없다. 이 때 우리의 생각은 이럴 수도 없고 저럴 수도 없는 지경에 빠져버린다. 칠통 속의 쥐와 같이 옴짝달싹할 수 없게 된다는 말이다.

중도는 모든 이것과 저것을 동시에 떠나 있는 법계의 참모습을 이르는 말이다. 이런 중도의 이치를 깨닫는 일은 결코 쉬운 일이 아니다. 중도의 이치는 있음으로도 없음으로도 그 어떤 사유 분별로도 증득할 수 없다.

용수(龍樹 150~250경) 보살은 불법의 핵심 교의인 중도를 다시 천명하고자 『중론中論』을 저술한 불교의 조사祖師이다. 이 『중론』 또한 주어진 문제에 대한 사구적인 대답을 결코 용납하지 않는다.

따라서 간화선 수행법은 부처님께서 말씀하신 중도 · 연기와 『중론』의 사구분별, 팔부중도八不中道의 구조와 내용이 같다. 이 모두는 우리의 분별적 사유를 차단함으로써 깨달음의 세계로 인도한다는 점에서 그 목적이 일치한다.

육조 혜능 선사나 대혜 선사뿐만 아니라 수많은 조사 스님들께서는 한결같이 양변兩邊을 떠나 중도에 바로 서라고 말씀하신다. 대주大珠 선사는 "유와 무에 집착하지 않으면 바로 부처님을 본다"[11] 라고 했다.

---

11. "不見有無 卽是見佛眞身." - 『頓悟入道要門論』

3. 불립문자 · 교외별전과 간화선

불립문자 · 교외별전이란?
황벽 선사는 말한다.

여기 이르면 조사께서 서쪽에서 와서 바로 마음을 가리켜 성품을
보고 깨닫게 하심이 말에 있지 않음을 알게 된다.
到此之時 方知祖師西來 直指人心 見性成佛 不在言說.

－『傳心法要』

마음을 바로 보아 깨닫는 것이 선이다. '직지인심直指人心 견성성
불見性成佛'은 이런 도리를 잘 보여준다. 선은 모든 언어와 문자를 떠
나 있다(不立文字). 진정한 불법은 경전으로도 담을 수 없다. 경전 언
어를 뛰어 넘어 진정한 깨달음의 세계로 발을 내딛는(見性成佛) 실천
행이 바로 선이다.

여기서 가장 중요한 것은 마음을 바로 가리켜 보이는 직지인심
이다. 그 마음을 보면 견성성불하는 것이다. 하지만 이 불립문자, 교
외별전, 직지인심, 견성성불의 네 구절은 선의 참면목을 드러내는
공통된 기반이기 때문에 함께 어우러져 있다. 이 네 구절이 하나의
정형화된 구절로 나타난 것은 목암 선향睦庵善卿 선사가 엮은 『조정

사원『祖庭事苑』이란 어록에서이다.

> 여러 조사께서 법을 전할 때, 처음에는 경·율·론 삼장의 가르
> 침과 함께 했지만 달마 조사께서는 오직 '마음'만을 전한 뒤 집
> 착을 깨뜨려 근본 뜻이 드러나게 했다. 이른바 "가르침 밖에서 따
> 로 가르침을 전하고(敎外別傳), 문자에 기대지 않고(不立文字), 바
> 로 마음을 가리켜(直指人心), 성품을 보게 하여 깨닫게(見性成佛)"
> 한 것이다.
>
> 傳法諸祖 初以三藏敎乘兼行 後達摩祖師單傳心印 破執顯宗. 所謂
> 敎外別傳 不立文字 直指人心 見性成佛.　　　　 －『祖庭事苑』第5卷

　"경전 밖에 따로 전하며 문자를 세우지 않는다"라는 교외별전·
불립문자의 가르침은 선이 '손가락'이 아니라 '달'을 보는 수행임을
명확히 보여 준다. 그러기에 선 수행자는 '손가락'에 얽매어 '달'을
보지 못하는 한계를 뛰어넘어 그 핵심으로 바로 질러 들어가야 한다.
　단하丹霞 선사가 불상을 불에 태운 일이나 덕산德山 선사가 경전
을 불태워 버린 일 등은 선 수행의 전통 속에서만 찾아볼 수 있다.
이것은 사유의 틀을 뛰어넘은 격외格外의 경지이다. 그러나 경전 밖
에서 따로 전했다고 하여 경전을 무시하는 태도는 옳지 못하다. 여
기서 말하는 경전 밖이란 경전상의 문자에 집착하지 말라는 의미이

다. 참으로 달을 본 사람에겐 모든 것이 진리가 되기 때문이다.

우리가 경전을 보는 목적은 경전이 알리고자 하는 뜻을 바로 알아 그 생생한 진리를 밝게 깨닫는 데 있다. 처음에는 문자라는 손가락을 통해 접근한다 하더라도 결국 그 문자라는 손가락이 가리키는 진리인 달을 바로 보아야 한다. 이 깨달음의 세계에 이르는 길은 직접 체험하는 길 외에 다른 수가 없다.

선은 문자 이전의 참생명인 마음의 본래 자리를 깨치는 일이다. 설명이나 이해의 방법이 아니라 단도직입적으로 마음의 실상을 여실히 보는 일이다. 보면 그 자리에서 깨닫는다. 바로 마음을 가리켜 그 성품을 보아 부처를 이룬다는 직지인심 견성성불은 이 도리를 말한다. 직지인심의 방법으로 역대 조사들은 선문답을 하고 코를 비틀고 뺨을 때리고 고함을 치고 방망이로 때린 것이다.

간화선과 불립문자

교종敎宗에서는 오랜 시간 공들여 수행해야 깨달음에 이를 수 있다고 가르친다. 사람에 따라 차이는 있지만 깨닫는 데에는 한량없는 시간과 노력이 필요하다는 것이 교종의 일반적인 주장이다. 그러나 선종에서는 마음을 바로 보면 그 자리에서 깨친다는 돈오頓悟를 말한다. 그것은 전등을 켜면 방 안이 몰록 환해지는 이치와 같다. 선에서 말하는 깨달음은 간명직절하다.

정상좌定上座라는 스님이 임제 선사에게 물었다.

"불교란 무엇입니까?"

임제 선사는 벌떡 일어나 정상좌의 멱살을 잡고 따귀를 때리며 밀어 젖혔다.

정상좌는 멍하니 서 있을 뿐이었다. 옆에 있던 스님이 한 마디 거들었다.

"정상좌, 문답은 끝났네. 절 하고 내려가야지."

정상좌는 이 말을 듣고 절하는 순간에 대오했다.

有定上座 到參 問 如何是佛法大意. 師下繩床 擒住與一掌 便托開. 定佇立. 傍僧云 定上座何不禮拜: 定方禮拜 忽然大悟.

— 『臨濟錄』

"불교란 무엇이냐?"라는 물음에 정상좌는 임제 선사로부터 호되게 당하고 멍하니 서 있다. 그것은 커다란 의심의 현전이다. 안팎이 크나큰 의심 덩어리가 되어 절하는 순간 정상좌는 자신의 본래 마음을 깨친 것이다. 간화선은 이러한 조사선의 전통 속에서 형성되었다. 간화선에서는 말길이 끊어진 화두를 통하여 몰록 불립문자의 세계로 들어선다. 화두를 단박에 타파하여 그 자리에서 견성한다. 간화선이야말로 교외별전, 불립문자의 세계에 가장 정확하고 빠르게 들어가는 문 없는 문이다.

4. 화두를 참구할 때 부처님 말씀도, 역대 조사의 말씀도 듣지 말라고 한 이유

간화선에서 부처님의 말씀과 역대 조사의 말씀을 보지도 듣지도 말라고 한 까닭은 크게 두 가지로 볼 수 있다.

첫째, 선의 체험과 경전의 언어 사이에서 일어나는 일로 깨침의 체험은 모든 언어를 초월해 있기 때문이다.

둘째, 송대 선풍의 폐해에 대한 반성 때문이다.

선의 체험

첫째 이유부터 알아보자. 선 수행의 전통에서는 수행자 모두에게 체험의 독자성을 부여하고 있다. 그 누구도 따라할 수 없는 독자적 행위가 매우 중요하다는 것이다. 그것은 생각과 말이 끊어진 자리에서 사유하고 행동하기 때문에 그렇다. 생각의 길과 말길이 끊어졌기에 오직 당사자만이 본래 그 자리를 간명직절하게 체득한다. 그래서 이 체험의 세계는 궁극의 경지에 이르러서는 언어의 접근을 불허한다.

대주 혜해大珠慧海 선사는 이렇게 말한다.

제자가 물었다.

"왜 경전을 외우지 못하게 합니까? 그리고 경전을 남의 말이라 합니까?"

스승이 대답했다.

"앵무새가 사람 말을 배우지만 말에 담긴 사람의 뜻을 모르는 것과 같은 이치이다. 경전은 부처님의 뜻을 전하는 것인데 부처님의 뜻은 얻지 못하고 단지 외우기만 한다면 부처님의 말만 배우는 사람에 지나지 않는다. 이런 까닭에 허락하지 않는다."

僧問 何故不許誦經 喚作客語. 師曰 如鸚鵡只學人言 不得人意. 經傳佛意 不得佛意 而但誦是學語人. 所以不許.　－『諸方門人參問語錄』

이 대화는 경전이 부처님의 체험의 기록이지 학인 당사자의 것이 아니므로 남의 말이라는 것을 밝히고 있다. 곧 언어로는 이해할 수 없는 독자적 체험의 세계가 있다는 점을 말하고 있는 것이다. 자신의 체험이 아닌 남의 말에 빠져들면 자신의 본분사를 망각하게 될 뿐 아니라 분별하는 산란심만 치성하게 된다. 그러니 오직 부처님이 말하고자 하는 바 그 진정한 뜻을 각자 체험해야 한다.

『경덕전등록景德傳燈錄』에서 약산 유엄(藥山惟儼 745~828) 선사는 이렇게 말한다.

단지 종이 위에 쓰여진 말 몇 마디만 지니고 살면 그 경론에 미혹되는 일이 많을 것이다. 나는 일찍이 경론을 보지 않았다. 그대들은 본분사는 모르면서 밖으로만 헤매니 집안이 안정되지 않는다. 그래서 생사에 집착하는 마음이 있게 된 것이다. …(중략)… 책 속의 말만 기억하여 그것을 자기 살림으로 여기지 말라.

只向紙背上記持言語 多被經論惑. 我不曾看經論策子. 汝只爲迷事 走失 自家不定. 所以 便有生死心. …중략… 莫只記策子中言語 以爲 自己見知.

- 『景德傳燈錄』

언어로만 기억하는 경전 공부는 곧 '남의 일'이며 자기 자신의 본분에는 아무런 도움을 주지 못한다는 가르침이다. 경전이나 조사의 말씀이 때때로 수행의 지침이 되기는 하지만 마음을 사로잡아 얽매는 큰 걸림돌이 될 수 있음을 경계하고 있다.

이와 같이 간화선 전통에서는 부처님과 조사들의 말보다 자기 본분을 만나는 체험을 더 중시해 왔다. 이러한 체험의 주체성이 언어의 한계를 설파하는 조사선의 전통과 완벽하게 결합했던 것이다.

탄연坦然 선사와 남악 회양(南岳懷讓 677~744) 선사가 숭악 혜안(嵩岳慧安 642~709) 선사와 나눈 다음의 대화는 언어를 뛰어넘어 본래면목을 보여 주는 선적 교화방식을 잘 드러내고 있다.

탄연과 회양 두 스님이 혜안 선사를 참방하고 물었다. "달마대사가 서쪽에서 온 뜻이 무엇입니까?" 혜안 선사는 "왜 자기 자신의 뜻을 묻지 않는가?"라고 되물었다. 이에 "자기 자신의 뜻이란 어떤 것입니까?" 하자 선사는 "밀밀한 작용을 보아야 한다"고 답했다.

"밀밀한 작용이란 무엇을 말합니까?"라고 다시 묻자, 혜안 선사는 말없이 눈을 껌벅거림으로써 그 작용을 보여 주었다. 탄연은 그 순간 그 곳이 머물 자리임을 알아차리고 더 이상 다른 곳으로 떠돌지 않았고, 회양은 인연이 맞지 않아 작별인사를 올리고 조계산으로 갔다.

有坦然懷讓二人來參. 問曰 如何是祖師西來意. 師曰 何不問自己意. 曰 如何是自己意. 師曰 當觀密作用. 曰 如何是密作用. 師以目開合示之. 然言下知歸更不他適. 讓機緣不逗辭往曹谿.

— 『景德傳燈錄』 第4卷

달마 선사의 체험보다는 자기 스스로의 주체적인 체험이 중요하다고 말한다.

혜안 선사가 "왜 자기 자신의 뜻을 묻지 않는가?"라고 탄연과 회양에게 되물은 것은 주체적 체험을 강조하기 위해서이다. 또한 선사는 '눈을 깜박거리는' 동작을 통하여 매순간마다 일어나고 있는 자신의 일상적이고 주체적인 체험의 내용이 무엇인가를 분명하게 보여 주고 있다.

타성에 빠진 송대 선의 극복

경전 언어와 조사어록을 거부한 또 다른 이유는 화두 참구가 지나치게 형식화되었던 송대의 공부 풍토 탓도 있다. 공안은 옛 조사들이 주체적 체험을 통하여 자기의 본래면목을 자각한 것인데 당시 수행자들은 그런 체험은 없이 그저 공안의 문자에 빠져 상투적인 선적 경계를 시구로 읊곤 했다.

이러한 폐풍을 가장 크게 경계한 분이 바로 대혜 선사이다. 대혜 선사는 당시 수행자들이 자신의 스승인 원오 극근 선사가 펴낸 『벽암록』의 선어禪語에만 도취되어 선 수행의 본질을 도외시하자 과감하게 스승의 저서를 불살라 버렸다.

『선림보훈禪林寶訓』에서는 이렇게 기록하고 있다.

> 소흥 초에 대혜 선사가 민閩에 갔을 때 일이다. 선사는 그 곳 수행자들이 『벽암록』에 깊이 빠져 참된 자기를 되돌아보지 않는 악폐가 점차 심해져 가는 것을 보았다. 선사는 목판을 모두 모아들이고 그 목판을 쪼개고 불태워서 스승의 말을 남김없이 없앴다. 그

리하여 미혹함을 걷어내서 말에 빠져 있는 이들을 건지고, 번잡한 것을 싹둑 베어 희론을 일삼는 이들을 없애 마침내 파사현정破邪顯正을 이루었다.

紹興初 佛日入閩. 見學者牽之不返 日馳月騖浸漬成弊. 卽碎其板闢其說 以至滑迷援溺剔繁撥劇摧邪顯正.

- 『禪林寶訓』 第4卷 「心聞賁和尙」

제4장
간화선의 기초 수행

1. 간화선에서 정견을 중요시하는 까닭

부처님 가르침대로 발심한 사람이라면 누구라도 간화선 수행을 할 수 있다. 정견正見을 갖추고 진정한 발심發心이 되어 있고 눈 밝은 스승이 있다면 이런 사람은 예비 단계나 기초 수행이 필요없이 바로 간화선 수행에 들어가도 된다.

그러나 부처님 법에 대한 정견과 발심이 되지 않은 상태에서는 아무리 화두를 들고 애쓴다 해도 그 화두에 간절한 의심이 일어날 수 없다. 그러므로 초심자들은 바로 화두를 들기 전에 법에 대한 바른 안목을 갖추고 진정한 발심을 하여 불퇴전의 신심과 크나큰 원력을 세워야 한다.

법에 대한 안목이란 정견을 갖추는 것이다. 정견이란 법에 의한 바른 가치관의 수립을 말한다. 그것은 중도 연기에서 바라보는 바른 세계관, 인생관의 정립이다. 그래야만 '불교란 무엇이고 어떤 가르침인가?' '왜 공부해야 하는가?' '왜 수행해야 하는가?' 와 같은 불교 수행자가 갖춰야 할 기본을 충실히 갖출 수 있다.

정견의 확립은 불교의 핵심적인 가르침인 중도 · 연기 · 무아 · 공에 대한 이해로부터 출발한다. 이러한 가르침은 부처님께서 말씀하신 진리이다. 보다 정확히 말하자면 그것은 부처님께서 말씀하기 전부터 이미 갖추어져 있는 삶의 본모습이다. 여기에 대한 바른 인식이 있어야 수행자로서 갈 길이 명확해진다. 이것을 제대로 인식하면 수행을 하지 않을 수 없고, 그 수행자의 삶의 목표도 뚜렷해지지 않을 수 없다. 곧 무엇을 깨닫고 어떻게 실천해야 하는지가 아주 분명해진다는 말이다.

연기와 무아에 대한 바른 이해를 갖추면 그것을 자기 삶을 통해 실천해 나가야겠다는 간절한 염원이 생긴다. 그래서 연기와 무아에 맞게 사고하고 행동하여 이것이 인격화되는 길을 열어 간다.

간화선을 비롯한 모든 불교 수행은 이렇게 연기법을 인격화하고 내면화하기 위한 길이다.

법, 즉 진리를 확인하고 그 진리대로 사는 것이다. 그렇게 되면 마침내 법이 자신과 함께 하여 내가 걷는 길이 곧 진리의 길이 된다.

그럴 때 어떤 장애에도 걸리지 않고 무소의 뿔처럼, 그물에 걸리지 않는 바람처럼 자유롭고 당당하게 앞으로 나아갈 수 있다. 나아가 이런 사람의 발자국은 뒷날 다시 그 길을 걷는 사람들의 훌륭한 귀감이 되는 것이다.

2. 간화선의 기초 수행, 어떻게 해야 하나?

깨치면 온갖 경계를 만나더라도 걸림이 없다. 걸림 없는 도인이 되는 것이다. 이 걸림 없는 도인을 임제 선사는 '어디에도 의지함이 없는 도인(無依道人)' 또는 '지위가 없는 도인(無位道人)'이라 했다. 어디에도 걸림 없는 본래면목에 대한 확신과 그것을 알고자 하는 열망이 가득할 때 발심이 이루어진다. '진정 이것이 무엇일까?' 하는 간절한 마음이 있어야 진정한 나를 찾는 참선의 길로 나설 수 있다. 여기서는 발심과 관련하여 기초 수행에는 무엇이 필요한지 여러 가지로 나누어 말해 보고자 한다.

첫째, 발심의 요소에서 가장 중요한 것은 자신이 본래 부처라는 확고한 믿음이다. 그럼에도 현재의 나는 그러한 본래 모습과는 상관없이 고통 속에서 방황하고 있다는 냉정한 자기 반성이 있어야 한다. 그래서 이제는 반드시 내 본래 모습을 찾고야 말겠다는 간절하고 애절한 마음이 불길처럼 타올라야 한다. 이럴 때 화두가 들린다.

둘째, 자비慈悲·지혜智慧·원력願力을 품고 살아야 한다. 고통 속에서 신음하는 중생을 구제하겠다는 동체대비의 마음은 대승보살의 마음이며 부처님의 마음이다. 세상이 아파하고 있기에 이 세상의 아픔을 치유하기 위해 수행하는 것이다. 그것은 곧 나의 아픔이기 때문이다. 나아가 그러한 아픔에서 벗어나기 위해서는 지혜의 눈이 열려야 한다. 여러 가지 다양한 상황과 조건 속에 있는 중생들을 건져 낼 수 있는 힘이 지혜로운 방편이다. 수행과 삶은 하나가 되어야 한다. 삶과 수행이 분리되면 그것은 결코 간화선 수행이 아니다. 삶다운 삶을 위해서 수행하는 것이 선 수행의 목적이다. 원력이란 기필코 깨달음을 이루어 지혜의 눈으로 자비를 실천하겠다는 끝없는 다짐이다. 한 방울의 물이 말라 없어지는 것을 막을 수 있는 길은 한 방울의 물이 바다와 하나가 되는 길밖에 없다. 이 세 가지 마음은 수행에 들어가기 전에 반드시 갖추어야 할 기본 요소이다.

셋째, 결코 굽히지 않는 정진력을 키워야 한다. 화두 참구에서 진정한 의심을 일으키는 것이 쉽지 않으므로 부단한 노력이 필요하다. 쉽게 좌절하지 말고 끊임없이 화두를 들으려 간절히 노력해야 한다. 다른 묘수가 없다. 그러다 보면 어느 새 화두가 들리기 시작한다. 이를 위해서는 물러섬이 없는 불퇴전不退轉의 정진력을 키워 나가야 한다.

넷째, 간화선에 들어가기에 앞서 부처님께서 말씀하신 인과의 법칙을 깊이 믿어 악업이 초래할 다음 생을 생각하며 바르게 살도록 힘써야 한다. 인과의 법칙은 한 치의 오차도 없다. 내가 어떻게 사느냐, 그 삶이 담고 있는 기운의 명암과 역량만큼 과보가 따른다. 그래서 말, 행동, 생각 하나하나가 바르고 밝고 부드러워야 한다. 위산 영우(潙山靈祐 771~853) 선사는 "목소리가 온화하면 메아리가 순조롭고 모습이 단아하면 그림자가 단정하다"[12]라고 했다. 죽음의 문턱에서 스스로 지은 악업 때문에 두려워하지 않기 위해서는 선한 마음을 가지고 부단히 정진해야 한다. 곧 계율에 대한 철저한 인식과 실천을 갖추어야 한다. 나아가 화두를 통해 견성하지 못하면 세세생생 업의 그물에 걸려 인과응보에 얽매이기 마련인데 화두를 깨치면 인과에서 벗어나 자유롭게 된다는 점을 명심하기 바란다.

다섯째, 화두와 참선법에 대한 정확한 이해가 있어야 한다. 화두란 무엇인지, 화두를 어떻게 간택받아 참구해야 하는지, 화두 수행을 하면서 생길 수 있는 병통은 무엇이며, 그것을 어떻게 관리하고 다스려야 하는지 등에 대한 바르고 섬세한 이해가 중요하다. 그래야만 화두 수행으로 자신의 본래면목을 발견할 수 있다는 확고한 믿음이 생긴다. 그리하여 화두를 통해 모든 번뇌 망상을 잘 다스릴 수 있으며 삶을 활기차게 살아갈 수 있다는 확신을 가져야 한다.

여섯째, 가장 중요한 것이 정견의 확립이다. 이에 대해서는 이미 자세히 설명했기에 여기서는 생략하겠다.

발심이 확고하거나 이 모든 것에 대한 조건을 충분하게 갖춘 수행인은 바로 간화선문에 들어가도 무방하다. 그러나 지난 생에 이 수

---

12. "聲和響順 形直影端." - 『緇門』「潙山大圓禪師警策」

행문에서 무수히 수행을 거친 상근기가 아니라면 커다란 발심을 내기 위한 전단계인 기초 수행이 반드시 필요하다는 것을 알아야 한다.

3. 간화선에서 바른 세계관을 중요시하는 까닭

불교의 세계관, 중도 · 연기 · 무아 · 공

불교는 지혜와 자비의 종교이다. 석가모니 부처님께서 보여주신 그분의 삶이 그렇다. 부처님께서는 고통 속에서 신음하는 중생을 건지려고 설산에 들어가 여섯 해 동안의 피나는 수행으로 깨친 뒤 마흔다섯 해 동안 중생과 함께 아픔을 나누며 쉬지 않고 자비의 길을 걸으셨다.

불교는 부처님의 깨달음에서 비롯되었다. 따라서 부처님께서 깨달은 연기법인 불교의 세계관 · 인생관 · 가치관은 어떤 형태의 불교이든 반드시 간직하고 있어야 하는 핵심이다. 간화선도 마찬가지이다. 부처님과 조사의 깨친 세계가 다를 수 없다. 간화선이라 하여 달리 다른 세계관이나 가치관을 갖는 것이 아니다. 간화선이 탁월한 수행이라 함은 바로 이 자리에서 깨달음을 실현하는 데 있지 '깨침의 경지'가 다르기 때문이 아니다. 그러므로 간화선이란 연기법을 바로 이 자리에서 보여주고 그것을 체험하는 수행법이다.

부처님께서는 "연기를 보면 법을 보고 법을 보면 여래를 본다"라고 하였다. 이것과 저것, 나와 너, 선과 악, 지구와 우주가 서로 의존하면서 무아無我로 존재한다는 것이 연기법이다. 한 알의 모래 속에 온 우주가 들어 있고, 한 떨기 아름다운 장미가 필 때 우주도 함께 피어난다.

연기의 도리가 펼쳐지는 자리는 모든 존재가 무無로 비워지는 자리이다. 모든 존재가 '고립된 나'로만 있다면 나 속에는 어떤 너도 들어올 수 없다. 삶이 무아로 현현될 때 연기법이 다시 살아나고 나와 너가 서로 제자리를 지키면서 함께 어우러진 전체가 되는 것이다.

연기세계의 참모습은 나다 · 너다, 있다 · 없다, 좋다 · 싫다 같은 상대적인 세계와 모든 이것과 저것을 동시에 떠나 있기에 중도中道라고도 한다. 초기불교와 대승불교의 핵심은 바로 이 '중도 · 연기'이다. 나와 너가 독립된 실체가 아니라 관계 속에 존재하며, 너는 무조건 나쁘고 나는 무조건 좋다는 식으로 서로 대립하지 않고 조화로운 전체를 이루기 때문에 중도이다. 이 연기 · 무아 · 중도를 더욱 역동적으로 표현한 것이 공空사상이다. 『금강경』 · 『반야심경』의 핵심이 바로 중도 · 연기인 공이다.

집을 예로 들어 이 공을 설명해 보자. 어떤 집도 개별적 실체로서 있는 집은 없다. 집은 목재나 벽돌 같은 건축자재 하나하나의 조합으로 구성되어 있다. 다 뜯어 놓고 보면 집이라는 독립된 실체가 없는 것이다. 연기적 관점에서 보면 목재와 벽돌은 집의 부분이 아니라 집 전체를 이루고 있다. 왜 그런가? 하나의 벽돌에는 집을 구성하는 모든 요소가 서로 연결되어 있고 그 벽돌 또한 다른 구성물과 떨어질 수 없는 관계로 있기 때문이다. 마치 여러 개의 구슬이 서로 비출 때, 한 구슬에 모든 구슬이 들어와 비추고 그 한 구슬 또한 모든 구슬 속에 들어가 비치는 이치와 같다. 비어 있기 때문이다. 무아라서 그런 것이다.

무아란 독립된 실체가 없이 존재하는 것을 말한다. 연기의 이치로 모든 존재의 실상을 보면 고정된 '아我'란 존재하지 않는다. 그렇기 때문에 '무아'이고 '공'이다. 공은 청정한 허공과 같다. 청정한 허공은 늘어나거나 줄어들지 않으며 생겨나거나 사라지지도 않는다. 부증불감 불생불멸이다. 우리 존재 자체가 그러하다는 것이다. 이것을 바로 보아야 한다.

조사선은 중도 연기를 가장 확실하게 보여주는 종파

조사선은 부처님의 핵심 사상인 중도·연기를 가장 충실하게 체험하여 계승한 종파이다. 또한 조사선에 뿌리한 간화선은 화두를 통하여 이러한 중도·연기의 이치를 마음과 몸으로 가장 빠르게 깨치는 수행법이다.

부처님께서는 존재의 실상, 그 세계의 참모습을 연기라고 하셨다. 따라서 연기는 보편적 진리이고 우주의 존재 원리이고 삶의 현실이다. 비연기적 사고나 행위는 허구요 허상이다. 모든 허상과 허구를 철저히 깨치는 길이 참선이다. 그래서 할과 방이 다반사로 등장하는 것이다. 임제 선사의 활발발한 선풍이 바로 여기에서 유래한다.

　모든 존재의 바탕이 연기법이라는 사실에 명확히 눈 뜨게 되면 동체자비同體慈悲의 실천행이 자연스럽게 흘러나온다. 연기적 깨침이란 '나' 와 '남' 을 가르는 울타리가 무너지는 순간이기 때문이다. 선 수행자는 이러한 세계관과 가치관이 확고하게 서야 하므로 중도 정견에 대한 이해와 이에 따른 실천이 반드시 동반되어야 한다.

　불법에 바탕한 세계관이 정립되지 않은 선 수행은 자칫하면 신비주의, 기능주의, 선정주의, 나아가 단순한 양생술로 전락될 수도 있다. 또한 삶의 질을 변화시키지 못하는 선은 깨달음 지상주의로 떨어져 깨달음 자체를 도구화하거나 대상화할 위험도 있다. 불법에 대한 기초적인 이해조차 없이 깊은 산 속에서 무조건 앉아만 있다고 간화선 수행자라 할 수는 없다. 진정한 수행자는 깨침이라는 목적지를 향해 가는 사람이지 목적지가 없이 표류하는 방랑자일 수 없기 때문이다.

　깨달음의 세계란 신비하고 불가사의한 무엇이 아니다. 그것은 너와 나, 우리 모두를 살리는 보살의 광대행원으로 피어나게 하고 허공 같이 드넓고 맑고 걸림 없는 인격체로 거듭나게 하는 것이다. 그리하여 구할 것도 없고(無所求) 얻을 것도 없는(無所得) 대자유의 세계로 나아가게 하는 것이다.

4. 간화선 수행에 앞서 교教를 이해해야 할 필요성

서산 선사는 이렇게 말한다.

스스로 공부의 시작과 끝을 안 뒤 교학을 놓아 버리고 눈앞의 한
생각을 잡드러 섬세하게 참구하면 반드시 소득이 있을 것이다.
이것이 이른바 얽매인 몸을 벗어나 사는 길이다.

是自行之始終 然後 放下敎義. 但將自心 現前一念 參詳禪旨則必有
所得. 所謂出身活路.   —『禪家龜鑑』

사교입선捨敎入禪이란 말이 있다. 글자 그대로 "가르침(敎)을 놓아
버리고 참선에 들어간다"는 뜻이다. 교란 경전을 비롯한 문자로 된
불교의 가르침을 뭉뚱그려 일컫는 말이다. '교를 버린다'는 것은 서
산 스님의 말처럼 교를 충분히 이해한 뒤에 그것을 내려놓는다는 뜻
이지 처음부터 '교를 무시하거나 거부한다'는 뜻이 아니다.

부처님께서 깨달음의 경지를 말씀으로 표현하신 것이 교라면 부
처님이 깨달은 마음을 말없이 드러낸 것이 선이다. 교란 비유하자면
산에 오르는 지도와 같고, 선은 산을 밟고 정상에 올라서는 일과 같
다. 만약 교에 대한 철저한 이해가 없이 선 수행에 들어가게 되면 지
도가 없이 높고 험한 산을 오르는 사람처럼 위험한 결과가 올 수도

있다. 교는 정견을 세우는 데 없어서는 안 될 가르침이다.

한편, 교학을 이해하고 난 뒤에는 모두 놓아 버리고 바로 선 수행으로 들어가야 한다. 지도만 보고 산을 올랐다고 할 수 없듯이 교학에만 집착하다 보면 달을 보지 못하고 손가락만 쳐다보기 십상이다.

선과 교에 대하여 서산 선사는 이렇게 말하고 있다.

> 선과 교의 근원은 부처님이시고 선과 교의 갈래는 가섭 존자와 아난 존자이다. 말 없음으로써 말 없는 데 이르는 것이 선이고, 말로써 말 없는 데 이르는 것이 교다. 또한 마음은 선법이고, 말은 교법이다. 법은 비록 한 맛이라도 뜻은 하늘과 땅만큼 아득히 떨어진다. 이것은 선과 교의 두 길을 가려 놓은 것이다.
>
> 禪敎之源者世尊也　禪敎之派者迦葉阿難也.　以無言至於無言者禪
> 也　以有言至於無言者敎也.　乃至心是禪法也.　語是敎法也.　法則雖
> 一味　見解則天地懸隔　此辨禪敎二途. 　　　　　　　 − 『禪家龜鑑』

이와 같이 '말 없음으로써 말 없는 데 이르는 것이 선'이고, '말로써 말 없는 데 이르는 것이 교'이다. 그러나 '말 없음으로써 말 없는 데 이르는 것'은 쉬운 일이 아니다. 비록 선 수행자라 하더라도 처음부터 무작정 선의 세계에 들어가려는 것은 위험한 일이라 할 수 있다. '약이 필요없다'는 것은 병이 없는 사람에게 해당되는 말이다. 병에 걸린 사람에게는 약이 꼭 필요하다. 참선하는 이들에게 경전과 어록은 장님의 지팡이와 같이 꼭 필요한 것이다.

'말 없이 말 없는 데 이르는 것이 선'이라고 하였지만 대장경에는 엄청난 분량의 선어록禪語錄이 포함되어 있다. 이 선어록에는 어떻게 선으로 들어가야 하는지에 대한 자상한 지침이 실려 있다. 이렇게 많은 선어록이 출현했음을 미루어 볼 때, 선이라 하여 처음부터 말을 떠날 수 있는 것은 아니다. 중요한 것은 말에 걸리지 말라는 것이다. 말 없는 경지는 궁극적으로 자기 성품을 체득한 경지이다.

선승들의 경전에 대한 주된 관심은 경전의 주석과 해설보다는 경전에 담긴 근본정신을 실천의 영역으로 옮겨 자신의 깨달음으로 경전에 대한 바른 안목을 보여주는 데 있다. 비록 언어의 세계를 떠난 것이 선이지만 선사상을 체계화하고 선을 잘 설명하기 위해서는 언어의 세계를 빌릴 수밖에 없다. 역대로 많은 선사들은 『금강경』 『능가경』 『유마경』 『법화경』 『화엄경』 같은 대승불교의 경전을 당신들의 깨친 안목으로 비추어 살아 있는 선법으로 펼쳐 보였다.

그러나 부처님께서 말씀하신 법에 대한 이해만으로는 부처님이 깨달은 진리의 세계에 들어갈 수 없다. 그 세계는 언어를 떠나 있고 분별을 떠나 있는 세계이기 때문이다. 물맛에 대해 아무리 설명을 들어도 직접 물을 먹어 보지 않으면 알 수 없다. 자전거 타는 법을 아무리 들어도 그것만으로는 자전거를 탈 수 없다. 실제로 몇 번 넘어지면서 타 봐야 자전거를 탈 수 있는 이치와 같다. 진리의 세계를 보려면 반드시 직접 체험해야 한다. 이치가 이러하기에 수행자는 교를 배운 뒤에 놓아 버리고 선을 체험하는 '사교입선'을 해야 한다.

역대의 많은 선지식들과 우리나라의 위대한 선승들은 모두 교를 철저하게 이해한 뒤에 선 수행으로 들어갔다. 조계종의 법맥을 형성해 이어온 중심인물인 도의 국사·보조 국사·태고 국사·서산 대사·경허 선사 같은 분들이 모두 이러한 과정을 거쳤다.

'득의망언得意忘言'이란 말이 있다. '뜻을 얻으면 말은 잊는다'는 뜻이다. 교와 언어의 세계를 뛰어넘는 것이 분명 필요하지만, 그것은 교와 언어의 한계 인식을 통해서만 가능한 일이라는 사실을 알아야 한다. 교의 세계를 제대로 모르는 이에게 '교외별전', '득의망언'의 경지를 강조한다는 것은 분명 잘못된 일이다. 그렇기에 "교를 버리기 위해서는 그만큼 철저하게 교에 대해서 알아야 한다"는 역설이 성립하는 것이다.

그렇다면 선 수행자는 교에 대한 이해가 어느 정도 될 때 사교입선을 해야 하는가? 그것은 근기에 따라 다르다고 보아야 한다. 정견의 정립을 위해서는 최소한 부처님 교법에 대한 바른 이해와 불교사에 대한 바른 인식이 필요할 것이다.

출가자의 경우 어느 정도 교학적인 터전이 잡혀 있는 이는 행자

생활을 마치고 바로 사교입선할 수도 있을 것이다. 그러나 강원을 비롯한 기본 교육기관이나 전문교육을 이수해도 사교입선하기가 어려운 이도 있다.

전통적으로 우리나라에서는 승가교육기관인 강원에서 사미과沙彌科 · 사집과四集科 · 사교과四敎科 · 대교과大敎科 · 수의과隨意科를 두고 있다. 역대 선지식들은 이러한 과정을 마치고 사교입선하는 것이 바람직하다고 보았기 때문이다.

그러나 앞에서 밝혀 두었듯이 정견을 세우고 철저히 발심만 되었다면 교를 배우지 않고 선으로 바로 들어갈 수도 있는 것이다.

5. 간화선 수행과 계戒는 어떠한 관계인가?

선과 계의 관계

서산 선사는 이렇게 말한다.

> 음란하면서 참선하는 것은 모래를 쪄서 밥을 지으려는 것과 같
> 고, 살생하면서 참선하는 것은 제 귀를 막고 소리를 지르는 것과
> 같으며, 도둑질하면서 참선하는 것은 새는 그릇이 가득 차기를
> 바라는 것과 같고, 거짓말 하면서 참선하는 것은 똥으로 향을 만
> 들려는 것과 같다. 이런 무리들은 비록 많은 지혜가 있더라도 다
> 마구니를 이룰 뿐이다.
>
> 帶婬修禪 如蒸沙作飯 帶殺修禪 如塞耳叫聲 帶偸修禪 如漏卮求滿
> 帶妄修禪 如刻糞爲香. 縱有多智 皆成魔道.　　　　　－『禪家龜鑑』

계 · 정 · 혜 삼학三學은 불교 수행의 핵심이다. 그래서 서산 대사
는 "계가 온전하고 튼튼해야 선정의 물이 맑게 고이고 거기에 지혜
의 달이 나타난다"[13]라고 하였다. 부처님은 "도는 집이요, 계는 기초
이다. 수행의 근본은 계다"라고 말씀하셨다. 선 수행자가 반드시 계

---

13. "戒器完固 定水澄淸 慧月方現." －『禪家龜鑑』

율을 지켜야 한다는 점에 대하여 자각 종색慈覺宗賾 선사의 『선원청규禪苑淸規』에서도 분명히 밝혀 두고 있다.

삼세의 제불은 모두 출가하여 깨달음을 이루었다고 한다. 부처님의 마음을 전한 인도의 28조사와 중국의 6조사들도 다 출가한 사문沙門들이다. 생각컨대 계율을 엄정히 지켜 세상의 큰 규범이 되었다. 그러므로 참선하는 수행자들은 계율을 첫째로 삼는다. 허물을 떠나고 그름을 막지 않았다면 어떻게 부처를 이루고 조사가 될 수 있었겠는가. …(중략)… 계를 받은 뒤에는 항상 지켜야 한다. 계와 함께 죽을지언정 계 없이 살지 말 일이다.

三世諸佛皆曰出家成道. 西天二十八祖 唐土六祖 傳佛心印 盡是沙門. 蓋以嚴淨毗尼 方能洪範三界. 然則參禪問道戒律爲先. 卽非離過防非 何以成佛作祖. …중략… 受戒之後常應守護. 寧有法死不無法生.

                              − 『禪苑淸規』 第1卷 「受戒」·「護戒」

위의 『선원청규』의 내용으로 알 수 있듯이 간화선 수행자라 하여 또 다른 계율이 적용되어야 한다거나 혹은 간화선 수행자는 계율을 무시해도 된다는 생각은 위험하다. 다만 중국의 선원에서는 스스로 자급자족하는 생활을 해야 했기 때문에 이러한 선원 생활에 필요한 것에 대하여 계율에 없는 사항을 따로 청규로 정해 놓았을 따름이다.

간화선 수행자의 수행과 계의 관계에 대한 보다 구체적인 말씀은 '환산 정응俔山正凝 선사께서 몽산 선사에게 주신 법어'를 통하여 알 수 있다.

> 몽산이 스승을 뵙고 예를 올리자 스승께서 물었다.
>
> "그대는 확신이 섰는가?"
>
> 몽산이 말했다.
>
> "확신이 서지 않았다면 여기에 오지 않았을 것입니다."
>
> 스승께서 말씀하셨다.
>
> "확신이 온전히 섰다면 반드시 계를 지켜야 하네. 계를 지켜야 쉽게 영험을 얻을 수 있네. 계행이 없는 수행은 허공에 누각을 세우는 것과 같네. 그대는 계를 지키고 있는가?"
>
> 몽산이 답했다.
>
> "오계는 지키고 있습니다."
>
> 師見蒙山禮 先自問云 儞還信得及麽. 山云 若信不及不到這裏. 師云 十分信得更要持戒 持戒易得靈驗. 若無戒行 如空中架樓閣 還持戒麽. 山云 見持五戒. ―「俔山正凝禪師示蒙山法語」

여기서 환산 선사가 말한 "확신이 섰는가?"에서 '확신'의 의미는 그저 믿는 정도가 아니라 믿음으로 가득 찬 불퇴전의 신념을 말한

다. 환산 선사는 몽산 선사에게 선문으로 들어올 자신이 서 있는지
확인하고 있는 것이다. 이에 몽산 선사는 그러한 확신이 분명히 섰
다는 대답을 단호한 어조로 말한다. 스승은 그렇다면 계율을 지키라
고 말한다. 위산 선사도 "부처님께서는 먼저 계율을 정하시어 발심
한 이들을 인도해 주셨다"고 하면서 선 수행자는 계율을 철저히 지
킬 것을 당부하였다.

깨치면 계는 완성된다

깨닫게 되면 계ㆍ정ㆍ혜 삼학이 저절로 완성된다. 깨친 이의 삶
은 계에 어긋나지 않는다. 이를 도공계道共戒라 한다. 도를 통해 부처
님처럼 되면 계가 그냥 따라오게 된다. 참선 수행과 계행은 함께 완
성되는 것이다. 그렇게 되면 저절로 몸과 말과 행동이 익어서 추호
도 어긋남이 없다.

이와 관련하여 혜능 선사도 무념이 되어 견성하면 정ㆍ혜가 나
뉘어질 수 없다고 했다. 수행을 통하여 무념의 경지에 이르면 계ㆍ
정ㆍ혜 삼학은 구족되게 마련이다.

『육조단경』의 말씀처럼 조사선에서는 계란 '본래 그릇됨이 없는
자성의 활발발한 삶의 모습(心地無非自性戒)'이다. 원오 선사도 "청정
한 계행을 지니되 계행에 집착하는 생각이 없으며 호호탕탕 수행해

도 "공부한다는 생각을 남기지 않는다"[14] 라고 하여 자성에 입각한 계행을 강조하고 있다.

조사선에서는 몸의 감각체계를 관리하는 의미의 계율보다는 마음의 근원에 본래 갖춰져 있는 자연스럽고 살아 약동하는 의미로서의 계율을 역설하고 있다. 그런 삶에는 생각으로도 계율을 범하는 일이 사라지게 되어 매 순간 계율에 맞는 삶이 완성되어 한결같이 흘러가게 된다. 그러므로 깨친 이들의 모든 행위는 자연스럽고 맑고 깨끗해져 아침 햇살처럼 청명하다.

박산 무이博山無異 선사가 『참선경어參禪警語』에서 깨달음의 눈이 열리면 향 사르고 청소하는 일까지 다 불사가 될 것[15]이라 한 것도 이러한 이치를 일컫는 말이라 하겠다.

참선 수행자의 계에 대한 마음가짐

선 수행에 철저했던 옛 선승들의 걸망 속에는 어김없이 계도戒刀[16]가 들어 있었다고 한다. 계도로서 삿된 생각이 일어나면 바로 끊겠다는 각오를 항상 간직하고 있었던 것이다. 이처럼 지계란 참선

---

14. "持淸淨戒而無執戒之念 浩浩修行而不存功用." - 『圓悟佛果禪師心要』 「示興祖居士」
15. "滋培善根 他日道眼忽開 燒香掃地 皆佛事耳." - 『參禪警語』

수행자에게 없어서는 안 될 참으로 소중한 보배이다.

간화선 수행자들이 계를 지키는 것은 지극히 자연스러운 일상의 살림살이와 같다. 참선 수행자의 경우 하안거와 동안거의 결제기간 철저히 계를 엄수하는 것은 물론 해제를 맞아 행각에 나설 때도 계를 엄수해야 한다. 재가 수행자 역시 수행처소에서나 일상생활 속에서나 계를 잘 지켜 나가야 한다. 정견을 세우고 수행을 하게 되면 계는 일상 속에서 자연스럽게 완성된다. 수행과 삶이 따로 가는 것은 수행자의 참모습이 아니다. 수행과 삶이 일치되는 것이 수행자의 자연스런 모습이다. 진정한 수행자의 계행은 굳이 지키려고 해서 지켜지는 계행이 아니라 꽃이 피듯 풀잎이 돋듯 자연스럽고 활발발한 삶의 참된 모습이다.

요즈음 일부 간화선 수행자 중에는 이 계를 가볍게 여기는 풍조가 있다. 이들은 이렇게 말한다. "간화선이란 화두로 일체의 분별의식과 알음알이를 타파하는 수행법이니 계에 얽매일 필요는 없지 않는가?", "깨달은 자는 계를 초월해 있다. 그러니 계를 문제삼는 것 자체가 중생의 경지가 아닌가?"

---

16. 계도戒刀에 대하여는 자각 종색의 『선원청규』에 총림에 들고자 하는 자가 반드시 지녀야 할 도구로 산립山笠 · 주장拄杖 등과 함께 나와 있다. 물론 머리를 깎거나 물건을 자르거나 하는 용도로 사용된 것이나, 계도라고 하는 것은 계를 철저히 지키라는 의미가 담겨져 있다.

그러나 천목 중봉(天目中峰 1263~1323) 선사는 『산방야화山房夜話』에서 "달마 조사가 계를 언급하지 않은 것은 선이 부처님의 심인心印만을 전하는 데 중심을 두고 있기 때문이며 선 수행자에게는 당연히 계행이 갖추어져 있어야 하기 때문"이라 했다. 너무나 당연해서 새삼 계를 강조할 필요가 없었다는 것이다.

또 앞서 말했듯이 선 수행이 철저해질 때 계행 또한 철저해지고 수행이 완성되면 계행도 완성된다는 사실을 밝게 알아야 한다. 아울러 깨달은 이나 중도 정견을 철저히 갖춘 사람만이 계를 지키고(持) 범하고(犯) 열고(開) 닫는(遮) 행위를 자유자재로 할 수 있다는 점도 명심해야 한다.

제 2 부

실참 단계
(공부 단계)

제1장
화두의 결택 단계

1. 화두란 무엇인가?

무문 혜개(無門慧開 1183~1260) 선사는 이렇게 말한다.

참선이란 조사의 관문을 뚫는 것이다. 묘한 깨달음은 모든 생각
의 길을 끊어야 한다. 조사의 관문이 뚫리지 않고 생각의 길이 끊
어지지 않으면 그대는 풀잎이나 덤불에 붙어 사는 허깨비나 다름
없다.

參禪 須透祖師關. 妙悟 要窮心路絕. 祖關不透 心路不絕 盡是依草
附木精靈.   ―『無門關』「趙州狗子」

조사가 되려면 말길이 끊어지고 생각의 길이 끊어진 조사의 관문을 뚫고 나가야 한다. 선에서는 이러한 조사관을 화두話頭라고 한다. 화두라는 꽉 닫힌 문 없는 관문을 뚫고 나간 뒤라야 생사를 벗어나 조사가 될 수 있다. 이 조사관을 뚫지 못하면 홀로 우뚝 서지 못하고 언제까지나 남에게 의지하는 허깨비 인생을 살게 된다.

화두, 공안의 정의

화두라는 말의 '화話'란 말 또는 이야기라는 뜻이며, '두頭'란 접미사로서 아무런 의미가 없다. 그러니 화두란 그저 '말'이라는 말이다. 그런데 그 말이 선사들이 쓰는 특별한 말이라는 것에 주목해야 한다. 화두란 모든 사유와 분별의 통로를 막는 선사들의 독특한 언어이다.

이러한 말은 일상적인 생각으로는 파악될 수 없다. 화두는 상식적으로 생각하는 사유분별을 끊어버리는 힘이 있다. 그래서 화두를 일상적인 격을 벗어났다 하여 격외어格外語라 한다. 이성의 사유작용이 따라붙을 수 없는 절대적인 말이기 때문이다.

우리가 일상에서 쓰는 말은 상대적인 말이다. 있다 · 없다, 나다 · 너다, 가다 · 오다, 좋다 · 나쁘다 이런 식의 말을 사용한다. 그런데 "무엇이 조사가 서쪽에서 온 뜻이냐?" "무엇이 진리냐?"라는 물음에 "뜰 앞의 잣나무다" "마른 똥막대기다"라고 대답하는 격외어는 상대적인 말을 초월한 절대적인 말이다. 이것은 말길이 끊어지고 생각의 길도 끊어진 진짜 말이다. 이러한 화두를 바로 깨달으면 된다.

'화두' 할 때의 '두' 는 단순한 접미사로 쓰이지 않을 때도 있다. 그럴 때 화두는 '말머리' 라는 뜻으로 말이 나오기 이전의 세계를 일컫는다. 화두에 대한 이러한 정의도 일상적인 말 이전의 말을 의미한다고 보면 된다. 화두는 스승인 선지식이 제자에게 제시한 것으로, 제자는 이 화두를 들고 한바탕 생사를 건 씨름을 해야 한다.

화두를 공안公案 또는 고칙古則이라고도 한다. 모두 같은 뜻이다. 공안도 공과 사를 초월한 공公, 고칙도 시간과 공간을 초월한 고古, 화두도 말을 초월한 말(話)이다. 다시 말하여 고칙이란 공정한 법칙, 고덕古德들이 인정한 법이다.

'말씀으로 된 법칙' 이요 '옛 조사들의 법칙' 이다. 이것은 공정하므로 추호도 분별심이 개입되어서는 안 된다. 그래서 공公이라 한다. 그 법에 따라 정진하면 반드시 견성할 수 있다. 공안이란 그렇게 양변을 초월한 법에 따라 수행하면 깨달을 수 있다고 하는 '표준안(案)' 이라는 의미에서 그렇게 말한다. 이렇듯 공안은 참선 수행에서 절대적인 규범과 판단의 기준이다.

이러한 화두·공안·고칙을 통하여 바로 깨달으면 된다. 그런데 보고 깨치라고 제시하는데도 못 깨치니 어쩔 수 없이 화두를 드는 것이다. 이렇게 하는 것도 깨치는 방법이니 그냥 놔두는 것이다. 화두는 바로 깨달으라는 것이지 그냥 의심하기 위한 수단이 아니라는 것을 분명히 알아야 한다.

이상과 같이 공안과 화두, 그리고 고칙을 동일한 개념으로 사용하기도 한다. 그러나 송대의 대혜 선사는 이 두 개념을 엄밀하게 구분하기도 한다. 즉 공안은 역대 고승의 언행이나 스승과 제자가 나눈 전체 문답을 말하는 것으로 그 내용은 당대唐代에 성립되었다. 반면 화두는 특정한 공안 가운데서 학인에게 절박한 의심을 불러일으키는 일구一句를 지칭하는 것으로 송대宋代에 주로 사용된 수행방법이다. 대혜 선사는 『서장』에서 공안과 화두에 대해 다음과 같이 분명하게 구별하고 있다.

천 가지 만 가지 의심이 다만 모두 하나의 의심이다. 화두에서 의심을 타파하면 천 가지 만 가지 의심이 일시에 무너진다. 만약 화두를 타파하지 못했다면, 화두와 함께 벼랑 끝으로 가라. 만약 화두를 버려두고, 따로 문자에서 의심을 내거나 경전에서 의심을 내거나 고인의 공안에서 의심을 내거나 일상의 번뇌에서 의심을 일으키는 것은, 모두 삿된 마귀의 권속이다.

千疑萬疑只是一疑. 話頭上疑破 則千疑萬疑一時破. 話頭不破 則且

就話頭上與之廝崖. 若棄了話頭 郤去別文字上起疑 經敎上起疑 古
人公案上起疑 日用塵勞中起疑 皆是邪魔眷屬.　　　―『大慧普覺禪師書』

이와 같이 사량분별로는 결코 이룰 수 없기에 고봉 선사는 『선
요』에서 화두 참구에 대해 "숙맥菽麥도 모르고 노랑奴郎도 모르는 사
람이 하는 짓이다"라고 하였다. 숙맥은 콩과 보리도 가리지 못하는
사람, 노랑은 누가 주인인지 누가 종인지도 가리지 못하는 사람을
말한다. 그러니까 화두를 참구하는 것은 숙맥도 모르고 노랑도 모르
는 사람이 하는 공부라는 것이다.

그래서 운문 선사는 이렇게 말한다.

한 칙의 화두를 들어 그대들로 하여금 바로 깨닫도록 해도 벌써
오물을 뿌려 그대들의 머리에 붙이는 격이며, 설령 머리털 하나
를 집어들어 세상의 모든 이치를 한순간에 밝히더라도 좋은 살결
에 흠집투성이를 만드는 꼴이 된다. 비록 이렇다고 하지만 그래
도 바로 이 경지에 실제로 도달해야만 한다.

아직 그렇지 못하다면 그나마 남의 말을 훔쳐서 꾸미지 말고, 모
든 분별을 끊고 '이것이 무슨 도리인가?' 하고 살펴보라. 진실로
이렇게 함에 그대가 분별을 짓거나 의혹을 짓는 것은 조금도 허
용하지 않는다.

舉一則語 敎汝直下承當 早是撒屎著你頭上也. 直饒拈一毛頭 盡大
地一時明得 也是剜肉作瘡. 雖然如此 也須是實到者箇田地. 始得
若末 且不得掠虛 却須退步 向自己根脚下 推尋看 是什麼道理. 實
無絲髮許 與汝作解會 與汝作疑惑.　　　　　　　　　－『雲門廣錄』卷上

화두의 생명

선은 철저히 상대적 개념의 세계를 떠난 자리에서 모든 것을 보
고 말하고 행동한다. 그러나 화두를 바로 깨닫지 못하면 이 때부터
의심해 들어가게 된다. 왜냐하면 앞서 말했듯이 화두에는 이성의 사
유작용이 따라붙을 수 없기 때문이다.

어떻게 해도 풀리지 않는 미궁과도 같다. 무문 선사의 말씀대로
마음의 길이 끊어지고 말길도 끊어져 더듬고 만질 수 없는 것이다.
모색할 흔적과 자취조차 없다.

이와 관련하여 운거 도응(雲居道膺 ?~902) 선사는 말한다.

그대들은 영양을 찾는 사냥개가 영양의 발자취만 쫓아 헤매는 꼴
과 같다. 만약 영양이 뿔을 가지에 걸고 숨는다면 사냥개는 영양
의 발자취를 보지 못할 뿐만 아니라 영양의 숨소리도 알아채지
못할 것이다. 어떤 스님이 물었다.

"영양이 뿔을 가지에 걸고 숨는다는 것은 어떤 뜻입니까?

"6 곱하기 6은 36이다. 알겠는가?"

"모르겠습니다."

"종적이 없다는 뜻을 모르는가?"

汝等譬如獵狗 但尋得有蹤跡底. 若遇羚羊掛角時 非但不見蹤跡 氣
息也不識. 僧便問. 羚羊掛角時 如何. 答曰 六六三十六. 曰 會麼.
僧曰 不會. 曰 不見道無蹤跡.　　　　　— 『禪林僧寶傳』 卷6 「道膺傳」

이렇게 화두를 들 때는 종적조차 없어 생각으로 모색할 길이 완
전히 끊어져야 한다. 여기서 사냥개는 각종 관념과 사유의 자취를
더듬으며 분별하는 인식 작용에 비유한 것이다. 간화선 수행의 핵심
은 말과 생각의 자취가 끊긴 화두를 참구하여 종적이 사라진 곳에서
자유자재하게 되는 것이다.

화두는 참선 수행자에게 모든 사유의 길을 끊게 하고 몸과 마음
을 의심의 열기로 가득 차게 하여 마침내 그 의심의 둑이 툭 터지는
경지로 이끌어 준다. 이쪽도 허용하지 않고 저쪽도 허용하지 않고
부정해서도 안 되고 긍정해서도 안 되는 것이 화두 수행의 일관된
흐름으로 이것을 배촉背觸이라 한다.

조사관을 배촉관背觸觀이라고 한 것도 이러한 까닭이다. 이렇듯
화두를 들면 온 천지가 하나의 의문 덩어리로 되어야 한다. 그래서

앞으로 나아갈 수도 뒤로 물러설 수도 없는 상황에 이르도록 해야 하는 것이다.

『서장』에서 대혜 선사는 화두를 어떻게 들어야 하는지에 대하여 말한다.

> 화두를 들 때는 평소에 영리하고 총명한 마음으로 헤아려 분별하
> 지 말아야 한다. 마음으로 헤아려 분별하면 십만팔천 리도 아직
> 먼 곳이 아니다.
>
> 看時 不用將平昔 聰明靈利. 思量卜度 擬心思量 十萬八千 未是遠.
>
> — 『書狀』「答徐顯謨」

화두는 의식과 생각으로 헤아려서는 안 된다. 생각으로 헤아리는 것을 '알음알이'라 한다. 알음알이의 한자말은 지해知解이다. 우리나라 절의 일주문에 보통 '입차문래 막존지해入此門來 莫存知解'라는 글이 붙어 있는 것을 흔히 볼 수 있다. "이 문 안으로 들어오려면 알음알이를 내지 말라"는 뜻이다.

우리는 일주문을 들어설 때마다 이 말의 진정한 의미를 새겨야 한다. 비단 일주문에 들어설 때뿐 아니라 언제 어디서나 그 의미를 간직하고 수행해 나가야 할 것이다.

헤아리고 분별하는 마음이 아닌 간절한 마음으로 화두에 몰입하

고 나아가 그 화두와 하나가 되어 마침내 화두를 타파했을 때 활발발한 한 소식을 얻게 되는 것이다. 이렇게 조사관을 타파해야 온 천하를 홀로 거니는 대장부가 될 수 있다.

무문 선사는 이렇게 말한다.

> 대도는 문이 없다. 길은 어디에나 있다. 이 관문을 뚫고 나가면 온 천하를 당당히 걸으리라.
>
> 大道無門 千差有路. 透得此關 乾坤獨步. — 『無門關』自序

태고 선사가 "온 세상을 홀로 거닐거늘 누가 나와 더불어 갈 것인가!"[1]라고 말한 것 역시 이와 같은 맥락이다.

---

1. "獨步乾坤誰伴我." — 『太古語錄』卷下 「釋迦出山相」

2. 발심과 화두 참구

기초 단계에서도 강조하였지만 발심의 정도와 화두 참구는 매우 밀접한 관계가 있다. 화두 공부는 진정한 발심이 이루어졌을 때 참 의심을 일으키기 쉽다. 발심이 온전히 안 된 단계에서는 화두를 들려 해도 잘 들리지 않고 의심을 일으킬 수도 없다. 발심이 되어 화두가 잘 들려야 공부에 힘이 붙으며 마음이 밖을 향해 헐떡거리지 않고 장벽처럼 된다.

철두철미하게 발심이 되었다면 그 수행자에겐 모든 것이 화두가 될 수 있다. 발심은 이렇듯 수행자를 깨달음에 들게 하는 가장 중요한 관문으로, 이것은 깨달음을 이룰 때까지 끊임없이 지속되어야 하는 것이다. 발심이 안 되면 화두 공부는 그저 취미생활에 지나지 않는다.

발심이란 무엇인가?

발심發心은 발보리심發菩提心의 줄임말로 진정한 자기 자신을 깨닫고자 하는 간절한 목마름이다. 그것은 생로병사의 온갖 괴로움을 여의고 영원히 자유롭고 행복하게 살겠다는 간절한 마음이다. '나는 본래 부처인데, 왜 그렇게 살지 못하는가?' 하며 온갖 시비분별을 하며 괴롭게 사는 삶에서 벗어나 매일매일 좋은 날을 살려고 하는 '간절한 염원'이 바로 발심이다. 이렇듯 생로병사의 괴로움을 해탈하려는 마음이 뜨거워지고 끓어오를 때 화두가 제대로 들리는 것이다.

나옹 선사는 이렇게 말한다.

무엇이 마음인가? 마음이란 여러분의 본분에 있는 것으로 자기라고도 하고 또한 주인공이라고도 부른다. 하루 종일 이 주인공의 부림을 받고, 어디를 가나 그것이 안배하는 대로 따른다. 하늘을 이고 땅 위에 서는 것도 그것이고, 바다를 짊어지고 산을 들어올리는 것도 그것이며, 입을 열고 혀를 움직이게 하는 것도 그것이고, 발을 들고 걸음을 걷도록 하는 것도 그것이다.

何者爲心 心在諸人分上 喚作自己 又喚作主人公. 十二時中 受他主使 一切處 聽他差排. 頂天立地也是他 負海擎山也是他 使汝開口動舌也是他 使汝擧足動步也是他.　　　　　　　　　　－『懶翁和尙語錄』

마음은 볼 수 없고 들을 수도 없지만 우리는 하루 종일 이 주인공의 부림을 받는다. 임제 선사는 그 주인공을 보라고 말한다.

붉은 몸뚱아리 위에 어떤 것에도 걸리지 않는 참사람이 있다. 이

사람이 항상 그대들 얼굴로 드나들고 있으니 보지 못한 사람은
봐라, 봐!

赤肉團上 有一無位眞人. 常從汝等諸人 面門出入 未證據者 看看.

－『臨濟錄』

근기가 뛰어난 사람은 바로 그 자리에서 본래면목을 보고 깨친
다. 그렇지 못한 사람은 '그 말하는 까닭이 무엇일까?' 바로 내 앞
에서 분명히 움직이고 있는 이것이 무엇일까?' 하고 크게 발심을 하
는 것이다. 선지식이 화두를 제시하는 것은 수행자가 진정한 발심을
했을 때이다. 이렇게 발심이 되려면 근기가 무르익어야 한다. 그저
선지식에게 화두를 탄다고 해서 화두가 타파되는 것이 아니다.

사상과 철학의 한계와 화두 공부

법문을 듣거나 책을 보고 선의 이치가 어렴풋이 이해가 되었지
만 끝내 화두에 대한 의심을 시원하게 깨치지 못했다면 '아, 내가 이
것을 진실로 깨닫고 말겠다' 라는 절박한 욕구가 생겨난다. 저절로
이러한 갈증이 생겨야 한다. 그래야만 화두가 제대로 들린다. 누가
뭐라 해도 무슨 말을 들어도 더 이상 흔들림이 없게 된다. 이게 공부
다. 교학과 경론을 공부하다 선으로 발걸음을 옮긴 역대 조사들은

모두 이렇게 자신의 마음을 확인해 보려는 간절한 발심을 일으킨 분들이다.

분주 무업(汾洲無業 760~821) 스님은 마조 선사를 찾아가 이렇게 묻는다.

> 무업이 절하고 꿇어앉아 물었다.
> "삼승三乘의 교학은 대략 그 가르침을 공부하였습니다. 그러나 선문에서는 '마음이 곧 부처다'라고 말한다고 들었습니다. 아직 그 뜻을 모르겠습니다."
> 마조 선사가 대답했다.
> "알지 못하는 마음이 바로 그것이지, 그 밖에 다른 것은 없다네."
> 業禮跪而問曰. 三乘文學 粗窮其旨 常聞禪門卽心是佛 實未能了.
> 祖曰只未了底心卽是更無別物.　　　　　　　－『四家語錄』「馬祖錄」

마음이 부처라 하는데 그 뜻을 도대체 알 길이 없다. '왜 그런가? 왜?' 하는 갈증이 일어났기에 무업 스님은 그것을 몸으로 체득하고자 선 수행의 길로 들어섰던 것이다. 머리로 이해하긴 했지만 도저히 확신이 안 서고 갈팡질팡 흔들렸기 때문에 참선의 길로 접어든 것이다.

그러면 '진정한 나'는 왜 철학과 사상의 논리적 사유로는 밝힐 수 없고 화두를 통해서 깨쳐야만 하는 것인가? 어느 이름난 서양 철학자의 예를 들어 이 문제를 풀어 보도록 하자.

서양 근대철학의 비조라 불리는 르네 데카르트는 "나는 생각한다. 그러므로 존재한다"라는 말을 했다. 사유하는 나 자체가 가장 중요하고 이 사유의 본질이 인간만이 가진 특징이며 자신이 존재하고 있다는 가장 확실한 증거라는 것이다. 무엇을 생각하고 있을 때만 자기가 존재하고 있다는 확신이 들기 때문이라고 그는 말했다. 그러나 데카르트가 말한 나는 선문에서 말하는 진정한 나가 아니다. 그것은 이성적으로 생각하는 나요, 시시각각 변화하는 나이다. 이성적으로 생각하기 때문에 자신만의 생각과 색깔로 덧씌워진 나요, 너와의 관계 속에서 형성된 상대적인 나일 뿐이다. 그것은 진정한 나가 아니다. 이러한 무상하고 가변적인 나를 떠나 진정한 나, 공空으로서의 나를 찾는 것이 선이다. 이 공으로서의 나가 바로 주인공이다. 이 주인공은 '나는 생각한다'는 그 가변적인 나를 넘어 있는 본래적인 나이다.

그러면 왜 자신의 진정한 주인공을 찾는 길에는 화두 공부가 가장 뛰어난 것일까? 모든 사유는 사유하는 그 자체를 사유할 수 없기 때문이다. 사유의 주체가 사유의 대상이 되는 순간 그 사유의 주체는 이미 주체로서의 목숨을 잃고 만다. 진정한 나는 생각으로 헤아릴 수 없고 이성 작용으로 밝힐 길이 없다. 본래적 나는 생각의 길이 끊어지고 말의 길이 끊어진 곳에서만 깨달을 수 있다. 화두는 마음의 길도 끊어지고 말길도 끊어진 주객이 나누어지지 않는 본분자리로 우리를 이끌어 준다.

3. 화두를 참구하려면 어떻게 발심해야 하나?

무상감과 삶의 부조리성에 대한 자각

앞서 화두를 참구하기 위해서는 진정한 발심이 선행되어야 한다고 말했다. 그렇다면 어떻게 발심해야 화두를 잘 참구할 수 있을까? 사실 화두를 들려고 애써 보지만 화두에 몰입하여 또렷또렷 깨어 있기란 쉬운 일이 아니다. 그것은 스스로 화두를 들어야 하는 절박하고 근원적인 필요성이 안팎으로 사무치지 않았기 때문이다.

발심은 생사의 고통을 뛰어넘어 근원적 자유를 실현하겠다는 간절한 염원이 있어야 가능하다. 그러자면 세속적 가치의 허망하고 부질없음을 자각하고 그것에 대한 사무친 무상감이 일어나야 한다. 또한 불완전하고 부조리한 삶의 실상과 근거 없는 가치 판단의 혼란에 대한 본격적인 성찰이 있어야 한다. 그러나 무엇보다도 가장 중요한 것은 자신의 본래면목을 찾고자 하는 간절한 열망이다.

수많은 선지식들이 삶의 무상을 철저히 느끼고 출가하여 선 수행의 길을 걸어갔다. 고려시대의 나옹 선사와 조선시대의 함허(涵虛 1376~1433) 스님은 젊은 나이에 절친한 친구의 죽음을 목도한 뒤 출가하여 선 수행의 길을 갔다. 삶의 허망함과 몸의 무상을 꿰뚫어 보고 그것을 극복하고자 선 수행자로서의 삶을 살았던 것이다.

우리나라의 근대 선을 중흥시킨 경허鏡虛 선사도 전염병으로 죽은 주검들로 참혹한 마을을 보고 발심하여 참선을 시작했다. 구한말 대강백이었던 경허 선사는 1879년 여름 어느 날, 옛 은사를 뵈러 길을 떠났다. 천안 근처의 한 마을에 도착했을 때였다. 선사는 갑자기 불어닥친 폭풍우를 피하려고 어느 집 처마 밑으로 들어갔다. 그리고 문을 두드렸다. 그런데 어찌된 영문인지 그 집 주인은 스님을 다짜고짜 쫓아내는 것이었다. 그 옆집도 그 옆집도 사정은 매한가지였다. 이유를 알아보니 한 마을 사람이 이렇게 말했다.

"지금 이 마을에는 전염병이 크게 돌아 걸리기만 하면 서 있던 사람도 죽습니다. 그러니 어찌 손님을 받겠습니까."

이 말을 들은 경허 선사는 모골이 송연해지며 죽음이 당장 임박해 오는 것 같은 공포를 느꼈다. 죽음이 멀리 있는 것이 아니라 호흡하는 찰나에 있음을 알게 되는 순간, 죽음 앞에서는 그때까지 익힌 경전 지식이 아무런 힘이 되지 못한다는 사실을 뼈저리게 느꼈다. 이러한 체험이 있고 난 뒤 경허 선사는 강사를 그만두고 선문에 발을 들여놓았다. 삶의 무상감에 대한 처절한 체험은 선사의 「참선곡」에도 잘 나타나 있다.

홀연히 생각하니 모두 꿈 속 일이로다.
천만고 영웅호걸 북망산 무덤이요,
부귀문장 쓸데없다, 황천객을 면할소냐.

오호라, 나의 몸이 풀 끝의 이슬이요,

바람 앞의 등불이라.

비단 목숨뿐이겠는가? 사랑하는 이도 귀여운 자식도 다정다감한 어머니도 언제까지나 함께 할 수는 없다. 언젠가 무상 속으로 사라지는 존재다. 이러할 때 어찌 할 것인가? 사람들이 다투어 추구하는 돈·출세·명예·학식 같은 세속적 욕망도 결국엔 무상 속으로 사라진다. 그리고 이러한 세속적 욕망은 삶을 이리저리 얽어매 번뇌로 시달리게 한다. 이렇게 괴로울 때 어찌 해야 하는가?

삶은 또한 부조리하다. 가만히 들여다보라. 삶은 모순투성이다. 우리가 살아가고는 있지만 결국은 죽음을 향해 한 발 한 발 걸어가고 있는 것이다. 지난날의 선이 오늘에는 악으로 돌변하기도 하고, 이쪽에서는 선이 저쪽에서는 악으로 통하기도 한다. 내가 살기 위해서는 남들을 무참히 짓밟아야 한다. 내가 내리는 판단 또한 정확하지 않고 왔다 갔다 한다. 소신도 없고 상황에 따라 변하기도 한다. 흔히 이런 말을 한다. '코에 걸면 코걸이 귀에 걸면 귀걸이'. 이것은 다 내 자신이 밝지 못하고 지혜롭지 못하기 때문이다.

일제 때 효봉(曉峰 1888~1966) 스님이 출가하여 선사로서 삶을 산 것은 당시 판사 직분으로 한 인간의 죽음을 선고했다는 절망감과 죄책감 때문이었다. 이러한 삶의 부조리와 자기 한계에 부딪혔을 때 어떻게 해야 하는가?

생사고해를 뛰어넘어 본래면목을 찾는 길

선에서는 무상감과 자기 한계, 그리고 고통에 차 있고 부조리한 삶을 극복하는 길은 자기 자신을 찾는 데 있다고 한다. 진정한 자신의 모습을 찾게 되면 모든 것으로부터 자유로울 수 있으며 자신은 물론 주변 세상도 함께 밝힐 수 있다. 어둡지 않기 때문에 당당하고 주저함이 없다. 판단을 내린 뒤에도 후회하지 않으며 생사가 본래 없음을 체득하게 된다.

그러나 이렇게 생생하게 살아 있는 자신의 모습을 우리는 까맣게 잊고 살아가고 있다. 자신의 참모습을 모르면 하루하루가 괴롭다. 이런 괴로움에서 벗어나려면 나를 찾고자 하는 간절한 염원과 발심이 일어나야 하고, 그러자면 무상에 대한 통찰과 가식 없는 자기 직시가 필요하다.

어떤 사람들은 경전이나 책을 보거나 스님들의 법문을 듣고 발심해서 큰 의심을 일으키기도 한다. 상당법문도 좋고 소참법문도 좋고 대중 설법도 좋다. 특히 정견을 세워 주는 선 법문을 자주 들어야 한다. 법문 듣는 것이 불가능할 때는 선지식의 녹음 법문을 듣는 것도 한 방법이 될 수 있다.

선은 바로 여래의 경지에 들어가는 문이다. 그것을 '일초직입여래지一超直入如來地'라 한다. 단도직입單刀直入한다. 그 밖에 다른 기술은 다 군더더기이다. 이렇게 선은 단박에 본래 자리로 들어간다.

우리는 본래 부처이기에 본래 그 자리로 돌아가는 것은 당연하다. 이것이 수행이다. 수행 가운데 화두를 참구하는 간화선은 화두를 통해 바로 본래의 자신을 깨닫게 한다. 화두를 참구하는 것은 본래면목을 깨닫는 데 어떤 방법보다 효과적이고 빠르고 정확하기 때문이다.

화두 참구는 삶 속에서 자신의 본래면목에 대한 진정한 의심이 일어나면 기필코 해결해 내리라는 마음을 내고 물러섬 없이 몰입해 들어가야 한다. '과연 이것이 무엇일까?' 라고 말이다. 그 무엇을 알아야 하는 이유는 그 마음자리에서 모든 시비분별과 선악과 염정이 일어나기 때문이다. 이것을 선문에서는 생사심生死心이라 한다. 본래면목을 깨닫지 못하면 끝없는 생사심의 윤회에서 벗어날 수 없다.

그래서 진각 혜심 선사는 이렇게 말한다.

교외별전은 근원을 곧바로 끊어버리는 결정적인 방법이니 마주하는 그 자리에서 바로 점검해야 한다. 말이 떨어지자마자 알아차려 활연히 마음이 열리면 대장경의 모든 가르침은 마음에 대한 주석이자 뜨겁게 달아오른 그릇이 끓는 소리와 다를 바 없다.

만약 한마디 말에 알아차리지 못하고 다시 머리를 굴리며 눈을 치켜뜨고 눈썹을 찌푸리며 이리저리 생각한 끝에 입을 열어 말한다면 이것이 바로 생사의 근본이다. 남들이 지시한 내용이나 스스로 터득한 공부의 결과에 따라 맛을 얻고 소중한 것으로 받아들이는 경우가 있다. 이런 것들을 가리켜 "문으로 들어온 것은 가문의 보배가 아니다"라고 부르는 것이다.

이러한 소득을 한꺼번에 내려놓고 내려놓을 것이 없다는 생각까지 내려놓으면 밑 빠진 물통에 물 한 방울 남아 있지 않는 것과 같이 되어 그 자리에서 바싹 마른 듯이 번뇌가 사라질 것이다. 그런 다음에 깨쳐 들어가는 곳이 있게 되는 것이니, 비로소 심의식이 모두 끊어질 것이다. 그러면 곧바로 자기 집의 재물을 풀어 종횡으로 자유롭게 쓰지만 써도 써도 다함이 없을 것이다. 빛과 그림자에도 얽매이지 않고 가장자리나 극단에 떨어지지도 않으며 정수리에서 밑바닥까지 사무쳐 더 이상 의심이나 장애가 없게 될 것이니, 생사의 바다를 자유자재로 출입하면서 중생을 건질 수 있게 될 것이다.

夫敎外別傳 直截根源一着子 只要當機覿面. 言下便薦 豁然心開 則一大藏敎 盡是注脚 亦乃熟坑鳴聲. 若於一言下不薦 更迴頭轉腦 擧目揚眉 擬議思量 開口動舌 則便是生死根本也. 凡因人指示 或自做工夫 得滋味肯重處 喚作從門入者 不是家珍. 請一時放下 無放下

處 更放下 如桶底脫 不留涓滴 當下乾爆爆地. 然後 有悟由有入處
心意識 方得勦絕. 便能打開自己家財 七縱八橫 用不窮竭. 不帶光
影 不落邊涯 徹頂徹底 更無疑碍 可以於生死海中 出入自在 撈攏
眾生去也.

－『眞覺國師語錄』,「答崔尙書」

4. 수행자 자신에게 꼭 맞는 화두는 있는가?

화두를 두고 자기에게 맞다, 맞지 않다 분별하지 말라. 화두 자체에 좋고 나쁜 것은 없다. 사람에 따라 더 잘 들리는 화두가 있고 잘 안 들리는 화두가 있을 뿐이다. 수억 겁 동안 익혀 온 업이 저마다 달라 수행법 중에서도 자신에게 맞는 것이 있고 맞지 않는 것이 있다. 화두 중에서 개인에 따라 의심이 잘 드는 것도 있고 그렇지 않은 것도 있다. 수행자의 타고난 됨됨이나 살아온 과정에 따라 간절한 의심을 촉발시킬 수 있는 화두가 분명히 있다는 말이다. 이러한 점을 살펴 수행자의 기틀에 맞는 화두를 잘 선택해 줄 수 있는 선지식을 우리는 명안종사明眼宗師라 부른다.

화두는 선지식이 저마다 다른 수행자들의 근기에 맞춰 적절하게 쓴 영약이다. 선지식은 무無에 집착하는 사람에게는 그 집착을 깨뜨리기 위한 화두를 주고, 유有에 집착하는 사람에게는 그 유를 깨뜨리기 위한 화두를 준다. 그러기에 수행자는 선지식이 제시한 화두에 쉽게 의심이 걸리는 것이다.

수행자는 스승이 내려준 화두에 대하여 그것이 자신에게 '맞다, 맞지 않다'고 스스로 판단하는 것은 옳지 않다. '맞다, 맞지 않다'고 말하는 것 자체가 이미 분별에 떨어진 것이다. 스승이 내려준 화두를 의심해야 하는데 화두를 참구하지 않고 그 자체에 시비를 삼는 것은 발심이 잘못되어 있거나 스승에 대한 믿음이 부족하기 때문이다.

수행자는 선지식이 간택해 준 화두를 붙들고 한결같이 참구해야 한다. 어떤 화두이든 하나의 화두만 꿰뚫으면 공안의 깊고 얕음이나 어렵고 쉬움, 같고 다름에 관계없이 모든 화두가 타파되는 것이다. 왜냐하면 화두 자체에는 깊고 얕거나 어렵고 쉬운 구별이 없기 때문이다. 다만 수행자의 근기에 따라 그렇게 달리 보일 따름이다. 이와 관련하여 천목 중봉天目中峰 선사는 『산방야화山房夜話』에서 이렇게 말한다.

어쩌다 고금의 기연을 만나더라도 절대로 이리저리 따지려 들지 말고 그 자리에서 단박 깨쳐 생사의 바른 뜻을 꿰뚫어 버려라. 마치 눈앞에 수만 길이나 되는 장벽이 서 있는 것처럼 오래도록 공안을 참구하다가 홀연히 의심 덩어리를 타파하라. 그러면 백 천 만 가지 공안의 심천深淺 · 난이難易 · 동별同別을 한꺼번에 뚫어 자연히 남에게 묻지 않게 될 것이다.

但遇著古今因緣 都不要將心解會 只消擧起一箇頓在面前 發起決要了 生死之正志壁立萬仞. 與之久遠參去 驀爾撞破疑團. 則百千萬 則公案 深與淺難與易 同與別 一串穿過 自然不著問人也.

－『山房夜話』上卷

청허 휴정(淸虛休靜 1520~1604) 선사 역시 『선교석禪敎釋』에서 이 문제에 대해 다음과 같이 말한다.

비록 최상승이라 말하지만 본래 최상승도 없는 것이다. 하물며 학인이 참구하는 활구의 화두는 마치 한 덩어리의 불길과 같은 것을 어쩌랴! 가까이 하면 얼굴을 모두 태워 없앨 것이니 불법佛法이 들어설 여지조차 없다. 다만 하늘까지 타오르는 세찬 불꽃과 같은 큰 의심이 있을 뿐이다. 만약 칠통과 같은 생사심을 타파하면 백 천 가지 법문과 헤아릴 수 없이 많은 미묘한 의미를 구하지 않고도 원만하게 터득하게 될 것이다.

雖說最上乘 本無最上乘 況學者所叅活句 如一團火 近之則燎却面門 無佛法措著之處 只有大疑 如烈焰亘天 忽若打破漆桶 則百千法門無量妙義 不求而圓得也

— 『禪敎釋』

화두란 헛된 알음알이나 생사심 같은 그릇된 견해를 한 칼에 베어 버리는 취모검吹毛劍이다. 근본에서 보면 화두에 좋은 화두와 나쁜 화두가 있는 것이 아니다. 또 자기에 맞는 화두 맞지 않는 화두가 따로 있는 것도 아니다. 자신이 받은 화두는 어떤 화두이든 모두 나 자신의 본래면목을 찾기 위해 제시된 참된 가르침이라 여겨야 한다.

그러므로 자신에게 제시된 화두를 들고 간절히 의심해 나가야 한다. 다만 개개인의 사정에 따라서 선지식의 점검을 받아 다른 화두를 제시한다면 바꿔서 해 볼 수는 있다.

그러나 선지식이 다시 화두를 제시해 주기 전에는 비록 참구하고 있는 화두에 진정한 의심이 나지 않아 당장은 자신에게 맞지 않는 것 같더라도 지극하고 간절하게 들어가면 진의眞疑가 돈발할 때가 있을 것이다. 그리고 간혹 화두가 잘 들리지 않을 때는 선지식에게 자주 찾아가 발심을 증장하는 방법을 구해야 한다. 그렇게 발심 재발심하여 의정이 생기도록 노력해야 한다.

5. 화두는 언제 누구에게 받을 수 있는가?

화두는 확고한 발심이 되었을 때 선지식을 찾아가 그 선지식으로부터 간택揀擇받아 그 가르침에 따라 참구해야 한다. 누누이 말하지만 화두는 발심이 되었을 때 제대로 들린다. 발심이 안 된 상태에서 억지로 조급하게 화두를 들게 되면 병통이 생긴다. 흔히 화두 타러 간다는 말을 한다. 그러나 화두는 아무 때나 주고받는 게 아니다. 선지식은 수행자가 발심이 되었는지 안 되었는지 잘 판단하여 그에 대한 적절한 처방을 내린다. 올바른 선지식은 수행자의 근기를 보고 화두를 제시한다.

화두는 생각의 길이 끊어진 말이기 때문에 그 말을 쓸 줄 아는 선지식만이 그것을 잘 활용해서 수행자에게 적절한 화두를 내릴 수 있다. 화두의 의미도 모르는 사람이 화두를 제시한다면 오히려 역효과만 나며 끝내는 실망만 안겨 줄 뿐이다.

화두 공부는 선지식에 대한 절대적인 믿음과 가르침 속에서 전개되기 때문에 그렇지 않은 사람이 화두를 주거나 자기 스스로 화두를 든다면 화두 공부에 확신을 갖기가 어렵다. 진정한 선지식이 나의 온 생명을 걸 수 있는 화두를 제시했을 때만이 그 화두는 힘을 가진 활구活句로 작용한다.

화두는 이렇게 선지식의 열린 안목과 적절한 방편에서 주어질 때 잘 들리게 된다. 화두 공부를 점검하는 일도 화두를 제시한 선지식이 해 주어야 간절한 발심을 유지하면서 화두에 깊이 들어갈 수 있다.

화두를 참구하는 이유는 바로 깨침의 세계로 들어가기 위한 것이다. 깨달음으로 들어가는 관문에서 화두를 타파하고 그 문 없는 문을 확 열어젖히고 나가기 위해선 이처럼 선지식의 지대한 역할이 필요하다. 그기에 화두는 반드시 선지식으로부터 받아야 하며 점검도 그 스승으로부터 틈틈이 받아야 한다.

역대 조사와 천하 선지식들은 한결같이 말씀한다.

"스승 없이 홀로 깨닫기(無師自悟)란 만萬에 하나도 드물다."

"스승 없이 홀로 깨닫는 자는 천마외도天魔外道다"라는 말이다. 종문에서는 수행자의 깨달음이 조작이 없고 거짓이 없게 하기 위해 먼저 깨달은 선사에게 점검과 인가를 받는 가풍이 지켜져 왔다. 그래서 생명을 걸 만한 선지식을 찾아가 화두를 결택決擇받아 공부를 지어 가는 것이 마땅하다.

그러나 예외가 있기는 하다. 고려시대 보조 국사는 일정한 스승 없이 공부하였다. 태고 국사는 스스로 깨달은 뒤 명안종사를 찾아 중국으로 건너가 석옥 선사에게 인가를 받았다. 근대 선의 중흥조인 경허 선사도 화두를 스승으로부터 직접 받은 것은 아니었다. 그래서 스스로 화두를 결택해 공부해도 무방하지 않을까 하는 이가 있을 것이다. 그러나 앞에서 예로 든 선지식들은 상상근기의 수행자들로 만에 하나의 경우라고 이해해야 될 것이다.

그리고 이러한 분들도 많은 선어록과 경전을 통하여 항상 부처님과 역대 선지식들의 말씀에 의지하고 있었다는 점을 분명히 알아야 한다. 더군다나 태고 국사는 깨달은 뒤 자신의 경지를 인가받기 위하여 머나먼 타국 땅인 중국에까지 다녀왔다.

간화선을 바르게 수행하기 위해서는 먼저 선지식을 찾아뵙고 화두를 받아 지녀야 한다. 그러나 마땅한 선지식을 찾을 수 없을 때는 차선책으로 스스로 화두를 들 수도 있다. 단 이러한 경우에는 발심이 된 상태라야 하며 정견이 확립되어 있어야 한다. 또한 화두 드는 방법과 공부를 지어 나갈 길을 제대로 알아야 한다. 그리고 화두 공부하는 도중에라도 선지식을 찾기 위한 노력은 계속 기울여야 한다. 화두 수행의 점검과 깨달음의 인가는 선지식만이 해 줄 수 있기 때문이다.

6. 화두는 평생 하나만 참구해야 하는가?

화두 참구는 오직 한 화두만을 들고 지속적으로 공부해 나가야 한다. 화두는 함부로 바꾸지 말아야 한다. 화두를 바꾸는 것은 선지식에 대한 신심이 부족한 데서 나오는 것이다. 내게 화두를 준 선지식에 대한 믿음이 철저하다면, 다시 다른 화두를 참구하겠다는 생각은 털끝만큼도 들지 않을 것이다.

수행자는 어떤 화두이든 선지식이 제시한 한 가지 화두에만 몰입하면 되는 것이다. 화두 하나를 타파하면 다른 화두도 자연히 깨닫게 되기 때문이다. 대혜 선사는 "천 가지 만 가지 의심이 오직 한 의심일 뿐이니 화두 위에서 한 의심만 타파하면 천 가지 만 가지 의심이 일시에 타파된다"[2]라고 한다. 그리고 "하나를 요달하면 일체를 요달하고 하나를 깨달으면 일체를 깨닫고 하나를 증명하면 일체를 증명하는 것이, 마치 한 타래 실을 베는 것 같아 한 번 베면 일시에 끊어진다"[3]라고 했다. 그리고 한 번 얻으면 영원히 얻는다(一得永得)라고 하였다.

어떤 화두이든 그 화두만 타파하면 천칠백 개의 화두가 모두 타

---

2. "千疑萬疑只是一疑 話頭上疑破 則千疑萬疑一時破." -『書狀』「答呂郎中」
3. "一了一切了 一悟一切悟 一證一切證 如斬一結絲 一斬一時斷." -『書狀』「答劉寶學」

파되는 것이다. 따라서 여러 화두를 바꾸어 가며 참구할 필요가 없다. 요즘 화두를 드는 실태를 보면 한 화두를 받아 하다가 좀 안 되는가 싶으면 저 화두를 들어 보고 하는 이도 있다. 그러나 이런 식으로 화두를 자꾸 바꾸면 안 된다. 사실 발심이 안 된 상태에서 화두 드는 것은 쉽지 않다. 그래서 이 화두를 들다가 안 들리면 저 화두 들었다 하는데, 끝내 안 들리기는 마찬가지이다. 화두를 여러 번 바꾸어 가면서 들다가는 죽도 밥도 안 되며 아까운 시간만 낭비할 뿐이다. 우물을 파는 사람이 여기저기 조금씩 파다 보면 마침내 물을 얻을 수 없는 것과 마찬가지로 화두를 제멋대로 바꾸어서는 좋은 결과를 기약할 수 없다.

강조하건대 선지식께서 제시한 오로지 하나의 화두만 가지고 간절히 의심해 들어가야 한다. 그래서 나옹 선사는 "부디 다른 화두로 바꾸어 참구하지 말고 다만 온종일 무엇을 하든지 한 화두만을 들어야 한다"[4]라고 말씀하셨다.

설사 화두가 잘 들리지 않는다 하더라도 꾸준히 쉼 없이 들다가 보면 어느 날 화두가 자연스럽게 들리는 때가 올 것이다. 우리가 활 쏘기를 할 때 처음에는 화살이 과녁을 많이 빗나가지만 여러 번 계속 하다 보면 마침내 과녁을 정확히 맞추게 된다. 화두 드는 것도 이

---

4. "切莫移動 切莫改參 但於二六時中四威儀內." - 『懶翁和尚語錄』「答李相國」

와 마찬가지이다. 꾸준히 밀밀하게 화두를 참구하다 보면 화두가 자연스럽게 들릴 때가 올 것이다.

'이번 생에 깨치지 못하면 다시 어느 생에 이 몸을 제도할 것인가?' 하는 절박한 마음으로 화두를 놓치지 않고 한결같이 밀고 나가는 마음가짐이 중요하다. 밤이나 낮이나, 가나 오나, 앉으나 누우나 나아가 밥을 먹을 때나 화장실에 갈 때나 생각생각 끊이지 않고 맹렬히 정신을 차려 화두를 들어야 한다.

황벽 선사는 『완릉록宛陵錄』에서 이렇게 말하고 있다.

다만 하루 스물네 시간을 이 '무無'자만을 참구하라. 밤이나 낮이나, 가나 머무나, 앉으나 누우나, 옷 입으나 밥 먹으나 나아가 뒷간에 갈 때도 생각생각 끊이지 말고 맹렬히 정신차려 이 무자 화두만 의심해 가라. 이리하여 날이 가고 해가 가서 이윽고 공부가 한 덩어리가 되면 홀연히 마음 빛이 밝아져 부처님과 조사들의 기틀을 깨닫게 될 것이다.

但去二六時中看箇無字 晝參夜參行住坐臥 著衣吃飯處 阿屎放尿處 心心相顧 猛著精彩 守箇無字. 日久月深打成一片 忽然心花頓發 悟佛祖之機.

— 『宛陵錄』

화두 참구는 이렇듯 빈틈없이 밀밀하게 지어 가는 것이 중요하다. 향엄 선사는 "부모로부터 태어나기 이전의 너의 본래면목이 무엇이냐?"라는 화두를 잡고 오랫동안 씨름하다 깨쳤으며, 영운靈雲 선사는 참구하기 삼십 년 만에 복숭아꽃을 보고 깨쳤다고 한다. 또한 장경(長慶 754~815) 선사는 깨닫기까지 일곱 개의 좌복을 떨어뜨렸다고 한다.

물론 육조 혜능 선사는 『금강경』의 한 구절을 듣자마자 그 자리에서 깨치기도 했으며, 어떤 분은 이레 만에 깨친 분도 있다. 철산경鐵山瓊 선사는 화두를 들고 간절히 정진하면 결정코 이레 만에 깨칠 수 있다고 했다. 이렇게 한 마디 말끝에 깨치거나 며칠 안에 깨치는 분들은 근기가 뛰어난 이들이다. 따라서 오랜 시간 동안 쉬지 않고 정진하는 자세가 필요하다. 설사 깨치지 못하더라도 그 화두 삼매의 힘으로 다음 생에 악취에 떨어지지 않는다고 했다.

이렇듯 하나의 화두를 가지고 면면밀밀하게 지어 나가는 것이 중요하지 시시때때로 화두를 바꾸어 수행해서는 안 될 일이다. 여러 선사들의 어록을 보면 거의 대부분 평생 하나의 화두만을 참구하였다는 것을 알 수 있다. 정말 어쩔 수 없는 경우에 스승의 지시로 화두를 바꾸어 수행할 수는 있을 것이다.

7. 화두는 기존의 천칠백 개 공안만을 사용해야 하는가?

공안公案이란 생각의 길이 끊어진 말로 화두의 다른 말이다. 예부터 중국이나 우리나라의 조사 스님들은 공안 참구를 통하여 깨달았다. 이러한 공안은 원래 '관청의 공문서(公府案牘)'라는 뜻에서 유래한 것이다. 곧 표준이면서 준수해야 하는 절대적인 규범을 의미한다. 수행자들을 깨달음으로 이끄는 조사들의 본지풍광을 가리키는 표준이 되는 말이기에 그렇다. 그래서 『벽암록』서문을 쓴 삼교노인三敎老人은 "조사 스님들이 가르쳐 보이신 바를 공안이라 한다"[5]라고 말했다.

이렇듯 공안은 옛 선사들의 언행과 깨달음의 기록이다. 공안은 매우 많아 보통 천칠백 공안이라 한다. 이는 『전등록』에 등장하는 천칠백 한 분의 선사들이 보여준 기연機緣과 언행에서 유래한 것이다. 그러나 대표적인 공안집이라 할 수 있는 『무문관』·『벽암록』·『선문염송禪門拈頌』 등을 보면 실제로 천육백오십여 가지의 공안이 나와 있다.

공안으로 채택된 선사들의 문답 내용을 살펴보면 특별한 형식이나 법칙이 있었던 것이 아니다. '마른 똥막대기다' '뜰 앞에 잣나무

---

5. "祖敎之書 爲之公案." -『碧巖錄』序

다' '개에게는 불성이 없다' '서강의 강물을 다 마시고 와라' 등등의 공안은 사람들의 본래 마음자리를 바로 지금 이 자리에서 보여 주기 위한 것이다. 그렇게 해서 직지인심·견성성불하는 것이다.

깨달음을 체험한 선사들은 이 본래 마음을 제자에게 깨치게 하려고 다양한 방식을 사용한다. 여기에는 스승과 제자가 뜨겁게 부딪히는 구체적인 현장성이 생동하고 있으며, 이 특별한 현장을 배경으로 깨침의 세계에서 나오는 선사들 특유의 언어와 행위가 모든 상투적인 일상을 뛰어넘는 격외格外의 방식으로 나타나고 있다. "깨달음이 뭡니까?" "마음이란 도대체 뭡니까?"라고 묻는 제자에게 임제 선사는 "억" 하고 고함을 쳤으며, 덕산 선사는 몽둥이질을 했다. 여기에서 '임제 할' '덕산 방'이라는 활발발한 선풍이 펼쳐지기 시작했다. 조주 선사는 어떤 스님이 "마음이 뭡니까?" 하고 물으니 "차나 한 잔 해라" 한다. 이러한 행위는 바로 그 자리에서 깨치라는 것으로 선사들에게는 너무나 일상적인 행위이다.

송나라 때 대혜 선사가 간화선을 체계화한 이래 선 수행자들은 선지식의 지도 아래 많은 공안 가운데 하나를 채택하여 참구해 왔다. 따라서 오늘날의 선 수행자도 이러한 천칠백 개의 공안 가운데 하나를 선지식으로부터 간택받는 것이 좋다.

그러면 이 천칠백 가지 공안만이 진정한 화두가 될 수 있는 것인가? 지난날 간화선 수행자들은 경전의 내용이나 조사 어록, 나아가 선사들이 보여 준 언행을 화두, 곧 공안으로 삼아 공부했다. 또한 간화선 선사들은 선대 조사들의 말씀에 자신의 견해를 피력하는 부분에서 또 하나의 공안을 만들기도 했다. 선사들의 어록을 보면 선지식들이 불조의 말씀에 대하여 비판적으로 평가하는 부분을 자주 보게 되는데, 이것은 말 그대로 그 분들의 말씀을 부정하거나 비난하는 것이 아니라 또 하나의 공안을 제시하고 있는 것이다.

선사들은 수행자들마다의 근기와 성격, 나아가 만나는 시간과 장소에 따라 그때 그때 적절한 소재를 통하여 공안을 제시했다. 이처럼 공안의 소재는 다양하며 오늘날에도 공안은 두두물물에 담겨 있는 것이다. 두두물물의 참모습은 말길이 끊어지고 생각의 뿌리가 뽑힌 자리에 있기 때문이다.

오늘날에는 이 시대에 맞는 새로운 공안이 필요하다고 주장하는 사람도 있다. 공안은 언어나 지식으로 이해하는 것이 아니기에 좋은 공안이 있고 나쁜 공안이 따로 있는 것은 아니다. 그기에 현대인들의 특징을 감안하여 명안종사에 의하여 말길과 생각의 길이 끊어진 새로운 공안이 제시될 수도 있다.

다만 "옛 공안은 열등하고 새로운 공안은 뛰어나다"라는 식으로 생각해서는 안 된다. 공안에 '옛 공안'이 있고 '새로운 공안'이 있어 그 시대에 맞는 공안이 따로 있다는 식의 생각은 잘못이라는 말이다. 특히 물질문명에 대한 관심 외에 다른 여유가 없고 정신적인 깊이와 이해가 날로 천박해져 가는 우리 시대의 현실을 두고 볼 때, 단순히 옛 것이라는 이유만으로 놀라우리만큼 완벽한 옛 선지식들의 수행 방편을 무턱대고 낮게 평가하는 일은 스스로를 위해서도 불행한 일이라 하겠다.

제2장
지도자의 역할

1. 간화선에서 스승의 역할과 지도 방법

선 수행에서 스승의 역할이란 한 수행자의 생명을 좌우할 만큼 중요하다. 선문에서 바른 공부 방법은 발심한 뒤에 스승을 찾아가 법을 묻고 그 법에 대한 참구 과정을 통해 의단을 풀고 다시 스승으로부터 인가를 받는 것으로 되어 있다.

스승은 제자의 일거수일투족을 주시하며 제자를 바르게 이끌어 주다가 근기가 익었을 때 깨달은 바를 시험하고 그 안목을 일깨우는 법거량을 하여 깨닫게 하는 역할을 한다. 발심이 사그라질 조짐이 보이면 문답을 통해 다시 발심을 불러일으킨다. 몽둥이를 휘두르고 고함을 쳐서라도 제자의 공부를 점검한다. 그리고 혹시라도 제자가 화두 수행에서 물러날 기미를 보이면 용기를 북돋워 주는 적절한 가르침을 베풀어 다시 화두를 간절하게 참구하도록 이끌어 준다.

이렇게 스승은 제자가 공부를 제대로 하는지, 발심이 지속되고 있는지, 제대로 공부 길을 가고 있는지, 깨달음이 확실한지 등을 점검하여 제자를 마지막으로 인가까지 해 주는 중요하고 결정적인 역할을 하는 것이다.

스승은 제자가 화두를 들면서 어디엔가 매달리고 의지하면서 조금이라도 분별을 내면 그 분별의 근거를 여지없이 무너뜨려 그것을 박탈해 버린다. 이렇게 해서 스승은 제자가 어떤 분별과 미세한 알음알이에도 속지 않도록 화두를 들고 은산철벽에 들어가게 이끌어 준다. 그러다가 적절한 기연으로 오도悟道의 계기를 마련해 주며 그것을 분명하게 깨달았을 때 제자에게 법을 전한다.

『벽암록』에는 깨달음의 과정에서 스승과 제자와의 관계가 어떠해야 하는지 잘 말해 주고 있다. 이 어록에 등장하는 경청鏡淸 선사는 후학들에게 근기에 따라 법을 열어 보여 주는 방법으로 '줄탁啐啄'이라는 방법을 썼다. 이 줄탁이란 줄탁동시啐啄同時를 말한다. 줄啐이란 병아리가 밖으로 나올 때가 다 되어 알 속에서 톡톡 쪼는 소리를 내는 것이다. 탁啄이란 어미닭이 병아리를 맞기 위해 껍질을 쪼는 것이다. 병아리의 줄과 어미닭의 탁이 동시에 일어나야만 병아리는 알에서 '탁' 하고 깨어 나오게 된다. 이것은 선 수행에서 대단히 중시하는 부분이다. 오랜 기간에 걸쳐 수행이 성숙해 가는 제자를 스승이 빈 틈을 주지 않고 지도하여 마침내 깨침의 세계로 인도할 때 깨달음의 '줄탁동시'가 이루어지는 것이다.

『벽암록』을 보자.

> 무릇 수행자는 반드시 줄탁동시의 눈을 갖추고 줄탁동시의 이치를 잘 쓸 줄 알아야 납승이라 할 수 있다. 어미가 밖에서 탁 하고 쪼아 줄 때 새끼는 톡 하고 응대해야 하며, 새끼가 안에서 톡 하고 쫄 때 어미는 밖에서 탁 하고 쪼아야 한다. …(중략)… 그러므로 줄탁의 기연은 모든 고불古佛의 가풍인 것이다.
>
> 大凡行脚人 須具哶啄同時眼 有哶啄同時用 方稱衲僧. 如母欲啄而子不得哶 子欲哶 而母不得啄. …중략… 所以哶啄之機 皆是古佛有家風.
>
> － 『碧巖錄』 第16則

어미닭은 스무하루 쯤 정성껏 알을 굴려 가며 따뜻한 체온으로 알을 품는다. 그러다가 알의 체온이 어미닭과 하나가 될 때 알 속의 병아리가 껍질을 깨고 나오려고 부리로 알을 쪼아댄다. 바로 이 순간 어미닭은 밖에서 껍질을 톡톡 쳐 준다. 만약 이 때 어미닭이 알 품기를 게을리하면 알이 곯는다. 어미닭과 병아리가 이렇게 서로가 한 마음으로 일체가 되어야 병아리가 알을 깨고 밖으로 나오는 것이다.

스승과 제자가 이렇게 서로 내면의 마음을 읽을 수 있을 정도로 가까이서 공부하고 마음을 내보이고 점검해야 하는 것이다. 스승은 화두에 대한 진정한 의심이 일어나지 않은 제자를 정성스레 품어 준다. 그러다가 때가 무르익어 스승과 제자의 마음이 하나가 되면 제자의 마음을 싸고 있던 무명의 껍질이 '툭' 떨어져 나가는 것이다. 그래서 스승이 부처님처럼 연꽃을 들어 보일 때 제자가 가섭 존자처럼 미소로써 화답하는 감격적인 이심전심의 관계가 형성되는 것이다.

이 자리는 어느 누구도 대신할 수 없다. 전 우주가 충격에 쌓일 정도로 긴장과 전율이 감도는 순간이다. 이것은 화합과 일치, 존경과 믿음, 자비와 간절한 마음이 교통하는 스승과 제자만이 누릴 수 있는 시간 밖의 시간이다. 이것은 아름다운 한 떨기 꽃이 피어나는 순간으로 그 꽃이 피어날 때 온 우주도 함께 피어난다.

물론 역대 선지식들이 모두 이 줄탁의 방법으로만 제자를 지도한 것은 아니다. 그러나 스승과 제자는 이러한 줄탁동시의 방법으로 화두를 참구해 나가야만 제대로 된 공부라 하겠다. 이것이 바른 공부 길이다.

2. 좋은 선지식을 만난다는 것과 그렇지 못할 경우

좋은 스승을 만난다는 것

좋은 스승을 선지식善知識이라 한다. 선지식은 강을 건네 주는 뱃사공과 같고 낯선 길을 이끌어 주는 길잡이와 같다. 익숙하지 않은 낯선 길을 가다 보면 예기치 못한 가파른 길이나 굽은 길 혹은 험한 절벽이나 거친 강물도 만난다.

깨달음을 향한 구도의 길도 마찬가지이다. 수행하다 보면 여러 가지 순경계와 역경계를 맞는데 그럴 때 눈 밝은 스승인 선지식이 필요한 것이다. 그래서 부처님께서는 바른 선지식을 만나는 일은 도道의 전체를 이룬다고 말씀하셨다.

태고 선사는 선지식을 만나는 일을 이렇게 말한다.

> 그대에게 권하노니 반드시 장부의 뜻을 세워 이번 생에 부처님의 은혜를 반드시 갚아야 한다. 오늘날 정법이 추락하려 하니 속히 밝은 등불을 물려받아 미혹의 언덕을 건너가라. 천하의 삿된 그물들을 모두 밟아 부수고 간절히 눈 밝은 선지식을 만나야 한다.
> 勸君須立丈夫志 此生了報大師恩. 如今正法將欲墜 早續明燈度迷津. 踏碎天下群邪網 切須要見明眼人. 　　─『太古語錄』「示可禪人」

박산 무이(博山無異 1574~1630) 선사 역시 선지식의 중요성에 대해
다음과 같이 말하고 있다.

> 선지식은 훌륭한 의사와 같아 중병을 거뜬하게 고쳐내고 대공덕
> 주와 같아 마음먹은 대로 베풀 수 있다. 수행자는 결코 제 공부에
> 만족한 나머지 선지식을 만나 보지 않으려는 태도를 가져서는 안
> 된다. 선지식을 찾아보지 않고 자기 견해에만 사로잡혀 있다면
> 선 수행 중 큰 병통이 되니 이보다 더한 병통이 없다는 것을 분명
> 히 알아야 한다.
>
> 彼善知識者 是人醫王 能療重病 是大施主 能施如意. 切不可生自足
> 想 不欲見人 當知 不肯見人 爲執己見 禪中大病 無過此者.
>
> — 『參禪警語』 下卷 「示疑情發得起警語」

사람으로 태어나기는 사막에서 바늘을 찾는 것만큼 힘들다고 한
다. 비록 사람으로 태어났을지라도 불법을 만나기란 더욱 어려운 일
이다. 이것을 비유로 설명하는 것이 맹구우목盲龜遇木 이야기이다. 눈
먼 거북이가 백 년에 한 번씩 바다 위로 떠오르는데, 그 순간 구멍난
나무토막을 만나 거북이의 목이 걸려야 물 위에 머물 수 있다는 말이
다. 사람으로 태어나서도 불법 만나기가 이렇게 힘들다는 말이다.

이렇게 어렵사리 사람으로 태어나 불법을 만났더라도 그 사람을

깨달음으로 이끄는 스승이 없다면, 그 수행자는 갖은 고생을 다하더라도 목적지에 도달할 수 없을 뿐더러 자칫 잘못하면 목적지에 도달하기 전에 목숨을 잃을 수도 있다. 그래서 다른 수행도 마찬가지이지만 특히 선 수행을 하는 데는 좋은 스승을 만나야 바른 길로 들어서서 깨달을 수 있는 것이다.

선어록을 보면 제자가 선지식을 만나 깨치는 과정들이 많이 소개되어 있다. 특히 임제 선사가 황벽 선사를 만나 깨친 이야기는 촌철살인寸鐵殺人의 긴장감이 넘치면서도 스승과 제자와의 만남이 어떠해야 하는가를 잘 보여 주고 있다. 선사와 수행자의 만남은 그 만남 자체가 깨달음으로 연결된다는 점에서 때때로 선 수행의 핵심적 단계를 이루기도 한다.

육조 혜능 선사와 도명 스님의 극적인 만남과 오도 과정을 예로 들어 보자.

도명 스님은 홍인 선사의 제자로 본래 법명은 혜명慧明이었다. 혜능 선사가 스승 홍인 선사로부터 법을 전해 받은 뒤 몸을 숨기고자 서둘러 남쪽으로 떠나자 이 사실을 안 혜명은 다른 무리와 함께 혜능 선사의 뒤를 쫓아왔다. 혜명은 대유령大庾嶺이라는 산마루에서 혜능 선사를 만나 홍인 선사가 전법의 표시로 준 가사와 발우를 빼앗으려 했다. 혜능 선사는 가사와 발우를 바위 위에 놓고 말했다.

"이 가사는 법을 전한 징표인데 어찌 힘으로 빼앗을 수 있겠는가? 그대 뜻대로 하시오."

혜명은 가사를 집어 들려고 했으나 움직이지 않자 이렇게 말했다.

"나는 법을 구하러 온 것이지 가사나 발우를 얻으려고 온 것이 아닙니다. 행자行者께서는 가르쳐 주십시오."

"선도 생각지 말고 악도 생각지 마시오. 바로 그 때 어떤 것이 그대의 본래면목이오?"

혜명은 이 말을 듣고 그 자리에서 대오大悟하고 혜능 선사의 제자가 되어 법명을 도명道明으로 바꾸었다.

— 『祖堂集』第2卷 「第32祖 弘忍和尙」

혜능 선사는 선도 생각지 말고 악도 생각지 말라고 이른다. 생각의 길이 끊어진 것이다. 바로 화두를 제시한 것이다. 그 자리에서 도명은 깨닫는다. 도명 선사는 이렇게 해서 극적으로 좋은 스승을 만나 깨닫게 된다. 좋은 스승, 훌륭한 선지식의 역할은 이렇게 중요한 것이다. 참선 수행자는 선지식을 믿고 의지해야 한다. 정견을 갖춘 이라면 좋은 스승이 누구인지 스스로 판단할 수 있을 것이다.

좋은 스승을 만나지 못하면

스승에 대한 믿음이 클수록 수행자가 얻는 수행상의 이익도 크다. 믿음이 가지 않는다면 처음부터 스승으로 택하지 말아야 하겠지만 일단 스승으로 모셨다면 믿고 수행해야 한다. 그러나 수행자가 자신이 따르고 있는 스승이 좋은 선지식이 아니라는 확신이 서면 그 스승 곁을 떠나야 한다. 좋은 스승이란 바른 법과 정견을 갖춘 스승을 말한다. 그런 스승이 아니라는 확신이 서면 부처님 법에 따라 다시 스승을 찾아 나서야 한다.

이런 노력에도 불구하고 좋은 선지식을 만나지 못하게 되면 혼자서라도 구도심을 불태워야 한다. 그렇게 간절하게 구도의 길을 가거나 스승을 찾으려는 마음만 변치 않는다면 언젠가는 좋은 스승을 만나게 될 것이다. 그렇게 될 수 있도록 간절히 원력을 세워야 한다. 그러면 좋은 선지식을 뵙게 될 날이 반드시 올 것이다. 옛 스님들은 누가 선지식이고 누가 도인지 알 수 없어 선지식을 만나고 싶다는 원을 간절히 세웠더니 어떤 결정적인 순간에 선지식을 만날 수 있었다는 고백을 한결같이 하고 있다.

부처님의 삶과 부처님의 법을 스승으로 모시고 구도의 길을 가는 수행자도 있을 것이다. 불자의 삶, 수행자의 삶은 부처님의 삶을 실현하고자 하는 것이다. 그렇기 때문에 부처님의 생애와 사상은 수행자가 따라야 할 가장 확실한 지남指南이다. 가슴에 부처님 말씀을 항상 새기면서 그분처럼 걸어가고자 하는 자신만 있다면 비록 좋은 스승을 만나지 못해도 수행자로서의 길을 잘 걸어갈 수 있을 것이다.

　주위에 좋은 스승을 발견하기 힘들다면 차선책으로 앞 세대의 스승을 의지하는 것도 가능하다. 요즘은 어록語錄 이외에도 육성肉聲 녹음 법문을 들을 수 있는 시대이니 스스로 이러한 법문을 통해 끊임없는 발심과 분심을 촉발시킬 수도 있다. 그러나 요즘 나도는 어록 가운데는 검증되지 않은 어록들도 적지 않으니 수행자는 반드시 검증된 어록을 보아야 한다. 또한 수행자가 의지해야 할 다음의 네 가지 지침도 참고할 수 있을 것이다.

법에 의지하되 사람에 의지하지 말라.

뜻에 의지하되 말에 의지하지 말라.

지혜에 의지하되 알음알이에 의지하지 말라.

요의경에 의지하되 불요의경에 의지하지 말라.

依法不依人

依義不依語

依智不依識

依了義經 不依不了義經

수행자가 의지해야 할 가장 중요한 것은 사람이 아니라 법法이며, 말이 아니라 그 말이 전하는 알맹이이며, 분별적인 지식인 알음알이가 아니라 밝고 투명한 지혜이다. 그리고 요의경了義經이란 누가 봐도 이해가 되고 어떤 기준으로 봐도 보편타당한 참된 경전의 말씀이라는 것이다. 이렇게 볼 때 선에서 말하는 요의경은 『육조단경』을 비롯한 여러 가지 조사어록이라야 옳을 것이다. 정법과 정견을 세울 수 있는 경전도 당연히 여기에 포함된다.

3. 선지식을 찾아가는 수행자의 마음가짐

수행자의 마음가짐

초발심 수행자에게는 훌륭한 선지식을 찾는 일과 훌륭한 선지식을 알아보는 일이 참으로 중요하다. 그러나 이보다 더 중요한 것은 선지식을 찾아가는 수행자의 자세와 마음가짐이다. 수행자가 갖추어야 할 중요한 덕목은 신심과 발심 그리고 깨달음을 위해 몸과 마음을 놓아 버리는 위법망구爲法忘軀의 정신이다.

수행자는 자신이 본래 부처라는 확고한 믿음을 바탕으로 깨닫고자 하는 큰 발심을 일으켜야 한다. 이러한 기본 조건이 되어 있지 않고서는 선지식을 찾겠다는 간절한 마음은 생겨나지 않는다. 발심이 되지 않는 상태에서 두루 선지식을 참방하는 일은 말 그대로 '선지식 참배'에 지나지 않으며 스스로도 방황하는 수행자의 신세를 면하기 힘들다.

선종의 두 번째 조사인 혜가慧可 선사가 스승 달마 조사를 친견하는 이야기를 『조당집』에 소개된 것으로 살펴보자.

혜가 스님은 마을에 살 때 오랫동안 유교와 도교를 공부했다. 그러나 마음에 궁극적인 안정이 되지 않아 그 마음의 평화를 얻고자 소림사에서 면벽하고 있는 달마 조사를 찾아갔다. 달마 조사는 처음에는 제자로 거두어 달라는 혜가 스님의 간청을 들어 주지 않았다. 몇 차례 간청해도 조사는 말없이 벽만 바라볼 뿐 묵묵부답이었다.

때는 섣달 겨울로 그날따라 눈이 하염없이 내리고 있었다. 혜가 스님은 마당 한가운데 서서 애원했으나 안으로 들어오라는 말 한 마디 듣지 못했다. 눈은 계속 내려 마침내 혜가 스님의 무릎까지 차올라 왔다. 밤이 깊어지자 혜가 스님의 하반신은 눈 속에 파묻힐 정도였다. 그래도 스님은 합장하고 선 채 물러서지 않았다. 그제야 달마 조사는 혜가를 돌아보며 한 마디 던졌다.

"무엇을 구하러 여기에 왔는가?"

"바라옵건대 스승이시여. 감로의 문을 활짝 열어 이 중생을 구원하소서."

달마 조사가 말했다.

"모든 부처님의 위없는 깨달음은 여러 겁에 걸쳐 고행한 열매이다. 그대는 작은 뜻으로 크나큰 가르침을 구하려 드는구나."

그러자 혜가는 지니고 있던 계도로 자신의 왼쪽 팔을 잘라 조사께 내보였다. 법을 위해 몸을 버리는 위법망구의 결심을 내보인 것이다. 그 때야 달마 조사는 혜가 스님을 제자로 받아들였다.

"부처님과 보살님들이 법을 구할 때에는 몸을 몸으로 여기지 않았다. 이제 그대가 팔을 끊어 믿음을 보였으니 법을 구할 만하구나."

혜가 스님이 물었다.

"제 마음이 편치 않습니다. 부디 제 마음을 편안케 해 주십시오."

"불안한 그 마음을 가져 오너라. 마음을 편안케 해 주리라."

"마음을 찾아도 찾을 수 없습니다."

"찾을 수 없다면 그것이 어찌 그대의 마음이겠는가? 나는 벌써 그대의 마음을 편안케 했느니라."

혜가 선사는 이 말을 듣고 그 자리에서 크게 깨달았다.

혜가 선사는 스승에게 법을 구하기 위해 팔을 자르는 비장한 각오를 보였다. 이런 정경을 선화禪畫로 표현한 것이 혜가단비도慧可斷臂圖이다. 한쪽 팔을 자르면서까지 제자가 되겠다는 위법망구의 구도심은 어디서 나오는 것일까? 그것은 물론 마음의 본래면목을 찾겠다는 간절한 염원에서 나오는 것이다. 구법의 열정은 이렇게 죽고 사는 문제까지도 돌아보지 않게 한다. 이와 같이 간절한 염원으로 혜가 선사는 목숨을 걸고 당대의 선지식 달마 조사를 찾아갔던 것이다. 달마 조사는 제자의 그 비장한 마음가짐을 확인한 뒤 입실을 허락하고 법거량을 하여 그 자리에서 단박 깨닫게 하였다.

여기에서 이 일화에 대한 대혜 선사의 게송을 하나 소개한다.

마음 찾을 곳 없으니 편안할 수 있으랴
빨갛게 달궈진 쇳덩어리 씹어서 부수네.

눈을 밝게 뜨고 뜻을 널리 펼친다 해도

달마의 거짓말에 속지 않는 것만 못하리.

覓心無處更何安 嚼碎通紅鐵一團

縱使眼開張意氣 爭如不受老胡瞞

선지식을 찾아가려면

혜가 선사처럼 수행자는 구도를 향한 간절한 염원을 바탕으로
목숨을 내놓는 각오로 선지식을 찾아야 한다. 그러나 거문고의 훌륭
한 소리를 들을 줄 아는 지음자知音者[6]라야 진정한 거문고의 명인을
찾을 수 있듯이 바른 안목이 서지 않는 초심자라면 진정한 도인을
알아보기 어려울 것이다. 초심자가 스스로 아직 안목이 서지 못한

---

6. 지음자知音者란 서로 마음을 허락하고 뜻이 통하는 친구를 이르는 말이다. 중국 춘추
시대 거문고의 명수 백아伯牙에게 종자기鍾子期라는 친구가 있었다. 백아가 높은 산
을 생각하면서 거문고를 타면 종자기의 마음에도 높은 산의 모습이 비치고, 흐르는
물을 생각하면서 거문고를 타면 도도히 흐르는 강물이 종자기의 마음에도 비쳤다고
할 만큼 백아의 거문고 소리를 잘 알고 분별했다. 그렇게 자기의 거문고 소리를 알아
준 종자기가 어느 날 죽게 된다. 종자기가 죽은 뒤에 백아는 더 이상 자신의 음악을
이해해 줄 사람이 없음을 알고 자신의 거문고 줄을 끊어 버렸다고 한다. 이러한 고사
에서 유래한 말로, 지음자란 '마음이 서로 통하는 친한 벗'을 일컫는다.

때는 다음 몇 가지 원칙을 참고하는 것이 좋겠다.

첫째, 제자가 스승을 멋대로 판단할 수 없기 때문에 대체로 '법맥法脈'을 따져 봐야 할 것이다. 곧 법맥이 분명히 전해 오는 선대先代 선지식이 인가한 분을 따라야 한다.

둘째, 제방諸方의 구참久參 수행자들에게 법맥의 흐름을 물어 보거나 조언을 구하여 어떤 선지식을 찾아가야 하는지 알아볼 수 있다. 그리고 그 선지식의 가르침이 부처님과 역대 조사 스님들의 가르침에 부합하는지 판단한 연후에 결정하는 것이 좋다.

셋째, 모시고자 하는 선지식의 삶과 수행이 일치하는가의 여부를 살피는 일도 선지식을 찾는 하나의 방법이 될 것이다.

그렇다면 절대로 의지해서는 안 되는 스승은 어떤 사람일까? 『능엄경』에서는 다음의 두 가지 유형을 말하고 있다.

첫째, 수행 중 큰 깨달음을 얻었다고 착각한 나머지 자신을 부처님과 동일시하는 자이다. 이런 사람은 수행 중에 얻은 약간의 힘으로 어리석은 무리들을 현혹하고 억압한다.

둘째, 외도 수행으로 신통력을 얻어 중생들의 전생이나 앞날을 예언하고 불치병을 고쳐 주기도 하는 자를 말한다. 이런 자들에게는 많은 사람들이 몰리게 되는데, 이러한 사람은 결코 불법의 바른 선지식이 될 수 없다.

4. 수행자는 스승을 어떻게 받들어야 하나?

수행자가 어떻게 선지식을 받들어야 하는지에 대하여 『원각경』「보각보살품普覺菩薩品」에 이런 말씀이 있다.

선남자야! 수행자는 목숨이 다하도록 선지식을 공양하고 섬겨야 된다. 그 선지식이 자신에게 잘 해 주고 칭찬을 하더라도 교만하거나 흡족한 마음을 내지 말아야 하며, 선지식이 멀리하더라도 성을 내거나 한을 품지 말아야 한다.

善男子 末世衆生欲修行者 應當盡命供養善友事善知識. 彼善知識欲來親近應斷憍慢 若復遠離應斷瞋恨.   ―『圓覺經』「普覺菩薩品」

수행자에게 스승은 세속의 스승과 그 의미가 아주 다르다. 수행자의 스승은 제자의 온 생명을 이끌어가는 분으로 제자가 목숨 바쳐 받들어야 할 귀의 대상이다. 그러므로 진정으로 우리의 아상我相을 비울 수 있는 대상은 스승뿐이다. 스승 앞에서는 자신의 생각이나 가치관을 다 버릴 수 있다. 만약 이 점은 스승이 옳고 저 점은 내가 맞다고 생각한다면 그런 스승은 내게 진정한 스승 역할을 할 수 없을 것이다.

간혹 오랫동안 길들여진 나쁜 업 때문에 스승의 결점만을 크게 보고 여기에 실망하거나 비난하는 경우가 있는데 이는 잘못된 것이다. 예를 들어 달이 밝으면 밤하늘의 별이 보이지 않는 것처럼 믿음이 깊으면 스승의 결점을 보는 마음은 저절로 사라질 것이다. 그래서 스승의 결점을 보게 될 때는 자신의 믿음이 부족하기 때문이라 여겨야 한다. 이런 뜻에서 제자는 자신에게 솔직해야 한다. 스스로를 되돌아보면서 자신의 마음가짐을 거듭거듭 공평무사하게 비추면서 끝없이 하심下心하는 마음을 가져야 한다.

오직 스승 앞에서만 자신의 분별심을 내려놓을 수 있다. 기술이나 학문이 아닌 도문道門에서는 스승을 절대적으로 신뢰해야 하고 그러한 스승을 모신 수행자라면 이미 공부를 반쯤은 이루었다고 보아야 할 것이다. 앞서 혜가 선사를 통해 선지식을 찾아가는 위법망구의 정신을 잘 살펴볼 수 있었다.

여기에 제자가 스승에게 갖춰야 할 태도에 관하여 한 예화를 소개한다.

오대산 월정사의 동대東臺 관음암 근처에는 조그마한 토굴이 있는데, 구정九鼎 선사가 출가하여 공부하던 곳이다. 이분의 스승은 구산선문의 하나인 성주산문을 일으킨 무염(無染 800~888) 선사이다.

신라 말 홀어머니를 모시고 비단 장사를 하던 한 청년이 강릉으로 가기 위해 대관령을 넘어가다 한 스님을 만났다. 바로 무염 선사였다. 그 노스님은 길가 풀 속에서 한참 동안이나 꼼짝 않고 서 있었다. 청년은 그 모습이 이상해서 스님에게 물었다.

"스님, 이곳에서 대체 무엇하고 계십니까?"

"중생들에게 공양을 드리고 있지."

청년이 무슨 말인지 몰라 의아해하자 스님은 다시 말했다.

"옷 속의 이와 벼룩에게 피를 먹이고 있다네."

한갓 미물에 불과한 중생들을 보살피는 이러한 스님의 행동에 감동받은 청년은 노승을 따라 동대 관음암에 도착했다. 청년이 자신도 수행자가 되겠다고 하자 스님은 시키는 대로 하면 제자로 받아들이겠다고 했다. 다음 날 노스님께서는 새로 들어온 행자에게 인욕과 하심을 가르쳐 주기 위하여 방편을 보인다.

추운 겨울날이었다. 노스님께서 젊은이에게 말했다.

"도 공부도 밥을 먹어 가면서 해야 한다. 밥을 지어야겠는데 솥이 잘못 걸렸다. 저 솥이나 우선 잘 걸어 보거라."

그런데 젊은 행자가 보니 솥은 제대로 걸려 있었다. 이상하다고 생각하면서도 스승이 시키는 일이기에 솥과 솥걸이를 뜯어 내고 찬물에 흙을 이겨 다시 잘 걸었다. 그것을 보고 스승은 잘못되었다고 노기가 충천하였다. 그러면서 다시 걸라고 한다. 그래서 행자는 스승의 지시에 따라 다시 솥을 떼어 바르게 놓았다. 아무런 저어하는 기색 없이 지시에 따를 뿐이었다. 이러기를 묵묵히 아홉 차례나 했다. 그 모습을 본 무염 선사는 그제야 "되었다. 네 그릇이 쓸 만하구나" 하며 제자로 받아들였다. 그리고 솥을 아홉 번이나 고쳐 걸게 해도 아무 불평 없이 그 일을 수행했기에 '구정九鼎'이라는 법명을 지어 주었다.

선을 공부하는 참선인은 자기가 선택한 스승에게 모든 인생을 걸어야 한다. 구정 선사와 같이 한 번 내린 선택에 대하여 끝까지 밀고 나가는 태도를 가져야 한다. 불법과 스승이 없었다면 어떻게 고통의 바다를 건너 깨달음의 세계로 갈 수 있겠는가? 밝은 스승의 바른 지도가 깨달음의 세계로 인도하는 것이다.

물론 스승은 정지견正知見을 갖춘 명안종사여야 한다. 설사 명안종사가 아니더라도 수행과 삶, 말과 행동이 일치되는 분을 스승으로 모셔야 한다. 수행자는 그러한 스승을 온전히 믿고 따라야 한다. 일단 스승의 지도를 받게 된 이상 내 속에 있는 주관과 아집을 송두리째 내려놓고 절대 하심하는 마음가짐으로 스승을 섬겨야 한다. 이 공부는 믿는 만큼 진전이 있다.

5. 주변에 점검받을 선지식이 없을 때는 어떻게 하나?

주위에 마땅한 스승이 없을 때는 천리만리 길이라도 눈 밝은 스승을 찾아가야 한다. 예전에 수행자들은 선지식을 찾아 먼 길을 떠났다. 석두 희천(石頭希遷 700~790) 선사의 선법을 이은 분 가운데 귀종 책진(歸宗策眞 ?~979) 선사가 있다.

하루는 어떤 스님이 귀종 선사에게 물었다.

"부처란 무엇입니까?"

"내가 그대에게 일러 주고 싶으나 그대가 내 말을 믿지 않을까 싶어 일러 주기가 어렵네."

"천리만리를 멀다 여기지 아니하고 스님을 찾아왔는데 어찌 스님의 말씀을 믿지 않겠습니까?"

"그렇다면 네가 내 말을 믿겠느냐?"

"꼭 믿겠습니다. 선사의 말을 어찌 믿지 않겠습니까?"

"그렇다면 내가 너에게 일러 주겠다. 부처란 별것이 아니다. 그대가 바로 부처이니 네 마음이 곧 부처이니라."

선지식을 찾기 위해 불원천리하고 찾아갔으나 갖은 설움을 받은 끝에 입실을 허락받은 일화를 하나 더 소개한다.

섭현 귀성葉縣歸省 선사는 냉엄하고 담담하여 납자들이 모두 어려워하였다. 부산 법원 스님과 천의 의회(天衣義懷 993~1064) 스님이 대중으로 있을 때 특별히 귀성 선사를 찾아갔다. 눈보라가 치는 차가운 날씨였다. 귀성 선사는 욕을 하며 그들을 쫓아내고 심지어는 객승들이 묵는 숙소까지 찾아와 찬물을 끼얹어 옷을 흠뻑 적셔 놓았다. 다른 스님들은 모두 성을 내며 떠나갔지만 법원, 의회 두 스님만은 좌복을 정돈해 놓고 옷을 단정히 하고 다시 객사에 앉아 있었다. 그러자 귀성 선사가 또 찾아와 꾸짖었다.

"끝까지 떠나지 않는다면, 너희를 때리겠다."

법원 스님이 앞으로 가까이 다가서며 말하였다.

"저희 두 사람은 선사의 선을 배우려고 천릿길을 걸어 찾아왔는데 어떻게 한 바가지 물 때문에 떠나가겠습니까? 설령 때려 죽인다 해도 떠나지 않을 것입니다."

귀성 선사는 웃으면서 말하였다.

"너희 두 사람을 받아들일 터이니 물러가서 방부를 들여라."

귀성 선사는 법원 스님에게 절 살림을 맡아 보는 전좌典座 소임을 보게 했다. 그러던 어느 날, 대중들이 형편없는 식생활로 힘들어하고 있던 차에 귀성 선사가 우연히 출타하게 되었다. 법원 스님은 몰래 자물통 열쇠를 훔쳐 내어 기름과 국수를 가져다가 오미죽五味粥을 끓였다. 그런데 죽이 다 되었을 무렵 뜻밖에 귀성 선사가 승당으로 돌아왔다. 선사가 죽을 다 먹은 뒤 승당 밖에 앉아 전좌를 불러오라 명하자 법원 스님이 와서 먼저 말하였다.

"기름과 국수를 꺼내다가 죽을 끓였으니 선사께서 벌을 내려 주시기를 진심으로 바랍니다."

귀성 선사는 법원 스님에게 훔쳐 낸 물건의 값을 계산하라 하고 스님의 의발衣鉢을 값으로 쳐서 환수한 다음 몽둥이 서른 대를 때린 뒤 절에서 쫓아내 버렸다. 법원 스님은 마을에 숙소를 마련하고 도반을 통하여 용서를 빌었지만 귀성 선사는 끝내 허락하지 않았다. 다시 돌아와 살기를 허락하지 않는다면 대중을 따라 입실만이라도 허락해 주십사 하고 거듭 간청했지만 선사는 여전히 용서하지 않았다.

그러던 어느 날, 귀성 선사가 마을에 나갔다가 법원 스님이 여관 앞에 혼자 서 있는 것을 보고 "이 곳은 절의 사랑방이다. 네가 여기에서 오래 머물렀는데 자릿세는 냈느냐?" 하고는 스님이 갚지 못한 돈을 계산하여 추징하도록 하였다. 법원 스님은 조금도 난색을 보이지 않고 마을에서 탁발하여 돈으로 바꾸어서 갚았다. 어느 날 귀성 선사가 또다시 마을에 나갔다가 법원 스님이 탁발하여 돌아오는 모습을 보고는 대중에게 이렇게 찬탄했다. "법원이야말로 참으로 참선에 뜻이 있는 사람이구나!" 하고는 마침내 스님을 맞아들였다. 그 뒤 법원 선사는 마침내 깨달아 귀성 선사의 법을 이었다.(『宗門武庫』「葉縣綱歸省」)

우리나라 스님들도 선지식을 찾기 위해 천릿길도 마다하지 않았다. 경허 스님의 제자 가운데 수월水月 선사는 지리산 천은사에서 수도하다가 스승인 경허 선사를 찾기 위해 몇 년 동안이나 스승을 쫓아 북녘 땅 삼수갑산까지 찾아갔다.

또한 근대 한국 불교의 고승인 금오(金烏 1896~1968) 선사는 당대의 선지식으로 이름 높았던 수월 선사를 친견하기 위해 멀리 만주까지 험한 길을 마다하지 않고 갔다. 당시 수월 선사의 처소에는 선지식을 뵈려고 금강산이나 서울에서 온 수행승들이 줄을 이었다고 한다. 선지식만이 공부 길을 잘 이끌어 줄 수 있기 때문이다. 그러기에 험한 길, 천릿길도 마다하지 않고 선지식을 찾아갔던 것이다. 재가자 역시 마찬가지이다. 자신의 공부를 점검하고 발심을 북돋우기 위해서는 선지식 회상에서 제대로 지도를 받아야 한다.

6. 참의심을 일으키려면 왜 스승과의 만남이 중요한가?

스승과의 만남을 통해 진정한 의심을 돈발하여 깨달음에 이르는 과정을 『조당집』에 보이는 여러 조사 스님의 일화를 통해 살펴보자.

향엄 지한 선사의 경우

위앙종을 창시한 위산 영우潙山靈祐 선사의 걸출한 제자로 향엄 지한香嚴智閑 선사가 있다. 향엄 선사는 키가 칠 척이고 아는 것이 많고 말재주가 능해 그의 학문과 논리를 당해낼 자가 없었다.

향엄 선사는 여러 차례 위산 선사를 참문하여 묻고 대답하기를 마치 병의 물을 쏟듯 막힘없이 했다. 그러나 스승은 그의 학문이 메마른 지식일 뿐 근원을 깊이 통찰한 것이 아님을 알았다. 그러던 어느 날 아침, 위산 선사가 향엄에게 물었다.

"지금까지 그대가 터득한 지식은 눈과 귀로 남에게서 듣고 보았거나 경전에서 읽은 것뿐이다. 나는 그런 것은 묻지 않겠다. 이제 그대는 태어나기 전의 그대 본래 모습을 일러 봐라. 내가 그대의 공부를 가늠하겠노라."

향엄은 자신의 모든 지식을 기울여 대답하려 했지만 답할 수 없었다. 그동안 배운 모든 지식을 다 동원해 봐도 태어나기 이전 모습에 대하여 한 마디도 할 수 없었다. 가까스로 몇 마디 일러 보았지만 스승은 들은 체도 않고 퇴박만 놓을 따름이다.

할 수 없이 향엄은 스승에게 가르침을 청했다. 그러나 위산 선사는 단호하게 거절한다.

"내가 말하는 것은 옳지 않네. 그대 스스로의 안목으로 일러야 그대의 안목이 아니겠는가. 내가 지금 말해 준다 해도 뒷날 자네는 나를 원망하게 될 것이네."

향엄은 자신의 방으로 돌아가 온갖 책을 뒤적이며 답을 구했으나 만족할 수 없었다. 향엄 선사는 책에서 답을 구할 수 없자 끝내 그 책을 뜰에 쌓고 불태워 버렸다. 책이나 온갖 기록이 이 문제 앞에서는 아무런 쓸모가 없었기 때문이다. 향엄은 탄식하며 말했다.

"이생에는 더 이상 불법을 배우지 않겠다. 이 날까지 불법으로 나를 당할 사람이 없으리라 여겼는데 오늘 아침 위산 스님에게 한 방망이 맞고 나서야 그 생각이 깨끗이 없어졌다. 이제부터 나는 그저 밥이나 죽을 먹고 사는 평범한 승려로 지내면서 세상 사람에게 폐나 끼치지 않고 일생을 지내리라."

향엄은 눈물을 흘리며 스승에게 작별 인사를 올린 뒤 옛날 혜충 국사가 머물렀던 곳에서 초막 암자를 짓고 수행하였다. 마음에는 스승이 던진 질문이 과녁에 박힌 화살처럼 사라지지 않았다. '태어나기 전 나의 본래면목이 무엇인가?' 그러던 어느 날이었다. 향엄은 도량을 청소하다가 기와 조각을 주워 무심코 집어던졌다. 기와 조각은 대나무에 부딪쳤다.

"탁!"

소리가 유난히 크게 울렸다. 그 소리를 듣고 향엄 선사는 파안대소했다. 바로 대오한 것이다. 향엄 스님은 향을 피워 멀리 위산 선사가 계신 쪽을 향하여 절을 올리며 말했다.

"스승님이시여, 당신께서 베풀어 주신 은혜는 부모님의 은혜를 뛰어넘습니다. 그 때 만약 스승께서 저에게 가르쳐 주었더라면 어떻게 이런 깨달음이 있을 수 있었겠습니까."

동산 양개 선사의 경우

동산 양개(洞山良价 807~869) 선사는 스승인 운암 담성(雲巖曇晟 782~841) 선사가 임종 직전 일러 준 화두를 오래 참구한 끝에 깨달았다. 운암 선사가 열반에 드시려 하자 동산 스님이 물었다.

"화상께서 돌아가신 뒤 누군가 '화상의 초상을 그릴 수 있겠는가?' 하고 묻는다면 무어라 답해야 합니까?"

"그런 사람에겐 '그저 그런 늙은이' 였다고 해라."

동산 스님이 한참 동안 말을 잊고 입을 다물고 있자 스승께서 말했다.

"이것은 밤송이와 같아 삼켜도 넘어가지 않나니 천생 만겁토록 쉬어야 하느니라. 그대가 한 생각 몰록 일으켜도 풀이 한 길이나 깊을 터인데 하물며 말로써 표현하겠는가?"

동산이 계속 말 없이 앉아 있자 스승이 가없은 마음에 법을 설하려 하자 제자는 만류하며 말했다.

"그러실 필요 없습니다. 그저 사람 몸을 잃지 않기 위함뿐이니 이 일을 위해 애쓰고자 합니다."

운암 선사께서 열반에 드신 뒤 동산 스님은 스승의 재를 지내기 위해 사형과 함께 길을 가고 있었다. 담주潭州에 이르러 개울을 만나 사형이 물을 건넌 뒤 동산 스님이 물을 건너고 있었다. 이 때 동산 스님은 물 속에 비친 자기 그림자를 보고 크게 깨달았다.

동산 스님이 박장대소하자 사형이 물었다.

"아우님, 무슨 일인데 그렇게 웃으시오."

"이제야 돌아가신 스승님의 정중하신 힘을 얻었습니다."

"그렇다면 무슨 말이 있어야 하지 않겠는가?"

그러자 동산 선사는 깨달음의 경지를 게송으로 노래했다.

결코 남에게 찾으려 하지 말라.

멀고 멀어서 나와는 상관없네.

나 이제 홀로 가지만

곳곳에서 그를 만나네.

그는 지금 진짜 나이건만

나는 이제 그가 아니니

진실로 이렇게 깨달아야

여여하게 계합하리라.

切忌隨他覓　迢迢與我疎　我今獨自往　處處得逢渠

渠今正是我　我今不是渠　應須與摩會　方得契如如

－『祖堂集』 第5卷 「雲岩和尙」

뒷날 어떤 스님이 동산 선사에게 물었다. "운암 선사께서 '그저 그런 늙은이'였다고 말씀하신 뜻은 무엇입니까?" 동산 선사가 대답했다. "나도 처음에는 하마터면 잘못 알아들을 뻔했었네."

참의심을 일으키는 데 스승의 역할이 중요한 까닭

역대 선사들은 스승께서 준 화두를 들고 참구하다가 몸과 마음이 의심으로 한 덩어리가 될 때에 어떤 계기를 만나 깨닫게 된다. 여기서 가장 중요한 것은 스승이 수행자로 하여금 간절한 의심을 일으키게 한다는 것이다. 결코 문제를 해결하지 않고는 견딜 수 없는 타는 목마름을 일으킨다.

그래서 위산 선사는 향엄 선사에게 태어나기 전의 본래면목을 물은 것이며, 운암 선사는 동산 선사에게 진정한 의심을 일으켜 화두를 들게 한 것이다. 이렇게 수행자가 진정한 의심을 일으켜 깨닫게 하는 데는 스승의 역할이 중요함을 알 수 있다. 위산 선사가 만약 향엄 선사에게 본래면목을 이러쿵저러쿵하며 설명했더라면 향엄 선사는 영원히 깨치지 못했을지도 모른다. "네 자신의 본래면목을 스스로 말해 보라"는 위산 선사의 말은 실로 스승의 자상한 배려였던 것이다.

그래서 향엄 선사는 "스승님이시여, 당신께서 베풀어 주신 은혜는 부모님의 은혜를 뛰어넘습니다"라고 감읍했던 것이다.

황벽 선사와 대우 선사를 두 스승으로 모시고 깨달은 임제 선사 또한 스승의 은혜를 이렇게 강조한다.

> 대우 선사의 주장자 한 대로 나는 부처님의 경계에 들었습니다. 이 깊은 은혜는 백겁 동안 뼈를 갈고 몸이 부서지도록 수미산을 머리에 이고 돈다 해도 보답하기 어려울 것입니다.
> 一棒下入佛境界 假使百劫粉骨碎身 頂擎遶須彌山 經無量惡 報此深恩莫可西州得.
> ―『祖堂集』第19卷「臨濟和尙」

동산 스님은 "그저 그런 늙은이였다"라는 스승의 말씀을 생각으로 헤아리지 않고 마음 길이 끊어진 상태에서 크게 의심하였던 것이다. 그리고 깨달은 뒤 "나도 처음에는 하마터면 잘못 알아들을 뻔했네"라고 말했다. 동산 스님의 이 같은 발언은 스승의 말씀을 듣고 그것을 생각으로 헤아리지 않고 사무친 의심 덩어리가 되어 깊이 참구했다는 뜻이다. 아차 하는 순간 생각으로 헤아리면 헤어나올 길이 없다. 제자가 스승의 말씀을 신뢰하지 않았다면 깨달음은 오지 않았을 것이 분명하다. 스승의 말씀에 따라 일구월심 간절히 의심을 일으켰기에 깨달을 수 있었던 것이다.

7. 조실 스님이 법문하고 있을 때 질문할 수 있는가?

선원에서 수행하는 대중들이 지키고 실천해야 할 법도를 하나하나 밝혀 놓은 것이 『선원청규禪苑淸規』이다. 이 『선원청규』를 만든 분은 전문 선 수행처인 총림을 선종사상 최초로 연 백장 회해(百丈懷海 749~814) 선사이다. 그래서 이 청규를 『백장청규百丈淸規』라고도 한다. 아쉽게도 이 『백장청규』는 산실되고 없으나 한림원 학사 양억(楊億 974~1020)이 찬술한 『백장청규』의 서문 「선문규식禪門規式」이 남아 있어 그 일면을 볼 수 있다. 이를 고청규古淸規라고도 한다.

이 『선문규식』에서는 현재 조실의 역할을 했던 당시 장로長老들이 대중을 지도한 것에 대하여 이렇게 말하고 있다.

> 총림의 온 대중은 아침에 묻고 저녁에 모여야 한다. 장로가 법당에 올라 설법을 할 때에는 살림하는 대중이나 수행하는 대중이나 모두 줄지어 앉아 귀를 기울여 그 법문을 들어야 한다. 손님과 주인이 묻고 대답하며 종지를 들춰내는 것은 모두가 바른 법대로 살고 있음을 보인 것이다.
>
> 其闔院大衆朝參夕聚. 長老上堂陞坐 主事徒衆雁立側聆. 賓主問酬 激揚宗要者 示依法而住也.
>
> ─ 『景德傳燈錄』 第6卷 「百丈懷海禪師條末 禪門規式」

처음 중국에서 총림이 만들어졌을 때, 조실(당시에는 주지 혹은 장로라고 함.)은 납자들에게 아침저녁으로 소참법문小參法門을 하고 정기적으로 법당에 올라가 상당법문上堂法門을 하였다. 이렇게 법문하는 가운데 선문답과 법거량이 이루어지고 조실은 이런 과정을 통해 저마다의 공부를 점검하였다.

법문의 종류

조실 스님의 법문은 그 종류에 따라 상당上堂과 소참小參으로 나눌 수 있다. 상당이란 법당 중앙의 법좌法座에 올라앉아 거행하는 설법을 말한다. 상당은 필요할 때마다 비정기적으로 행하는 설법이었으나 점차 여러 가지 격식을 갖추게 되었다. 매월 초하루나 보름에 거행하는 단망상당旦望上堂, 매월 5 · 10 · 15 · 20 · 25일에 치르는 오참상당五參上堂, 사흘마다 한 번씩 매월 약 9회에 걸쳐 거행되는 구참상당九參上堂 등 여러 종류의 상당이 정기적으로 행해졌다.

현재는 매월 보름과 그믐 그리고 동안거나 하안거의 결제와 반결제, 해제 때에 상당법문이 이루어지고 있다.

이와 관련하여 시중示衆이란 말도 있다. 시중이란 종사가 문하에 있는 대중들에게 설법하는 것을 말한다. 이러한 시중은 수시로 이루어진다. 이는 『육조단경』에 처음 나오는 말로 대중에게 법을 보인다는 의미이다. 수시垂示와 똑같은 뜻이다. 그러나 상당의 경우에는 워낙 특별하기 때문에 시중이라는 말을 쓰지 않았다.

참參이란 대중을 모아 놓고 하는 법문을 말한다. 참에는 대참과 소참이 있다. 이 경우 대참이 상당에 해당한다. 맨 처음에는 상당이라는 말만 있다가 소참이라는 말이 생기면서 대참이라는 말이 생겼다.

소참이란 일종의 가훈家訓과 같은 것이다. 혹은 가교家教라고도 한다. 가정에서 몇몇 아이들을 모아 놓고 가르치는 형식과 같은 것을 말한다. 소참은 때를 가리지 않고 필요에 따라 불시에 하는 법문이다. 이 소참에도 아침에 하는 조참과 저녁에 하는 만참 등 여러 종류가 있다.

질문의 형식

그렇다면 이렇게 조실 스님이 법문할 때에 질문이 허락되는 것일까? 원칙적으로 허용된다. 모든 법문은 그 당시의 구체적 상황 속에서 드러나는 본분종사의 오도적悟道的 간담肝膽이다. 법문의 내용과 형식은 정해져 있는 것이 아니다. 더군다나 설법을 하는 당사자가 자신의 활발발한 선기禪機를 드러내는 데에는 아무런 형식적 제약이 없다. 스승이 법을 보이는 일이 자유롭기 때문에 제자 또한 형식에 구속될 필요가 없다. 기탄없이 자신의 선기를 드러내는 제자를 만났을 때 스승은 오히려 자신의 살림살이를 역동적으로 전개할 수 있는 것이다.

스승에게는 법문이 제자들의 근기에 맞게 본분종사의 본지풍광을 드러내는 자리이지만 제자들에게는 자신의 공부를 점검하고 인가받는 문답의 자리이기도 하다. 따라서 스승에게 적극적으로 질문할 필요가 있다. 다만 주의할 점이 있다.

첫째, 격식에 맞추어 질문해야 한다.

둘째, 때에 맞추어 질문해야 한다.

셋째, 진정한 자기 견해를 일러야 한다.

8. 구참 수행자들도 수행 지도를 할 수 있는가? 그 밖의 방법은 없는가?

수행에 대한 지도와 점검은 선지식에게 받아야 마땅하다. 총림과 선원의 방장 스님이나 조실 스님들이 이러한 역할을 하는 것이 이상적이며 바람직하다. 예부터 방장 스님이나 조실 스님이 그런 역할을 해 왔으며 최종적으로는 깨달음을 인가해 주었다.

우리나라에서도 이러한 조실 스님의 역할이 근대까지는 어느 정도 잘 이어져 왔지만 현재는 방장이나 조실 스님이 없이 수행하고 있는 곳이 많은 실정이다. 그렇기 때문에 경우에 따라서는 지도 능력이 있는 구참 스님에게서도 지도를 받을 수 있다. 꼭 선지식 같은 분의 지도가 아니더라도 훌륭한 구참 스님을 모시고 살면 직접 간접적으로 받는 영향이 크다. 특히 초보 수행자는 유익한 조언을 많이 들을 수 있다.

이와 관련하여 오조 법연五祖法演 선사는 「동산숭장주송자행각법어東山崇藏主送子行脚法語」에서 다음과 같이 말한다.

> 대중 가운데 법을 가릴 수 있는 구참 납자나 도반이 있으면 항상 가르침을 청하고, 만약 없거든 조사 스님들이 공부하던 말씀을 보면 조사를 친견한 것과 마찬가지이다.

恐衆中 有老成兄弟辨道者 千萬時時 請益 若無將祖師 做工夫底言
語 看一匯如親見相似.　　　　　　　　　　－「東山崇藏主送子行脚法語」

　　선을 지도할 수 있는 구참 수행자는 법을 가릴 수 있는 안목이 있
어야 한다고 했다. 그러한 안목만 가지고 있다면 구참 스님이나 선
원장 스님들에게 자신의 공부를 내보이고 지도를 받을 수 있을 것이
다. 하지만 현실적으로 참선을 지도하고 그 법기를 가늠하며 공부
정도를 판단하고 이끌어 주는 구참 스님이나 공부를 인가할 선지식
을 만나기 어려울 때는 다음의 몇 가지 방안이 고려될 수 있다.

　　첫째, 결제가 아닌 산철 기간에 선지식을 뵐 수 있는 제도적인 장
치를 마련하는 것이다. 산철 기간에 조실 스님들이 일정 기간 조실
방을 지키고 있으면서 수좌 스님들이나 재가 수행자들이 찾아와 점
검을 받을 수 있도록 하는 것이다.

　　둘째, 재가자의 경우 재가자들을 위한 선원을 마련하고 이들을
지도할 선지식을 모시는 것이다. 재가자가 혼자 공부할 경우 여러
가지 어려운 상황을 많이 겪게 된다. 이런 문제를 풀기 위해서는 종
단 차원이나 개별 사찰 단위로 재가자만을 위한 선원을 세우고 선지
식이나 지도자를 모시고 수행을 지도해 줄 수 있도록 하는 것이다.

　　셋째, 공부를 점검할 수 있는 지침을 마련해 주어야 한다. 어쩔
수 없는 사정으로 선지식을 찾아뵐 수 없을 때는 조사 어록이나 수

행 지침서에 의거하여 스스로의 공부를 점검할 수 있는 방안을 마련하는 것이다.

위의 「동산숭장주송자행각법어」에서도 조사 스님들이 공부하던 내용을 지침으로 삼아도 된다고 한 것을 보면 이런 방법을 수행에 적용하는 것에 큰 무리는 없다고 하겠다.

9. 선원에서는 어떻게 자신의 공부를 탁마해 가야 하나?

탁마琢磨란 옥석을 갈고 닦는 것을 말한다. 아무리 아름다운 보석이라도 원석을 갈아 연마하지 않으면 밝은 빛을 내지 못한다. 예부터 선원에서는 수행자들이 쉬지 않고 공부를 탁마하여 본분자리에 계합해서 깨달아 가는 과정을 매우 중시해 왔다.

부처님께서도 수행자들이 모여 한가롭게 잡담하는 모습을 나무라시며 공부에 관한 것이 아니면 얘기하지 말라고 하셨다. 그리고 자주 모여 법에 대해서 이야기하라고 하셨다. 수행자는 부처님 말씀처럼 끊임없이 자신의 법기를 갈고 닦는 탁마하는 자세가 되어 있어야 한다.

그러나 오늘날 선원의 분위기를 보면 자신의 공부를 점검하고 함께 탁마하는 열기가 차츰 식어가고 있는 듯하다. 수행자들이 서로의 공부를 점검하거나 법에 대해서 얘기하지 않고 한가한 잡담만 즐긴다면 이는 분명 옳지 않은 일이다.

위산 영우 선사는 "머리를 맞대고 세상잡사만 시끄럽게 떠드는 것이야말로 그저 한때의 즐거움만 찾는 것일 뿐 그 즐거움이 끝내 괴로움의 원인이 되는 줄 모른다"[7]라고 하였다. 따라서 출가 수행자

---

7. "聚頭喧喧 但說人間雜話 然則一期趁樂 不知樂是苦因." - 『緇門』「潙山大圓禪師警策」

들이 정진하는 선원뿐만 아니라 재가불자들의 선원에서도 서로 탁마하는 분위기를 세워 나가야 한다.

선 수행자는 선지식으로부터 가르침과 점검을 받는 것이 가장 바람직하지만 경우에 따라서는 도반 상호간에도 서로 법을 이야기하면서 마음의 자세를 가다듬어 바른 법을 향해 나아가야 한다. 『선원청규』를 보면 도반끼리 법에 대해 서로 문답하는 풍토가 조사선의 가풍이자 전통이었음을 알 수 있다. 수행하는 도반끼리 탁마하는 분위기를 조성하려면 서로 하심下心하는 가운데 스스로의 공부를 살피고 도반에게 선의로 충고하는 마음가짐을 갖추어야 한다.

선원은 참선 수행을 오롯이 하고자 수행자들이 모인 곳이다. 특히 우리나라의 선원은 스승에게 화두를 받아 참구하는 다른 문화권에서는 찾아보기 어려운 독특한 선풍을 지닌 소중한 간화선 수행처이다. 선원에서 오랫동안 수행한 이력이 있는 수행자를 일컬어 구참이라 하고 수행 이력이 얼마 안 된 수행자를 신참이라고 한다. 구참과 신참을 딱히 나누는 기준은 없지만 통상적으로 선방에서 25년 이상의 안거를 성만하고 그만큼의 수행 경험이 축적되어야 구참이라할 수 있다. 재가자의 경우도 여기에서 크게 벗어나지 않는다.

구참과 신참은 각자 스승으로부터 화두를 받아 깨달음을 향해 정진하는 면에서는 원칙적으로 한 길을 걸어가는 도반이라고 할 수 있다. 진리를 향해 같은 길을 가는 도반이야말로 서로를 지켜 주고 키워 나갈 수 있는 가장 바람직한 형태의 관계라 할 수 있다. 그러므로 수행 공동체의 일원은 구참과 신참이라는 형식을 떠나 같은 길을 가는 도반으로 서로 아끼고 공경하는 태도를 갖는 것이 중요하다.

선원의 수행생활이나 일상생활에 있어 신참은 구참의 말을 존중하고 따라야 한다. 구참의 오랜 수행을 통하여 축적된 경험은 신참에게 소중한 자양분이 된다. 특히 신참들은 선 수행 과정에서 경험하게 되는 육체적 정신적 체험에 대해서 이미 그러한 것들을 겪은 구참 납자들을 찾아 문의한다면 좋은 해결책을 얻을 수 있다.

구참의 역할은 매우 중요하다. 가까운 곳에 눈 밝은 선지식이 있어 선 수행을 하는 과정에서 나타나는 제반 문제에 대하여 시원스럽게 지도받을 수 없는 상황 속에서는 신참은 구참에게 의존할 수밖에 없기 때문이다. 구참은 늘 부처님의 소중한 법을 생각하며 최선을 다해 수행자의 모범을 보여야 한다. 바른 수행자의 모습을 보여 신참의 귀감이 되어야 하며 이 같은 실천을 통해 신참의 존경과 신뢰를 받아야 한다.

탁마를 하는 데 한 가지 주의할 점이 있다. 수행자 간에 서로 공부 길을 모르는 상태에서 탁마하다 보면 자신이 세운 정견도 흔들릴 수 있으며 감정 대립도 일어난다. 공부는 아주 면밀하고 깊이 진행되기 때문에 자칫 잘못하면 미묘한 견해 차이가 날 수도 있기 때문이다.

이럴 때 지나치게 자기 견해에 집착하여 대립과 갈등을 빚는 것은 정견을 세워야 할 수행자의 바른 처신이 아니다. 또 그렇다고 탁마를 피하고 한담만 나눈다면 그것도 진정한 수행자라 할 수 없다.

그러므로 수행자는 선지식 스님이나 선원장 스님 나아가 구참 스님에게 때때로 탁마를 받는 것이 가장 좋다. 선지식이 멀리 있으면 해제 때 찾아가 자신의 공부를 점검해 볼 수도 있다. 물론 가장 좋은 방법은 선지식이 선원마다 머물면서 법에 대해 적절한 가르침을 주고 수행 정도를 점검해 주는 것이다.

제3장
화두의 참구 단계

1. 화두 참구는 구체적으로 어떻게 하는가?

　화두를 드는 것을 '화두를 참구한다' '화두로 공부한다' '화두를 지어간다' 등 여러 가지로 표현한다. 이러한 여러 표현의 공통점은 화두에 간절한 의심을 일으킨다는 데 있다. 고려시대 선지식인 백운경한 선사는 "크게 의심하면 크게 깨닫는다"[8]라고 했다. 화두에 의심을 크게 일으키면 크게 깨치고 적게 일으키면 적게 깨치며 의심이 없으면 깨치지 못한다. 크게 의심한다는 것은 의심이 투철하게 되어 은산철벽처럼 꽉 막혀, 와도 오는 것을 모르고 가도 가는 줄을 모르

---

8. "大疑之下 必有大悟." -『白雲和尙語錄』

며 오직 의심으로만 꽉 뭉쳐진 상태를 일컫는다. 그렇다면 의정을 일으켜 화두를 드는 방법은 무엇인가?

요즘 가장 많이 하는 '무無' 자 화두와 '이 뭣고?' 화두를 예로 들어 설명해 보자. '무無' 자 화두는 '무' 자 앞에 전제全提를 붙여 들던지, 그렇지 않으면 좀 막연하지만 '무' 그대로 든다. 전제란 화두에 대한 전체 내용을 말한다.

무자 화두를 예로 들어 보자.

어떤 승려가 물었다. "개에게도 불성이 있습니까?" 조주 스님은 "없다(無)"고 대답했다. 부처님께서는 "온 중생이 다 불성이 있다"고 하셨는데 조주 스님은 왜 개에게 불성이 없다고 했을까?

앞에서 든 인용구가 무자 화두에 대한 전제, 즉 전체 내용이다. 반면에 단제單提는 '무' 또는 '왜 무라고 하였는가?' 하고 새기는 것이다. 참선을 시작할 때 처음에는 전제와 단제를 섞어 사용하지만 조금 익숙해지면 전제가 거추장스럽다. 익어지면 단제 속에 전제가 다 들어가게 되므로 저절로 단제가 되어 버린다.

그 참구 요령은 이렇다.

"개도 불성이 있습니까?"

"무無라."

"어째서(왜) 무라 했을까?"

"어째서(왜) 무라…?"

"어째서…?"

'이 뭣고(是甚麼)?' 화두 같으면 이렇다.

"밥 먹고 옷 입고 말하고 보고 듣는 이놈, 언제 어디서나 소소영령昭昭靈靈한 주인공 이놈이 무엇인고?"

"마음도 아니고, 부처도 아니고, 한 물건도 아닌 이것이 무엇인가?"

"부모미생전 나의 본래면목이 무엇인고?"

"이 송장을 끌고 다니는 이놈이 무엇인고?"

'이 뭣고?' 화두는 앞에 든 여러 가지 중 하나만 택해 의심을 지어 가면 된다. 하나 더 부연하자면 전제를 통해 화두를 들 때는 한 전제만 들어야 한다. 물론 그 전제 사이에 우열의 차이는 없다. 하나만 택해 간절히 들면 된다. 단제만 들면서 '이 뭣고?' 할 때는 '이'를 약간 길게 하면서 마음속으로 '이-' 하는 이 놈이 '뭣꼬?' 하며 의심을 일으키든지, 아니면 조금 막연하지만 '이- 뭣 - 고?' 하면서 의심을 길고 간절하게 가져가는 것도 요령이다. 곧 전제는 간단히 해서 그것이 망상의 근원이 되지 않게 해야 한다.

이렇게 의심을 강조하는 것은 의심이 몰록 터져 나와야 망념이 달라붙지 못하기 때문이다. 비단 화두를 들지 않더라도 일상생활 속에서 어떤 의심에 사로잡힐 때는 순간적으로 우리의 사고 작용이 멈추는 것을 누구나 다 경험한다. 다만 생각을 일으켜 이것저것 굴리는 것이 우리의 오랜 습관이다 보니 그 무념無念의 경험이 오래 가지 못할 뿐이다.

그러나 한 생각 한 생각을 단속하여 화두를 들며 역력하게 깨어 있게 되면 망념이 정지되는 순간이 거듭거듭 자주 오게 된다. 이러한 상태가 장벽처럼 굳건해져 어떤 경우라도 '이 뭣고?' 하는 화두가 끊기지 않아 오고 간다는 분별이 단절되는 힘을 얻게 되면 이것을 일컬어 의심 덩어리, 곧 의단疑團이라 한다. 이 의심 덩어리가 홀로 밝게 드러나게 되면 그만둘래야 그만둘 수 없는 한 덩어리 공부가 되어 이것을 타파하면 확철대오하게 되는 것이다.

의심이 잘 나지 않을 때는 거듭거듭 전제를 들추며 "이 송장을 움직이는 이놈이 무엇일까?" 하며 끊임없이 화두를 지어갈 수밖에는 달리 묘책이 없다. 끊임없이 밀밀하게 간절히 들어가야 한다.

화두 참구 방법에 대하여 서산 선사는 이렇게 말한다.

참구하는 공안에 대해서 간절한 마음으로 공부하기를 마치 닭이
알을 품듯 하며, 고양이가 쥐를 잡듯 하며, 굶주린 사람이 밥 생각
하듯 하며, 목마른 사람이 물 생각하듯 하며, 어린애가 엄마 생각
하듯 하면 반드시 확철대오할 때가 올 것이다.

凡本參公案上 切心做工夫 如鷄抱卵 如猫捕鼠 如飢思食 如渴思水
如兒憶母 必有透徹之期.　　　　　　　　　　　　　　　　—『禪家龜鑑』

이렇게 화두를 참구하려면 간절하고 지극한 마음을 가져야 한
다. 사막에서 갈증을 느껴 물 생각만 하듯, 외동아들을 전쟁터에 보
낸 홀어미가 자나깨나 자식 생각하듯이 화두 하나만을 참구하는 절
실한 마음이 있어야 한다. 그러한 절실한 마음은 자신의 온 생명을
걸 때 생긴다. 이렇게 간절하게 화두를 들다 보면 어느 날 문득 진정
한 의정이 일어나 화두가 역력히 현전하는 것이다. 이럴 때 마음은
이내 고요해지고 번뇌 망상 또한 저절로 사라진다.

화두 참구법에 대하여 태고 보우 선사는 이렇게 말한다.

몸과 마음이 있는지 없는지를 느끼지도 못하고 마음의 눈으로 화
두를 한 곳에 거두어들이고 단지 이와 같이 또렷또렷하면서도 분
명히 드러나 있고(惺惺歷歷), 분명히 드러나 있으면서도 또렷또렷
하게(歷歷惺惺) 세밀하고 빈틈없이 참구하라. 비유하자면 갓난아

이가 어머니를 생각하거나 배가 고플 때 밥을 생각하고 목마를 때 물을 생각하는 것과 같이 하여 그만두려고 해도 그만두지 못하며 생각나고 또 깊이 생각날 것이니 어찌 이것이 억지로 만들어내는 마음이겠는가.

不覺身心有之與無 心眼話頭 攝在一處 但伊麽惺惺歷歷 歷歷惺惺 密密參詳. 譬如嬰兒憶母相似 如飢思食 如渴思水 休而不休 思復深思 豈是做作底心也.　　　　　　　　　-『太古和尙語錄』「示衆」

　　그러나 자연스럽게 화두가 현전하는 시기에도 조금만 방심하면 또다시 망념에 휩싸이니 이 공부야말로 철두철미한 자기와의 투쟁이다. 이 싸움에서 얼마나 열과 성을 다해 밀도 있게(密密) 공부를 몰아붙이느냐가 수행의 관건이다.

　　참으로 목숨 바쳐 한 생각 한 생각을 단속해 나가야 한다는 데에 이 공부의 어려움이 있다. 자신이 본래 부처임을 철저히 믿고 앞뒤를 돌아보지 않고 과거 모든 선지식도 다 나와 같은 상태에서 출발했으니 나도 열심히만 하면 틀림없이 확철대오하여 견성성불할 수 있다는 철저한 믿음으로 정진해 나가야 한다.

2. 대신심·대분심·대의심을 갖추어야 하는 까닭

간화선의 삼요三要

고봉 원묘(高峰原妙 1238~1295) 선사는 『선요』에서 화두 공부인은 '대신심大信心·대분심大憤心·대의심大疑心'의 세 가지 요소(三要)를 갖춰야 한다고 강조했다. 『선요』의 말씀을 보자.

> 만약 진실로 참선하고자 한다면 반드시 세 가지 중요한 요소를 갖추어야 한다.
> 첫째, 크게 믿는 마음(大信根)이 있어야 하니, 이 일은 수미산을 의지한 것과 같이 흔들림이 없어야 함을 알아야 한다.
> 둘째, 크게 분한 생각(大憤志)이 있어야 하니, 마치 부모를 죽인 원수를 만났을 때 그 원수를 당장 한 칼에 두 동강 내려는 것과 같다.
> 셋째, 커다란 의심(大疑情)이 있어야 되니, 마치 어두운 곳에서 한 가지 중요한 일을 하고 곧 드러내고자 하나 드러나지 않은 때와 같이 하는 것이다.
> 온종일 이 세 가지 요소를 갖출 수 있다면 반드시 하루가 다하기 전에 공을 이루는 것이 독 속에 있는 자라가 달아날까 두려워하지 않겠지만, 만일 이 가운데 하나라도 빠지면 마치 다리 부러진 솥이 마침내 못 쓰는 그릇이 되는 것과 같다.

若謂着實參禪 決須具足三要. 第一要 有大信根 明知此事 如靠一
座須彌山. 第二要 有大憤志 如遇殺父寃讎 直欲便與一刀兩段. 第
三要 有大疑情 如暗地 做了一件極事 正在欲露未露之時. 十二時中
果能具此三要 管取克日功成 不酷甕中走鼈 苟闕其一 譬如折足之
鼎 終成廢器.

-『禪要』「十六. 示衆」

이 삼요는 많은 선지식들의 법어에 나오는 내용이기도 하다. 우
리나라의 태고 선사와 서산 선사를 비롯한 많은 선지식들도 이 점을
크게 강조했다. 이 참선 수행자가 갖춰야 할 세 가지 요소에 대하여
자세히 살펴보도록 하자.

대신심大信心이란

첫째, 참선자는 화두에 큰 믿음(大信心)을 가져야 한다. 이 믿음은
화두 공부를 하면 반드시 일대사를 깨칠 수 있다고 하는 견고한 믿
음으로 결코 흔들리지 않고 공부해 나아가는 자세를 말한다.

나옹 선사는 말한다.

이 일대사를 반드시 깨치고자 한다면 모름지기 큰 믿음을 일으키
고 견고한 뜻을 세워 이전에 배웠거나 이해한 부처와 법에 대한

견해를 한바탕 빗자루 질로 바다 속에 쓸어 없애고 더 이상 들먹 거리지 말라.

決欲了此段大事 須發大信心 立堅固志 將從前所學所解 佛見法見 一掃掃 向大洋海裏去 更莫擧着.　　　　　－『懶翁和尚語錄』「示一珠首座」

오로지 이 공부를 하여 생사해탈을 이룰 수 있다는 믿음이 그것 이다. 천진 선사는 이렇게 말한다.

참으로 생사를 벗어나고자 한다면 무엇보다 먼저 큰 믿음을 일으 키고 드넓은 서원을 세워야 한다. 만일 참구하고 있는 공안을 타 파하지 못했다면 부모에게서 태어나기 이전의 면목을 밝게 깨달 아 미세하게 작용하고 있는 생사심을 꺾어 없앨 것이니 맹세코 처음부터 참구해 오던 화두를 버리지 말라.

果欲了脫生死 先須發大信心 立弘誓願. 若不打破所參公案 洞見父 母未生前面目 坐斷微細現行生死 誓不放捨本參話頭.

－『禪關策進』「天眞毒峯善禪師示衆」

큰 믿음이란 자신은 물론 일체 중생이 본래 성불해 있다는 믿음 이다. 나와 부처님은 어떠한 차이도 없다. 비록 모습과 나타난 능력 에 차이가 있다 하더라도 본래 청정한 불성은 다르지 않다.

나 자신은 부처님의 마음과 하등 다를 게 없다. 부처님 마음은 허공처럼 영겁토록 변치 않고 절대로 손상되지 않는다. 줄거나 늘지도 않는다. 그것은 어떠한 강압과 유혹에도 흔들리거나 빼앗기거나 나뉘거나 때가 묻을 수 없다. 비록 지혜가 없어 순간적으로 어리석음에 빠져 세상에서 낙인찍히고 비참한 경지까지 떨어졌다 할지라도 자기 본성은 일찍이 때가 묻지 않고 맑고 밝은 모습이다. 나 자신은 본래부터 원만 구족한 진리의 주인공인 것이다.

이러한 자기 본성에 대한 확신에서 참선 수행자의 기본 자세는 갖춰질 수 있다. 자신은 진리의 주체이기 때문에 끝없는 지혜와 용기와 덕성이 충만해 있다. 뜻하는 바를 구현할 수 있는 지혜와 능력을 풍성하게 갖추고 있다. 어떠한 고난에도 좌절하지 않고 어떠한 상황에도 희망을 불태우는 불굴의 용기가 거기에서 나온다. 그리고 언제나 중생과 세계를 나와 더불어 한 몸으로 생각한다. 나와 세계는 원래부터 하나이기 때문이다.

이와 같은 큰 믿음을 내어 그것이 수미산처럼 흔들림이 없어야 불굴의 정진력을 일으킬 수 있다. 나아가 화두를 타파하여 확철대오할 수 있다는 확신을 가져야 한다. 과연 내가 화두를 타파하여 깨달을 수 있을까 하고 반신반의하게 되면 결코 이 출격장부의 길로 들어설 수 없다.

대분심大憤心이란

둘째는 큰 분심(大憤心)이다. 크게 분한 마음은 무엇인가? 화두는 부처님과 조사 스님들이 자신의 본래면목을 눈앞에 드러내 보인 것이다. 과거의 조사들도 여기에서 자신의 본분을 회복하여 대자유인이 되었다.

그런데 지금 나는 어떻게 살고 있는가? 과거 조사들에 비해 무엇이 부족하길래 나 자신을 바로 보지 못하는가? 그러면서도 스스로 자만하고 어리석기가 끝이 없어 부끄러움도 모르고 앞뒤가 바뀐 현실에 매달리고 있으니, 참으로 딱하고 슬픈 노릇이 아닌가? 영원한 생명이 나 자신에게 있어 조금도 덜하지 않고 변질되지 않으며, 생생하게 고동치고 있다. 그런데도 나는 이것을 보지 못하고 미혹하여 목전의 이익과 달콤한 경계에 탐착하여 헐떡거리며 살고 있지 않는가?

자신이 본래 부처이건만 스스로를 중생으로 여겨 중생노릇을 달게 받으며 하루하루를 살아가고 있다. 무시 겁 동안 우리는 이렇게 살아 왔다. 그렇다면 어느 때에 나의 본래면목을 되찾을 수 있다는 말인가? 어찌 내 마음 속의 찬란한 태양은 가리고 밖을 향해 어둠 속을 헤매고 있단 말인가?

지금까지 나는 이 몸뚱아리가 하자는 대로 해왔다. 혀끝에 길들여져 먹고 싶으면 먹고, 자고 싶으면 자고, 부질없는 욕심을 채우고

자 갖고 싶으면 그 무엇이든 소유하려 했다. 또 나의 이익과 명예를 위해 나와 남을 가르고 시비분별을 일삼으며 상처를 주고받아 왔다. 이렇게 우리는 본래면목을 잊고 착각에 빠져 욕심내고 어리석게 살아 온 것이다.

그러나 이제 다행히 선 수행의 길에 접어들어 번뇌와 어리석음을 바로 보아 대자유인으로 살아 갈 일대사 인연을 만났다. 이 화두 공부야말로 나의 어두웠던 과거의 생과 현재의 무지를 끊는 취모검이다. 화두를 통하여 기나긴 고통의 늪에서 벗어나 쾌활한 해탈의 언덕에 이를 수 있는 지름길인 것이다.

참선 수행자는 화두를 참구함에 이렇게 자책감으로 치밀어 오르는 대분심이 울컥울컥 솟아나야 한다. 대분심을 일으켜 몸이 하자는 대로 하는 욕망의 굴레에서 벗어나 확철대오하고야 말겠다는 마음이 끊임없이 솟구쳐 올라야 한다. 이 분한 마음으로 부모를 죽인 원수를 만나 단칼에 두 동강내듯 화두를 타파해야 한다. 수행자는 이같은 분심으로 억겁의 무명無明을 꿰뚫고 온갖 분별의 함정을 단번에 벗어난 대자유의 평원으로 뛰어나가게 되는 것이다.

대의심大疑心이란

셋째는 큰 의심(大疑心)이다. 큰 의심이란 화두를 철두철미하게 의심하는 것이다. 화두는 생각의 길이 끊어진 본래면목이기에 망념과 무명에 바탕한 중생의 분별심으로는 알 수 없다. 화두는 어떤 방법으로도 가히 잡아 볼 수 없고 형용할 수도 없다. 없는 것으로도 알수 없고 있는 것으로도 알 수 없으며 잡을 수도 없고 놓을 수도 없는 것이니, 수행자는 여기 이르러 전심전력을 기울여 정면 승부를 할수밖에 없다. 화두 수행에서 의심한다 함은 바로 이런 때의 마음 상태를 두고 하는 말이다.

부처님과 모든 조사들께서는 법을 화두라는 형태로 우리 눈앞에 명백히 보여 주었다. 이렇게 불조께서는 내게 있는 본래 물건을 눈앞에서 밝게 보여 주고 있는데 나는 어찌하여 보지 못한다는 말인가? 분명히 내게 있는 이 도리를 명백히 화두로써 밝혀 주었거늘 어찌하여 이것을 모른단 말인가? 왜, 어째서 모르는가?

이렇게 하여 큰 의심이 솟아나면 온몸 온 생각이 하나의 화두 덩어리로 바뀌게 된다. 화두로 눕고 화두로 잠들게 되면 '필경 이것이 무슨 도리냐?' 하는 일념이 끊이지 않게 되어 맑고 고요하고 또렷한 의정이 눈앞에 드러난다. 이렇게 지어가는 데 힘을 얻게 되면 드디어 수행의 호시절이 도래하게 된 것이다. 의정 없는 화두 공부란 결코 있을 수 없다.

크게 의심해야 크게 깨닫는다. 간절하게 의심하는 것을 커다란 의심, 곧 대의大疑라고 한다. 그것은 의심하는 '나'가 사라진 자리에서 폭발하는 근원적 의심이다. 이 대의가 기연을 만나 마침내 그 대의가 타파될 때 수행자는 한바탕 크게 죽어 하늘과 땅이 새로워지는 것이다. 이른바 '대사일번건곤신大死一番乾坤新'인 것이다. 사중득활死中得活이라는 말이 있다. 한 생각도 일어나지 않고 앞뒤가 꽉 막힌 상황에서 크게 죽어 다시 살아나야 한다는 것이다. 이렇게 다시 살아나야 크게 깨치는 것이다.

> 그렇다 하더라도 서봉西峰의 구덩이에 반드시 떨어져 있으니 또 한 건지지 아니할 수 없도다. 돌咄!
>
> 然雖如是 落在西峰坑子裡 也不得不救. 咄. ─ 『禪要』「十六. 示衆」

3. 의정, 의단, 타성일편, 은산철벽이란?

무문 혜개 선사는 말한다.

조사의 관문을 뚫고자 하는 사람은 없는가? 삼백육십 개의 골절과 팔만사천 개의 털구멍으로, 온몸을 다 들어 의단疑團을 일으켜야 한다. 무자를 참구하되 이 무자를 밤이나 낮이나 항상 들고 있어야 한다. '허무하다'는 뜻으로도 이해하지 말며 '있다, 없다'는 뜻으로도 이해하지 말라. 마치 뜨거운 쇳덩어리를 삼킨 것과 같아서 토하고 토해내도 나오지 않는 듯이 하여 이제까지의 잘못된 알음알이를 몽땅 없애야 한다. 이와 같이 꾸준히 지속하여 공부가 익어지면 저절로 몸과 마음이 무자 화두와 한 덩어리가 되어 타성일편打成一片을 이룰 것이다. 이것은 마치 벙어리가 꿈을 꾸었으나 오직 스스로만 알 뿐 누구에게도 말하지 못하는 것과 같다.

이러다가 홀연히 화두가 터지면 하늘 땅을 뒤흔드는 기세가 생길 것이다. 이것은 마치 관우 장군의 큰 칼을 빼앗아 손에 집어 들고 부처를 만나면 부처를 죽이고 조사를 만나면 조사를 죽이는 것과 같다. 그리하여 생사의 언덕에서도 큰 자유를 얻고 중생의 삶 속에서도 유희삼매를 즐길 수 있을 것이다.

莫有要透關底麼 將三百六十骨節 八萬四千毫竅 通身起箇疑團 參
箇無字 晝夜提撕 莫作虛無會 莫作有無會. 如吞了箇熱鐵丸相似
吐又吐不出 蕩盡從前惡知惡覺. 久久純熟 自然內外打成一片. 如啞
子得夢 只許自知. 驀然打發 驚天動地 如奪得關將軍大刀入手 逢佛
殺佛 逢祖殺祖 於生死岸頭 得大自在 向六道四生中 遊戲三昧.

— 『無門關』 第1則 「趙州狗子」

의정

화두에 올바로 들어가기 위해서는 반드시 의심을 일으켜야 한
다. 화두를 들면 '도대체 왜 부처님께서는 꽃을 들어 보였을까?' 또
는 '왜 개에게 불성이 없다고 했을까?' 그리고 '어째서 불법을 마른
똥막대기라고 했을까?' 하며 간절히 의심해 들어가야 한다. 머리로
의심하는 것이 아니라 온몸으로 의심해야 한다. 그래서 무문 혜개
선사는 '삼백육십 개의 골절과 팔만사천 개의 털구멍으로, 온몸을
다 들어' 의심하라고 한 것이다.

화두에 의심이 생겨 지극하고 간절하게 의심을 지어 가다 보면
어느 순간 그 의심이 끊어지지 않게 되는데, 이것을 '의정疑情'이라
한다. 의정이란 쉽게 말해서 화두에 대한 의심이 순일하게 되어 그
의심이 자연스럽게 일어나는 상태를 말한다. 의식적으로 애써 의심

하는 것이 아니라 그 의심이 일종의 감정처럼 지속되는 것이다.

나옹 혜근 선사는 "홀연히 밀어붙여 공부해 가면 화두를 들려고 하지 않아도 저절로 들리고, 의정을 일으켜 의심하려 하지 않아도 저절로 의심이 일어나는 경지에 이르게 된다. 여기에 이르면 생각이 미치지 못하고 의식도 움직이지 않게 되어 모든 맛이 사라진다"[9]라고 하였다.

이렇게 의정에 들면 억지로 화두를 의심하지 않아도 저절로 화두 속에 몰입하게 된다. 의심하지 않아도 자연히 의심이 되고 화두를 들지 않아도 자연스럽게 화두가 들린다. 그래서 몽산 덕이 선사는 "의심이 깊어지면 화두를 들지 않아도 자연히 화두가 현전한다"라고 했다. 그러나 "화두가 잘 들린다고 해서 그 자리에서 환희심을 내지 말라"고 스님은 덧붙여 말하고 있다. 화두가 잘 들린다고 해서 기쁜 마음을 냈다가는 그 환희심이 마음 속으로 파고들어와 화두를 놓치게 되니 조심하라고 경계한 것이다. 나아가 의정이 순일하지 않고 뚝 끊어지게 되면 아무런 의식도 없는 무기無記에 떨어지게 되니 이 또한 지극히 경계해야 할 일이다.

---

9. "驀然挨到 話頭不擧自擧 疑情不疑自疑 心思不及 意識不行 百無滋味." -『懶翁語錄』

의단, 타성일편

화두를 간절히 의심해 들어가다 보면 의정이 하나의 덩어리가 되어 뭉치는데, 이것을 의단疑團이라 한다. 의심 덩어리로 똘똘 뭉친 것이 의단이다. 그래서 나중에는 이 의심 뭉치인 의단만이 홀로 드러나게 된다. 이것을 '의단독로疑團獨露'라 한다. 이 의단이 독로하면 화두와 내가 하나가 되어 서로 나누어지지 않고 한 몸을 이룬다. 의심 덩어리가 불덩어리가 되어 다른 것이 끼어들 틈이 없는 상태이다. 이런 상태를 '타성일편打成一片'이라 한다. 화두가 뚜렷이 한 조각을 이루는 것이다. 타성일편이 되면 무심코 헤아리는 습관이나 계산하고 비교하는 일을 떠나 천차만별의 사물과 융합하여 하나를 이루게 된다. 주객·피차·재고 따지는 등의 모든 차별상을 떠난다. 단순하고 순수해진다. 나아가 화두와 하나가 되었기에 화두를 들고서도 밥 먹고 일하고 이야기를 나눌 수 있게 된다.

중요한 것은 화두가 타성일편이 된 상태에서 은산철벽을 투과하여 확철대오해야 한다는 것이다. 황벽 선사는 무자 화두를 들고 맹렬히 참구하여 "날이 가고 달이 가다 보면 어느 순간 타성일편이 되어 홀연히 마음의 꽃이 피어나면 부처님과 조사들의 경지를 깨닫게 될 것이다"[10]라고 했다. 마치 매화 향기가 향긋해지려면 엄동설한을 견뎌내듯이 말이다. 이런 시절을 황벽 선사는 이렇게 노래한다.

번뇌 망상 벗어나기 쉬운 일이랴!

화두를 부여잡고 한바탕 애써 보라.

뼛골에 사무치는 추위 모른다면

코를 찌르는 매화 향기 어찌 맡으랴.

塵勞逈脫事非常 緊把繩頭做一場

不是一翻寒徹骨 爭得梅花撲鼻香　　　　　　　　　－『宛陵錄』

　　화두 수행이 이렇듯 의정의 단계에서 의단으로 옮겨가고 다시
그것이 타성일편이 되는 구체적인 과정을 보여 주기도 하지만 의정
과 의단, 타성일편은 어록에 따라 같은 개념으로 쓰일 때도 있다. 예
를 들면 몽산 선사는 "의단을 타파하면 무명이 깨져 나가고 무명이
깨지면 오묘한 도를 보게 된다"[11]라고 했다. 그래서 태고 선사도 "의
심을 일으켜 '어째서 무無라고 했을까?' 하고 참구하라. 의단이 타
파되지 않아 마음이 답답한 이 순간이야말로 오로지 이 화두를 들기
좋은 기회인 것이다. 화두가 꾸준히 이어지면 정념이 이루어지고,
반복하여 자세히 참구하며 화두를 살핀다면 의단과 화두가 타성일

---

10. "但去二六時中看箇無字 晝參夜參行住坐臥 著衣吃飯處 阿屎放尿處 心心相顧 猛著精
　　彩 守箇無字日久月深打成一片 忽然心花頓發 悟佛祖之機."－『宛陵錄』
11. "疑團破 無明破 無明破則 見妙道."－『蒙山和尙法語』

편打成一片이 될 것이다"[12]라고 하였다.

은산철벽의 투과와 깨달음

의정이 순숙해지면 은산철벽銀山鐵壁처럼 되어 사유의 모든 출로가 차단된다. 박산 선사는 오직 은산철벽을 타파했을 때만 깨달음으로 나아갈 수 있음을 강조하고 있다.

> 참으로 몰록 의정이 일어난 자리면 마치 은산철벽 속에 갇힌 사람이 오로지 살 길을 찾으려고 애쓰듯 해야 한다. 만약 살 길을 찾지 못하면 어찌 편안할 수 있겠는가? 다만 이렇게 공부를 지어나갈 것이니 때가 되면 철벽은 저절로 무너지게 될 것이다.
>
> 若是疑情頓發的漢子 如坐在銀山鐵壁之中 祇要得個活路 若不得個活路 如何得安穩去. 但恁麼做去 時節到來 自有個倒斷.
>
> ─『參禪警語』上卷「示初心做工夫警語」

은산철벽이란 견고하고 단단하고 험준하여 뚫고 나가거나 뛰어

---

12. "起疑參因甚道無 疑不破時心頭悶 正好單提這話頭 話頭聯綿正念成 參復參詳看話頭 疑與話頭成一片." ─『太古語錄』「示紹禪人」

넘기 어려운 경계를 일컫는다. 그것은 화두에 대한 의정이 순일해져 왼쪽으로도 오른쪽으로도 앞으로도 뒤로도 나갈 수 없는 대안 없는 절박한 상황을 뜻한다. 은산철벽은 은으로 만든 두께를 알 수 없는 철벽을 말한다. 그 철벽이 앞과 뒤, 좌우 사방을 가로막고 있다. 그래서 한 발짝도 나아가거나 물러날 수 없다. 이와 같은 은산철벽을 뚫고 나가야만 비로소 밝은 소식이 온다.

나옹 선사는 이렇게 말한다.

> 화두에 의심을 크게 일으켜 빈틈이 없게 하여
> 몸도 마음도 한바탕 의심 덩어리로 만드세.
> 거꾸로 매달린 절벽에서 손 놓고 몸 뒤집으면
> 겁외의 신령한 빛이 서늘한 간담 비추리.
> 大起疑情切莫間　身心攅作个疑團
> 懸崖撒手翻身轉　劫外靈光照膽寒　　　―『懶翁和尚歌頌』「演禪者求偈」

4. 화두를 참구하는 것과 화두를 관하는 것의 차이점

화두를 참구하는 것과 관하는 것

화두를 참구參究하는 것과 관觀하는 것은 확연히 다르다. 화두를 참구하는 것은 화두에 의정을 일으킨다는 뜻이고 관한다는 것은 화두에 정신을 집중한다는 의미이다. 화두는 참구해야지 그냥 집중만 해서는 진정한 의심이 일어나기 어렵다. 화두는 주관과 객관이 무너져 오직 말길과 생각의 길이 끊어진 상태에서 간절히 참구를 하여 화두와 내가 혼연일체가 되어야 한다. 참구란 오롯이 의정을 이룬 상태에서 끊임없이 이어가는 것인 반면 관이란 어떤 현상이나 사물을 있는 그대로 계속 집중하여 관찰한다는 점에서 큰 차이가 있다.

화두를 관하면 관하는 나와 관찰되는 화두가 서로 나누어지게 된다. 이렇게 주객이 분리된 상태에서 화두를 대상화하여 관하면 그것은 화두를 드는 것이 아니라 화두를 따라가며 관찰하는 것이다. 나라는 주관과 화두라는 객관이 나누어지면 나와 대상, 주관과 객관, 나와 화두가 분리되기 마련이다. 그렇기 때문에 화두를 관한다는 것은 구조상에서 볼 때 상대적 입장에 서 있다는 점을 부정할 수 없다.

물론 이러한 관을 통해서 정신통일이 이루어질 수 있다. 들뜬 마음을 제거하여 정신을 통일하여 명료한 경지에 들 수 있다. 그러나 그것은 화두와 내가 하나가 되는 화두 삼매는 아니다. 어디까지나 내 의식에 투영된 상대적인 경지일 뿐이다. 따라서 그런 경계에서 비추어진 대상은 내 의식 속에 떠오른 대상이지 순수한 모습은 아니다. 그것은 완전히 주객을 벗어나 있지 않기 때문에 철저하지 못하다.

화두 참구는 주관과 객관, 나와 너라는 모든 이분법적 경계를 뛰어넘어야 한다. 그렇지 못하면 대립적인 분별의식에서 완전히 벗어날 수가 없다. 백척간두 진일보百尺竿頭 進一步라 했다. 백척이나 되는 긴 장대 위에서 한 발짝 더 내디뎌야 한다. 근원에 이르러 근원마저 뛰어넘어야 자유자재할 수 있다는 말이다.

왜 화두를 관해서는 안 되는가?

조사선을 정립한 육조 혜능 선사는 좌선을 할 때 간심看心과 간정看淨을 하는 것은 잘못이라고 비판하였다. 요컨대 돈오견성을 이루어내는 데는 마음을 본다든지 깨끗함을 보는 것조차 장애가 된다는 것이다. 일체의 대상화된 관법觀法은 옳지 않다는 것이다. 왜 혜능 선사는 이런 말을 했을까? 그 정확한 의미를 알아보자.

선지식들아, 이 법문 가운데 좌선은 원래 마음에 집착하는 것이 아니고, 깨끗함에도 집착하는 것이 아니고, 말도 아니고 움직임도 아니다. 만약에 마음을 본다(看心)고 말한다면 그러한 마음은 허망한 것이다. 허망함이란 허깨비와 같아 볼 바가 없는 것이다. 만약 깨끗함을 본다(看淨)고 말한다면 사람의 성품은 본래 깨끗한 것이니 이것은 허망한 생각이다. 진여를 덮고 있는 허망한 생각만 여의면 본래 성품은 깨끗한 것이다. 자기 성품의 본래 깨끗함을 보지 못하고, 마음을 일으켜 깨끗함을 보려 하면 도리어 깨끗하다는 망상이 생긴다.

善知識 此法門中 坐禪 元不著心 亦不著淨 亦不言動. 若言看心 心元是妄 妄如幻故. 無所看也. 若言看淨 人性本淨 爲妄念故. 蓋覆眞如 離妄念 本性淨. 不見自性本淨 心起看淨 却生淨妄. - 『六祖壇經』

이렇게 혜능 선사는 마음을 보려 한다거나 혹은 깨끗한 마음을 찾으려 한다면 공연히 '깨끗한 마음'이라는 망상을 일으키게 됨을 경계하고 있다. 또한 그 찾으려는 마음 자체가 망상이라는 점을 지적한다. 마치 눈동자가 눈동자를 볼 수 없는 이치와 같다. 마음을 가지고 마음을 찾는다면 마음을 찾을 수 없을 뿐더러 그 찾는 마음 자체가 망상이다.

그래서 백운 경한 선사도 "마음을 가지고 다시 마음을 구하지 말라"[13]라고 했고, 그에 앞서 진각 혜심 선사도 달마와 혜가의 안심문답安心問答에 대하여 "마음을 찾으려 해도 찾을 마음이 없고, 마음을 편안히 하려 하나 편안히 할 여지가 없노라. 이 도리를 아는 때로부터 허공은 아무런 장애 없이 드넓게 드러나고, 늘 그랬던 것처럼 구름이 걷히면 달은 밝게 비추리라"[14]라고 했던 것이다. 그것은 또 하나의 마음을 만들어 대상화하기 때문이다. 만약 깨끗한 마음을 찾으려 한다면 도리어 깨끗한 마음과 허망한 마음의 분별심에 떨어지게 되며, 대상화된 마음에 떨어지게 되는 것이다. 마음을 대상화하여 관한다면 혜능 선사의 지적처럼 분별된 마음, 상대적인 마음이 되어 버리는 것이다.

간화선 수행은 화두를 대상화하여 관하면 안 된다. 대상으로 관하면 나와 화두가 분리되어 타성일편이 되지 않는다. 그것은 앞서도 말했듯이 관념으로 화두라는 하나의 허상을 만들어내어 그 허상과 일치하는 모습과 다르지 않다. 물론 그러한 관을 통하면 정신집중이 되기 때문에 그 힘으로 점차적으로 때를 벗겨나갈 수는 있지만 단박에 확철대오할 수는 없다. 오직 화두는 철저한 의심을 통해 화두 삼매에 들고 은산철벽을 투과해서 확철대오하는 데 생명력이 있는 것이다.

---

13. "不可將心 更求於心." -『白雲和尙語錄』卷上
14. "覓心無心可覓 安心無處可安. 從此虛空獨露 依舊雲收月寒." -『眞覺國師語錄』「上堂」

5. 화두가 들리지 않을 때 주력이나 송화두나 염화두를 해도 되는가?

화두의 생명은 의정이 일어나는 데 있다

화두 공부의 요체는 더듬고 모색할 길이 없는 화두를 들고 간절히 의심을 일으켜 그것을 타파하는 데 있다. 어떠한 이성적 사유의 길을 조금도 열어 놓지 않아야 한다. 사유가 철저히 차단된 상태에서 화두를 의심해 들어가는 것이다. 이렇게 의심해야 할 화두를 염불하듯 염송한다면 이는 화두 참구의 본궤도를 벗어나는 것이다. 따라서 화두가 안 들리더라도 주력呪力이나 송誦화두 또는 염念화두를 하지 말아야 한다.

송화두란 '이 뭣고' 내지는 무자 화두를 소리내어 끊이지 않고 연이어 외는 것을 말한다. 예를 들면 '이 뭣고' '이 뭣고' '이 뭣고' 하거나 '무' '무' '무' '무' 하면서 아무런 의심 없이 계속 외는 것이다.

그리고 염화두는 '이 뭣고'나 '무' 같은 화두를 소리내지 않고 마음 속으로 외는 것이다. 조주의 무자 화두를 들 때, 아무런 의심 없이 그저 '무' '무'를 되풀이하여 드는 것이다. 그러나 소리를 내건 안 내건 간화선에서 볼 때 그것은 잘못된 방법이다. 아무리 길을 갈 때도 '무', 앉을 때도 '무', 옷을 입거나 밥을 먹을 때도 '무', 언제나 '무'라고 하더라도 이는 올바로 화두 드는 방법이 아니다. 더군다나

'무'를 사유로 생각해서는 더욱 안 될 일이다.

　주력은 '옴 마니 반메 훔'이나 천수다라니, 능엄주 등을 외는 것이다. 이러한 주문은 부처님의 신묘한 말이기 때문에 이를 외워 힘을 얻기도 한다. 그러나 간화선에서는 오직 화두만 간절히 의심해야 한다. 발심이 제대로 되지 않았거나 화두 참구법을 잘 모른 탓에 화두가 잘 안 들려 이렇게 염화두나 송화두 또는 주력을 해서 득력한 이들도 있기는 하다.

　그러나 화두 참구의 생명은 의정을 일으키는 데 있다. 만약 의정이 일어나지 않는다면 화두 참구라 할 수 없는 것이다. 비록 잡념 없이 연이어 외워 화두에 지속적으로 몰두할 수 있다 하더라도 그러한 방법으로는 절대로 화두를 타파할 수 없다. 의정 없이 송화두나 염화두 그리고 주력에 몰두하는 사람들은 제대로 발심이 일어나지 않은 경우가 많다.

간절함과 끈질김이 있어야

　화두 참구자는 끈질김과 간절함이 있어야 한다. 안 되는 화두라도 진실한 마음으로 간절하게 성심 성의껏 들어가면 어느 날 문득 진의가 돈발할 것이다.

　박산 무이 선사는 『참선경어』에서 이렇게 말한다.

이 공부를 하되 공안을 염송만 해서는 안 된다. 쉼 없이 염송해 본들 이것이 공부와 무슨 상관이 있겠는가? 미륵이 하생할 때까지 염송한다 해도 이 공부와는 상관이 없다. 차라리 아미타불을 염한다면 이익이라도 얻을 수 있을 것이다.

만약 무자 화두를 든다면 무자에 나아가 의정을 일으키고, 뜰 앞 잣나무를 든다면 뜰 앞 잣나무에 의정을 일으키고, 일귀하처一歸何處 화두를 든다면 일귀하처에 나아가 의정을 일으켜야 한다. 일단 의정이 일어나면 온 누리가 하나의 의심 덩어리가 되어 부모에게 물려받은 이 몸뚱이가 있는 줄을 알지 못하고 온통 의단뿐이다. 온 세상이 있는 줄도 알지 못하며, 안도 없고 바깥도 없어서 의단으로 한 덩어리가 되어야 한다. 그렇게 하다 보면 하루 아침에 테를 맨 물동이가 탁 터지는 것과 같이 의심이 풀리게 될 것이다. 그리고 나서 선지식을 찾아가 뵈면 입을 열기 전에 일을 다 끝마치게 될 것이다.

做工夫 不祇是念公案. 念來念去 有甚麼交涉. 念到彌勒下生時 亦沒交涉. 何不念阿彌陀佛 更有利益. 不但敎不必念 不妨一一. 擧起話頭 如看無字 便就無上起疑情. 如看柏樹子 便就柏樹子起疑情 如看一歸何處 起疑情. 疑情發得起. 盡十方世界 是一箇疑團. 不知有父母底身心. 通身是箇疑團. 不知有十方世界. 非內非外 滾成一團.

只待彼如桶箍自爆. 再見善知識. 不待開口則大事了畢.

　　박산 선사는 염화두를 들면 안 된다고 말한다. 화두를 드는 데 가
장 중요한 의정이 없다면 그것은 죽은 화두이기 때문에 어떤 화두든
의정이 일어나야 한다고 거듭 거듭 강조하고 있는 것이다. 그러나
초보자의 경우 화두 의심이 지속되지 않아 화두가 쉽게 안 들리는
경우가 있다. 그런 경우는 속도 조절이 필요하다. 몸과 마음이 너무
경직되지 않도록 좀 더 여유를 갖고 참구해야 한다. 어차피 화두가
안 들리는 것도 공부의 과정이므로 다른 방편을 쓰지 말고 꾸준히
놓치지만 말고 실낱 만큼의 의심이라도 이어지게끔 마음의 긴장을
조절해 가는 것이 요령이다. 그렇게 애쓰고 애쓰다 보면 줄기찬 의
정이 일어날 때가 있을 것이다. 다른 묘책이 없다. 망상이 점차 없어
지면 의정은 저절로 일어나게 마련이다.

6. 사구와 활구

    서산 선사는 "배우는 이는 모름지기 활구活句를 참구할 것이요, 사구死句를 참구해서는 안 된다"[15] 라고 말했다. 이 점은 대혜 선사나 모든 선사가 강조하던 것이다. 간화선의 핵심은 화두를 들어 활구를 참구하는 데 있다. 활구는 산 말이요 참말이며 생생한 말이다. 알음알이가 붙지 않은 말이기에 그렇다. 반면 사구는 빈 말이요 죽은 말이다. 분별이 붙은 말이기에 그렇다. 죽은 말로써는 결코 깨침의 세계에 들어갈 수 없다. 보조 선사는 "사구를 참구하면 제 몸 하나도 건지지 못한다"라고 했다.

> 무릇 화두를 공부하는 이는 모름지기 활구를 참구할 것이요, 사구를 참구하지 말라. 활구에서 깨치면 영겁토록 잊지 않고 사구에서 깨치면 제 몸 하나도 건지지 못한다.
>
> 夫參學者 須參活句 莫參死句. 活句下薦得 永劫不忘 死句下薦得 自救不了.
>
> — 『看話決疑論』

    그렇다면 사구와 활구를 구별할 수 있는 기준은 무엇일까? 활구

---

15. "大抵學者 須參活句 莫參死句." – 『禪家龜鑑』

란 모든 망상과 분별의식을 초월한 부처님과 조사님들의 간명하고 바로 질러가는 기연機緣이나 언구를 말한다. 곧 활구는 말과 생각의 길이 끊어져 기대거나 더듬어 볼 만한 구석이 어디에도 없는 말과 생각의 당처이다. 그것은 당처이되 맛도 냄새도 모양도 없는 텅 빈 당처이다.

원오 선사는 이렇게 말한다.

마음이 부처라는 말이 활구인가? 어림없는 말이다. 마음도 부처도 아니라는 말이 활구인가? 어림없는 말이다. 마음도 아니고 부처도 아니고 중생도 아니라는 말이 활구인가? 어림없는 말이다. 상대가 문에 들어오자마자 방을 내리치는 것이 활구인가? 어림없는 말이다. 상대가 문에 들어오자마자 할을 하는 것이 활구인가? 어림없는 말이다. 단지 어떤 말이건 있기만 하면 모두 사구이다.

그렇다면 무엇이 활구인가? 알겠는가? 만 길의 봉우리에 외발로 서면 사방 팔면이 온통 암흑으로 뒤덮여 아무것도 구별할 수 없다.

莫是卽心卽佛是活句麼 沒交涉. 莫是非心非佛是活句麼 沒交涉. 不是心不是佛不是物是活句麼 沒交涉. 莫是入門便棒是活句麼 沒交涉. 入門便喝是活句麼 沒交涉. 但有一切語言盡是死句. 作麼生

是活句 還會麼. 萬刃峰頭獨足立 四方八面黑漫漫.　　－『圜悟語錄』

　　이렇게 해도 안 되고 저렇게 해도 안 되며, 왼쪽으로 가도 옳지
않고 오른쪽으로 가도 옳지 않고 그렇다고 침묵으로도 통할 수 없
다. 마음의 길이 끊어진 이 활구는 팔만대장경의 교리로도 어떤 사
상이나 철학적 모색으로도 미칠 수 없다. 활구는 지금 이 자리에서
펄펄 살아 움직이는 본래면목의 언어적 존재방식이다.

　　말의 그림자가 담겨 있고 분별의 기미가 스며 있으면 사구이다.
말을 따라가면 사구, 즉 죽은 말이다. 자취가 남아 분별거리를 주거
나 남의 견해에 휘둘림을 당하기 때문이다. 생각의 길이 살아 있는
말을 좇아 깨닫는다 할지라도 그것은 사유 형태로 이해하는 깨달음
이기에 결단코 진정한 깨달음이라 할 수 없다. 이것을 깨달음이라고
한다면 커다란 착각이다. 삶의 당처는 언어나 사유적 성찰로는 경험
할 수 없다. 그래서 사구에서 깨달으면 제 한 몸도 구제하지 못한다
고 한 것이다.

　　화두가 활구가 되지 못하고 여러 가지 이론과 관념의 틀에 예속
되면 곧 사구로 전락하고 만다. 세상에는 훌륭한 말씀과 글이 수없
이 많긴 하지만 그것들이 이론에 떨어지고 분별작용에 걸리는 한 모
두 사구가 된다. 모든 이론과 관념의 틀은 근원적인 의심을 방해하
는 알음알이다.

그래서 원오 선사는 이렇게 말한다.

본분종사는 활구를 참구했지 사구를 참구하진 않았다. 활구로 깨치면 영겁토록 잃지 않지만 사구로 깨치면 제 몸 하나도 건지지 못한다. 만약 조사와 부처의 스승이 되고자 할진대 반드시 활구로 깨달아야 한다.

소양(韶陽 : 운문) 선사는 한 마디 꺼냈다 하면 그 말이 마치 날카로운 칼로 자르는 것과도 같았다. 또 임제 선사도 "취모검吹毛劍을 쓰고 나서 얼른 갈아 두어라" 하였으니, 어찌 이것이 오음 십팔계 五陰十八界 가운데 일이랴. 세상의 지혜와 총명함으로는 결코 미칠 수 없다.

밑바닥까지 깊이 사무쳐 이제껏 남에게 의지해 일으켰던 밝고, 어둡고, 좋아하고 싫어하는 알음알이를 모두 떨쳐 버리고 금강정인金剛正印으로 도장을 찍고 금강왕보검金剛王寶劍을 휘두름을 본분의 수단으로 사용하였던 것이다. 따라서 사람을 죽이는 데는 반드시 살인도라야 하며 사람을 살리는 데는 반드시 활인검이라야 한다고 하였다. 사람을 죽일 수 있다면 사람을 살릴 수도 있어야 하며, 사람을 살릴 수 있다면 사람을 죽일 수도 있어야 한다.

他參活句 不參死句. 活句下薦得 永劫不忘 死句下薦得 自救不了. 若要如祖佛爲師 須明取活句. 韶陽出一句如利刀剪卻. 臨濟亦云吹

毛用了急須磨. 此豈陰界中事 亦非世智辯聰所及. 直是深徹淵源 打

落從前依他作解明昧逆順 以金剛正印印定麼金剛王寶劍 用本分手

段. 所以道殺人須是殺人刀 活人須是活人劍. 既殺得人須活得人 既

活人須殺得人.　　　　　　　　　　－『圓悟心要』上卷「示華藏明首座」

　활구를 참구하여 바로 깨치면 깨달음으로 가는 가장 빠른 지름

길인 경절문經截門으로 통하게 된다. 이것이 바로 간화선의 핵심이

다. 그래서 서산 선사는 "참구란 지름길, 빠른 길을 가르치는 활구다

(參究者 徑截門活句也)"라고 했던 것이다. 여기에서 '말(句)' 이란 언어에

국한되는 것이 아니라 언어를 비롯한 모든 행위 전체를 가리킨다.

　주의해야 할 점은 비록 활구의 공안이라도 참구하는 사람에 따

라 사구가 될 수 있다는 것이다. 화두를 들되 분별심으로 헤아리거

나 의심이 없이 들면 그렇게 된다. 결국 의심이 없는 화두나 의심이

제대로 걸리지 않은 화두는 사구일 수밖에 없다.

제4장
병통의 극복

1. 화두 참구에서 열 가지 병통을 벗어나는 법

알음알이는 이렇게 혹은 저렇게 헤아리는 마음이다. 머리와 지식으로 이해하고 분별하며 판단을 내리는 작용이다. 우리의 의식이란 상대적인 분별의식에 싸여 있기에 비교하고 대립하고 갈등하면서 남에게 상처를 줄 뿐 아니라 스스로도 상처를 받으면서 살아가고 있다.

상대적인 분별심을 걷어내고 바로 스스로의 본래면목을 직시하려면 생각의 길이 끊긴 화두를 들어야 한다. 알음알이는 앎의 철저한 왜곡을 불러오는 그릇된 앎의 방식이다. 우리는 알음알이에 갇힌 삶의 상황과 한계에 대하여 참회하고 하심하면서 그것을 반드시 벗어나고야 말겠다는 큰 원력을 세워야 한다. 그리하여 화두에 큰 의심을 일으켜 멈추거나 만족하지 말고 끝까지 밀고 나가야 한다. 화두 공부를 하면서 화두에 의심을 일으키지 않고 화두를 마음으로 헤아리는 경우가 많다. 그래서 화두를 들어도 깨닫지 못하게 되는 것이다. 이러한 알음알이가 병통으로 작용하여 깨달음을 방해하는 것이다.

『서장』에서 대혜 선사는 무자 화두를 예로 들어 알음알이에 대한 열 가지 병통을 말하고 있다.[16] 우선 무자 화두의 내용을 보자.

어떤 스님이 조주 선사에게 물었다.
"개에게도 불성이 있습니까?"
조주 선사가 답했다.
"무(없다)."

참선 수행자는 부처님께서는 모든 중생에게 불성이 있다고 했는데 조주 선사는 어째서 무(없다)라고 했는가를 의심해 들어가 깨닫는 것이 무자 화두의 본령이다. 이런 무자 화두를 공부하면서 나타날 수 있는 병에 대하여 예부터 우리나라 선지식들도 많이 경계해 왔

16. 『書狀』 「答富樞密」

다. 특히 진각 혜심 선사는 『구자무불성화간병론狗子無佛性話揀病論』
을 지어 대혜 선사의 열 가지 병통에 대한 이해를 깊이 인식시켰다.

이제 이 열 가지 병통 하나하나에 대하여 여러 선사들의 말씀을
소개하겠다. 이는 화두 참선할 때 알음알이에 빠지지 않고 정진할
수 있는 좋은 지침이 될 것이다. 그 열 가지 병통은 이렇다.

① 있다 · 없다로 이해하지 말라(不得作有無會)

이는 무자 화두를 들면서 개에게 '불성이 있다' 혹은 '없다' 라고
헤아리지 말라는 것이다. 이렇게 헤아리는 순간 더 이상 진전은 불
가능하다.

② 이치로 이해하지 말라(不得作道理會)

이것은 화두에 무슨 현묘한 도리가 있다고 생각하지 말라는 의
미이다. 화두를 들 때 특별한 이론적 토대에 근거해서 화두를 이러
니저러니 해석하고 분별하는 것은 잘못된 일이다. 화두를 들 때는
이치로 모색하는 마음 길이 끊어져야 한다. 어떤 도리나 개념의 맛
도 사라진 상태가 화두의 본래 자리이기 때문이다.

③ 분별의식으로 헤아리거나 알아맞히려 하지 말라(不得向意根下 思量卜度)

참선을 하면서 생각으로 헤아려 해답을 찾지 말아야 한다는 것이다. 화두를 들면서 여섯 가지 분별의식인 육식六識으로 헤아리고 분별하는 것은 화두 공부의 큰 병통이다. 어떤 분별도 없어야 진정한 화두 공부이다.

④ 눈썹을 움직이거나 눈을 깜박거리는 것에 알음알이를 두지말라(不得向揚眉瞬目處 探根)

이것은 조사가 보인 격외의 행동, 즉 눈썹을 움직이거나 눈을 깜박거리는 등의 움직임에 대해서도 알음알이로 의미를 부여하지 말라는 뜻이다. 마조 선사는 이렇게 말한다.

> 나는 어떤 때는 사람들에게 눈썹을 움직이고 눈을 깜박거리기도 했고, 어떤 때는 그렇게 하지 않았다. 때로는 그러한 것이 옳고 때로는 옳지 않다. 그대는 어떠한가?[17]

이렇듯 어떤 동작이나 미세한 마음의 움직임도 이쪽 저쪽 어느 한 쪽으로 확정할 수 있는 근거는 없다. 이것인가 하면 저것이고 저

---

17. "我有時敎伊揚眉瞬目 有時不敎伊揚眉瞬目. 有時揚眉瞬目者 是 有時揚眉瞬目者 不是 子作麼生." - 『馬祖錄』

것인가 하면 이것이다. 이렇게 화두를 포착의 대상으로 생각하는 순간 그것은 빠져 나가고 없다. 이것이 화두의 살아 있는 모습이다.

⑤ 말과 글의 틀로 살림살이를 짓지 말라(不得向語路上作活計)

화두를 의심해야 한다는 말에 집착하여 화두에 담긴 문자상의 관념을 요모조모 분별하면서 생긴 병통을 말한다. 선지식이 준 화두를 의심해야 한다고 했는데, 화두의 언구에 사로잡혀 말과 문자상에서 이리저리 분별하거나 헤아려서는 안 된다는 것이다.

⑥ 아무 일 없는 속에 빠져 있지 말라(不得颺在無事匣裏)

앞서 특정한 의미나 도리로 알려고 하는 것이 허용되지 않는다면 이러한 데서 마음을 쓰는 것보다는 아무 일도 없는 것이 낫겠다고 생각한다. 그리고 마음을 비우라고 해서 쉬고 쉬어 일 없는 적적하고 고요한 곳에서 화두를 들지 않고 우두커니 앉아 있다면 이것도 병통이다. 화두도 들지 않고 일상적인 어떤 일도 하지 않고 오로지 고요한 경계에 빠지면 안 된다는 뜻이다.

⑦ 화두를 들어 일으키는 곳을 향하여 알려고 말라(不得向擧起處承當)

화두에 대한 의정을 간절히 일으키지 않고 참구하는 화두를 단지 의식으로 알려 하는 병통에 대한 지적이다. 곧 의정은 일으키지 않고 화두를 들어 알려고 하는 알음알이를 말한다.

⑧ 문자를 끌어와 증거삼지 말라(不得向文字引證)

경전이나 어록 등의 문자를 끌어들여 입증하려고 하지 말라는 것이다. 대혜 선사는 이렇게 말한다.

부처가 무엇이냐는 어느 학승의 물음에 운문雲門 선사는 '마른 똥막대기'라 했다. 단지 이 화두를 들고 의심해 가다가 홀연히 기량이 다할 때 바로 깨닫게 된다. 결코 문자를 끌어들여 입증하고 넓게 헤아리고 해석을 해서는 안 된다. 비록 해석이 분명하고 말이 귀착되는 점이 있더라도 모두가 귀신의 집안에서 살림살이를 하는 것과 같다.[18]

이렇게 경전이나 어록을 끌어들여 화두에 대해 이렇다 저렇다 하고 해석하거나 자기 주장을 펴는 것도 병이다.

---

18. "僧問雲門 如何是佛. 門云 乾屎橛. 但擧此話 忽然伎倆盡時 便悟也. 切忌尋文字引證 胡亂博量注解 縱然注解得分明 說得有下落 盡是鬼家活計." – 『書狀』「答呂郎中」

⑨ 유무를 초월한 참된 무가 있다는 생각을 짓지 말라(不得作眞無會)

있다(有)·없다(無)에 떨어지지 않는다면 참으로 없는 무無인 진무眞無가 있을 것이라고 생각하지 말라는 것이다. 이것은 무가 실체로서 존재한다거나 상대적인 유무를 초월한 무가 있다는 관념을 비판하는 말이다. 혜심 선사는 이에 대하여 구체적으로 설명하고 있다.

다시 잘못 분별하여 유나 무 어디에도 떨어지지 않는 것이야말로 참된 무로서의 무라고 한다. 『금강삼매경』에서는 "만약 무를 떠나 유에 집착하거나 유를 버리고 공에 끄달리면 참된 무가 아니다"라고 하셨으니 비록 유를 여의더라도 공을 세우지 않는다. 모든 법의 진무眞無를 얻는다 하더라도 이와 같이 잘못 안배할까 염려하여 "참된 무로서의 무가 있다고 헤아려서는 안 된다"라고 말한 것이다.[19]

⑩ 마음을 가지고 깨달음을 기다리지 말라(不得將心待悟)

---

19. "又錯計云 不落有無 是眞無之無. 如金剛三昧經云 若離無取有 捨有從空 而非眞無. 今雖離有 而不存空 如是乃得諸法眞無. 恐如此差排 故云 不得作眞無之無卜度."
    － 『狗子無佛性話揀病論』

이것은 알음알이를 가지고 깨달음을 기다리지 말라는 뜻이다. 의식적으로 깨달음을 구하는 마음이 있으면 안 된다는 것이다. 이렇게 의식적으로 깨달음을 기다리는 수행을 대오선待悟禪이라 한다.

의식적으로 깨달음이 오기를 기다린다면 이것은 스스로가 본래 부처임을 부정하는 것과 같다. 또한 의식적으로 깨달음을 기다리기 때문에 그런 알음알이를 갖고 있는 마음이 도에 나아가는 데 장애를 준다. 이렇게 스스로를 미혹한 존재로 보고 깨달음을 헤아리면서 기다리고 있으면 그것은 미혹을 가져다가 깨달음을 구하는 것과 같으므로 설령 무수 겁 동안 수행하더라도 결코 깨달을 수 없다.

부처님께서도 "깨닫고자 하는 그 마음이 고통을 주고 있다"라고 하셨다. 대혜 선사도 "단지 깨달아 들어가고자 하는 그것이 도를 장애하는 알음알이인 줄로 알라"고 했다. 그러면서 대혜 선사는 전도된 생각이 세 가지가 있다고 했다. 그것은 알음알이의 장애를 받았다고 스스로 말하는 것과 스스로 깨치지 못했다고 말하여 달게 미혹한 사람이 되는 것과 미혹한 가운데서 의도된 마음을 가지고 깨닫기를 기다리는 것이다.[20]

---

20. "只遮求悟入底 便是障道知解了也 更別有甚麽知解 爲公作障. 畢竟喚甚麽 作知解 知解從何而至 被障者 復是阿誰. 只此一句 顚倒有三 自言爲知解所障 是一. 自言未悟 甘作迷人 是一. 更在迷中 將心待悟是一. 只遮三顚倒 便是生死根本." -『書狀』「答富樞密(一)」

대혜 선사는 거듭 거듭 의도된 마음을 가지고 깨달음을 기다리지 말라고 강조한다. 그런 마음을 가지고 깨달음을 기다린다면 미륵 부처님께서 세상에 오실 때까지 화두를 참구하더라도 깨달음을 얻지 못할 것이며 미혹함만 더해 갈 것이라고 했다.[21]

혜심 선사는 대오선을 극복하기 위한 방법으로 믿음을 강조하고 있다. 그것은 성인과 범부가 따로 있는 것이 아니라 모두가 동일한 본분 자리에 서 있음을 믿는 것이다. 반신반의하는 믿음이 아니라 결정적인 믿음을 통하여 깨달음을 기다리는 마음을 극복할 수 있다는 것이다. 깨달음의 세계는 저 멀리 떨어져 있는 것이 아니라 보고 듣고 행동하는 여기 이 자리에 있음을 알아차려야 한다.

이상 열 가지 병통은 말길이 끊어지고 생각의 길이 끊어진 곳에서 공부하지 않는 데에서 기인한다. 말길과 생각의 길이 끊어진 곳에서 순일하게 화두를 지어 은산철벽을 투과하여 본분 자리와 계합하게 되면 활달자재한 대장부가 될 것이다.

---

21. "若欲將心待悟 將心待休歇 從脚下參 到彌勒下生 亦不能得悟 亦不能得休歇 轉加迷悶耳." - 『書狀』「答曾侍郞(二)」

2. 속효심과 분발심의 차이

속효심이란?

속효심速效心이란 '어서 빨리 이뤄야지' '어서 빨리 깨쳐야지' 하는 욕심이 앞선 마음을 말한다. 이런 속효심을 내어서는 결코 안 된다. 속효심은 상기병을 유발하기도 하고 성급한 마음만 키워 신경을 날카롭게 만든다. 따라서 이런 속효심이 생길수록 마음을 더 편안하고 담담하게 가져 화두만 분명하고 간절하게 챙겨 나가야 한다. 속효심은 내면 낼수록 화두 공부는 더 더디게 된다.

몽산 선사는 이렇게 말한다.

> 만약 마음씀이 조급하면 심장이 뛰어 혈기가 고르지 못하는 따위의 병통이 생겨날 것이다. 이는 바른 길이 아니다. 다만 진정한 신심을 내어서 참마음 가운데서 의심이 있으면 자연히 화두가 눈앞에 나타날 것이다.
>
> 若用心急則 動肉團心 血氣不調等病生 非是正路. 但發盡正信心 眞心中有疑 則自然話頭現前.　　— 『蒙山和尚法語』「示古原上人」

속효심을 내는 근본 원인을 살펴보면 바른 발심이 되지 않았기 때문이다. 빨리 깨쳐 그것을 통해 무엇인가를 성취하고자 하는 마음이 도사리고 있기에 조급한 마음을 내는 것이다. 속효심을 내서는 결코 깨달을 수 없다. 깨닫고자 하는 그 마음이 망상이 되어 오히려 깨달음을 방해하고 마음만 조급해지기 때문이다.

이에 대하여 대혜 선사는 말한다.

> 무엇보다도 명심해야 할 점은 마음을 일으키고 생각을 움직여 속을 달아오르게 하여 급히 깨달으려고 해서는 안 된다. 이런 생각이 잠깐이라도 일어난다면 이 생각으로 수행의 길이 막히고 끊겨 영원히 깨달을 수 없게 된다.
>
> 第一記取 不得起心動念 肚裏熱忙 急要悟. 纔作此念 則被此念 塞斷路頭 永不能得悟矣.　　　　　　　　　　─『書狀』「答黃知縣」

'잠깐이라도 속효심을 내면 영원히 깨달을 수 없다'는 대혜 선사의 지적처럼 속효심은 간화선 수행에서 경계해야 할 큰 병통이다.

분발심이란?

분발심憤發心은 화두가 안 되는 사람이나 화두가 들린다 해도 별로 진척이 없는 사람이 가져야 하는 마음이다. 공부가 안 될 때는 분심도 내고, 스스로 부끄러워도 하고, 억울한 마음도 내야 한다. '스스로가 부처인데 나는 왜 그 자리를 찾지 못할까?' '부처님과 역대 조사들은 그 자리를 찾아 참삶을 사셨는데 어째서 나는 안 되는가?' 이렇게 분한 마음을 절실하게 품어야 하는 것이다.

깨쳐 부처가 되고자 서원을 세운 수행자라면 자성이 본래 청정한 이치를 믿어 '본래 구족한 그리고 지금도 그대로인 자성'을 철두철미 확신해야 한다. 그리고 '선악·시비를 가르는 알음알이를 내면 안 된다'라는 정견을 바로 세워 속효심을 내는 마음의 불을 꺼야한다. 이런 뒤에 '어찌 무명을 일으켜 윤회에서 벗어나지 못하고 고통을 받는가?' 하는 분발심을 일으키면 그대로 한 줄기 찬 기운의 소식을 알게 될 것이다.

그렇다면 속효심과 분발심은 어떻게 다를까? 자기 존재 원리에 대한 정견과 진정한 원력을 세워 공부하는 것은 분발심이고, 정견과 원력이 없이 빨리 깨닫고자 하는 욕심이 앞서면 속효심이다. 밝지 못해 혼미함 속에 방황하고 있는 자신의 모습에 대하여 분한 마음을 일으켜 간절하게 화두에 사무쳐 들어가는 것이 분발심이기에 그러한 마음은 확고부동하여 화두를 드는 데 빈틈이 없다. 반면에 발심이 제대로 안 된 상태에서 어서 빨리 도를 이루어야겠다는 급한 마음으로 서둘러 공부를 지어 가면 오히려 병을 일으켜 공부에 장애를 가져오니 결코 속효심을 내서는 안 된다.

그래서 서산 선사는 이렇게 말한다.

거문고를 연주하는 자는 "느슨함과 팽팽함이 알맞게 조율되어야 비로소 맑은 소리가 고르게 나타난다"라고 말한다. 화두 공부도 이와 같다. 급하면 몸(심장)을 동요시키고 잊어버리면 귀신의 굴과 같이 어두운 경계에 떨어진다. 느리지도 않고 빠르지도 않게 하면 공부의 묘한 방법이 그 중에 있는 것이다.

彈琴者曰 緩急得中然後 淸音普矣. 工夫亦如此. 急則動血囊 忘則入鬼窟. 不徐不疾 妙在其中 不徐不疾 妙在其中.

— 『禪家龜鑑』

화두 공부는 이렇게 급하지도 느리지도 않게 거문고 줄 고르듯이 해 나가야 한다. 간절한 마음으로 화두에 사무쳐 꾸준히 들어야 하는 것이다. 그렇게 해서 자연스럽게 화두와 내가 하나 되어 화두를 타파하게 되는 것이다.

3. 상기 다스리는 법

상기上氣란 기운과 열기가 머리로 오르는 것을 말한다. 발심이 안된 상태에서 화두를 급히 든다든가, 과격하게 든다든가, 억지로 든다든가, 밀어붙이듯이 육단심肉團心으로 들면 상기가 일어나 머리가 빠개질 듯 아프게 된다. 이렇게 되면 화두를 들려고 해도 고통스럽기 때문에 더 이상 어찌 할 수 없다.

상기가 일어나는 까닭은 화두에 대한 진정한 의심을 내지 않고 억지로 화두를 들려고 하거나 빨리 깨닫겠다는 성급한 마음 때문이다. 빨리 깨쳐 무엇인가 하겠다는 욕심을 내면 속효심이 생기고 끝없는 망상과 싸우다 보면 마음이 달아오르고 답답해지게 마련이다. 준비가 안 된 상황에서 무슨 일을 빨리 이루고자 할 때 마음이 조급해지고 신경이 날카로워져 치열한 열기가 발동하는 이치와 같다.

마음이 급해지면 마음이 끓어올라 요동치게 된다. 그래서 열기가 내려가지 않고 머리로 올라가 상기병이 생기는 것이다. 곧 찬 기운이 위로 올라가고 더운 기운이 아래로 내려가는 수승화강水乘火降이 안 되어 상기병이 생기는 원인이 된다. 상기병은 현대의학으로는 고칠 수 없기 때문에 납자에게는 치명적인 병이다. 병이 심하면 구토까지 하게 되며 심각한 상황에 이르게 된다.

만약 화두를 참구하다가 상기가 되어 몸이 화끈화끈해지면 바깥으로 나가 바람을 쐬면서 마음을 쉬고 가다듬어 살면서 화두를 들어야 한다. 그래도 상기가 되어 머리가 아프면 새벽 시간에 호흡법을 통하여 상기를 내리는 것도 수승화강에 도움이 된다. 허리를 곧게 펴면 호흡의 흐름이 자연스러워져 상기를 방지할 수 있다. 그러나 호흡법 같은 기술적인 방법으로 상기를 다스린다면 이는 곁가지로 빠지게 될 우려가 있다.

상기병에 걸리게 되면 다시 바른 발심을 통해 가슴에서 우러나오는 진정한 의심이 일어나도록 발원해야 한다. 그렇게 하면 다시 화두가 현전하게 된다. 화두를 급하지도 않고 느리지도 않게 오래 참구하다 보면 진정한 정력定力이 자연스럽게 현전할 것이다. 발심이 되어 화두가 자연스럽게 들리게 되면 화두와 내가 하나가 되어 타오르던 열기가 사라지게 된다.

그러나 상기병이 악화되어 도저히 화두를 들 수 없을 경우에는 절 수행으로 상기병을 고칠 수 있다. 간절하고 지극한 마음으로 절을 하다 보면 마음이 가라앉게 되고 절을 통한 발의 자극에 의해 수승화강의 효과를 얻을 수 있기 때문이다. 의학에서는 건강의 첫 조건으로 두냉족온頭冷足溫을 들고 있다. 머리는 차갑고 발은 따뜻하게 하라는 것인데, 이런 상태가 되어야만 기혈이 정상적으로 흐르고 신체 장기가 활발하게 움직여 건강을 지킬 수 있게 된다. 절 수행은 엎드리는 과정에서 발뒤꿈치를 올리면 혈액이 발로 내려오고 발바닥의 용천혈湧泉穴을 강하게 자극하여 뜨거운 기운이 발 아래로 모이게 된다. 동시에 차가운 기운은 머리로 올라가게 되어 수승화강이 저절로 이루어진다. 이런 수승화강의 상태는 뇌파를 안정시켜 차분한 정신 상태를 이루며 상기 증세로 의한 일체의 병증을 치료한다. 이렇듯 상기가 올 때는 절 수행으로 다스리면 큰 효과가 있다. 그리고 증상이 아주 심한 경우에는 경험 있는 선지식이나 구참 수행자의 도움을 받아 고칠 수도 있다.

그러나 가장 중요한 것은 상기병에 걸리지 않는 것이다. 진정한 발심으로 간절하고도 자연스럽게 화두 공부를 시작해야 하며 상기병을 미리 막을 수 있도록 선지식이나 구참 수행자의 자상한 지도를 받아 화두를 참구하는 것이 중요하다.

4. 혼침과 도거 다스리는 법

혼침과 도거란?

편양 언기鞭羊彦機 선사는 혼침昏沈과 도거掉擧에 대하여 이렇게 말한다.

> 경절문의 공부는 조사의 공안에서 언제나 화두를 들고 알아차리
> 면서 성성하게 의심을 일으켜야 한다. 느리지도 않고 빠르지도
> 않게 하며 혼침과 산란(도거)에 떨어지지 않고 절실한 마음으로
> 화두를 놓치지 않는 것이다. 마치 어린 아이가 어머니를 생각하
> 는 것과 같이 공부하면 마침내 한꺼번에 폭발하는 듯한 묘한 경
> 지를 깨닫게 될 것이다.
> 徑截門工夫 於祖師公案上 時時擧覺 起疑惺惺 不徐不疾. 不落昏散
> 切心不忘. 如兒憶母 終見憤地一發妙也.　　　　　－『禪敎源流尋釰說』

수행자의 참선 수행을 가로막는 것이 혼침과 도거이다. 대혜 선사도 참선의 대표적인 병통으로 이 혼침과 도거를 들고 있다. 웬만한 수선 납자들도 오랜 기간 혼침과 도거에 시달릴 정도로 이 두 가지는 수행에 커다란 장애물이다. 그래서 고봉高峰 선사도 이에 대해 다음과 같이 경계하고 있다.

형제들이여, 그대들은 십 년 이십 년을 풀을 헤치고 바람을 뚫고 수행해 왔건만 아직 불성을 보지 못하고 있다. 그대들은 '혼침과 도거의 그물에 갇혔기 때문'이라고 버릇처럼 말한다. 그러면서도 이 혼침과 도거라는 네 글자를 짓는 당체가 곧 불성인 것을 알지 못하고 있다.

兄弟家 成十年二十年. 撥草瞻風 不見佛性. 往往 皆謂被昏沈掉擧之籠俙. 殊不知只者昏沈掉擧四字 當體卽是佛性.　—『禪要』「九. 示衆」

이렇게 혼침과 도거에 시달리는 것은 나태한 마음과 망상 때문이다. 정신이 오롯이 깨어 있지 못하기 때문이다. 고봉 선사는 혼침과 도거가 바로 불성이라 한다. 여기에 과연 무슨 뜻이 있는 것일까? 그 까닭을 밝히면서 혼침과 도거의 극복 방법을 알아보자.

성성적적惺惺寂寂은 마음의 참모습이다. 성성이란 어둡지 않고 환히 깨어 있는 마음의 본래 작용이며, 적적이란 한결같이 고요한 마음의 본래 모습을 말한다.

태고 선사는 이렇게 말한다.

생각이 일어나고 사라지는 것을 생사라 한다. 이 생사에 부딪혀 힘을 다해 화두를 들라. 화두가 순일하게 들리면 일어나고 사라짐이 없어질 것이니 일어나고 사라짐이 없어진 것을 고요라고 한다. 고요함 가운데 화두가 없으면 무기無記라고 하고, 고요함 가운데서도 화두가 살아 있는 것을 신령한 지혜라고 한다. 이 텅 빈고요와 신령한 지혜가 허물어지거나 뒤섞이게 하지 말 것이니 이렇게 공부하면 멀지 않아 깨달을 것이다. 몸과 마음이 화두와 한덩어리가 되면 기대고 의지할 것이 없어지고 마음이 갈 곳도 없어질 것이다.

念起念滅 謂之生死. 當生死之際 須盡力提起話頭. 話頭純一 則起滅卽盡 起滅盡處 謂之寂. 寂中無話頭 謂之無記 寂中不昧話頭 謂之靈知. 卽此空寂靈知 無壞無雜 如是用功 則不日成功 身心與話頭打成一片 無所依倚 心無所之.　　　－『太古和尙語錄』上卷「答方山居士」

적적과 성성이 온전히 아우러지면 마음의 길이 더 이상 갈 곳이 없는 완숙한 공부에 이르게 된다. 그러나 마음이 작용할 때 성성하지 못하고 혼미하여 몽롱한 상태에 빠지게 되면 이것을 혼침이라 한다. 이 혼침이 심하면 수마睡魔에 빠지게 된다.

또한 마음이 고요하지 못하고 산란하게 들떠 있는 상태를 도거라 한다. 마음이 오락가락하여 혼란스러운 상태로 번뇌 망상 때문에 안정을 찾지 못하는 산란심이 그 구체적인 모습이다.

영가 현각 선사는 이 혼침과 도거에 대하여 이렇게 말한다.

고요하기만 하고 깨어 있지 않으면 혼침에 잠겨 있는 것이요, 깨어 있기만 하고 고요하지 않으면 생각에 얽혀 있는 것이다. 깨어 있음도 고요함도 아니라면 그것은 다만 생각에 얽혀 있을 뿐만 아니라 혼침에도 빠져 있는 것이다.

寂寂不惺惺 此乃昏住 惺惺不寂寂 此乃緣慮. 不惺惺不寂寂 此乃非但緣慮 亦乃入昏而住.　　　　　　　　　　－『禪宗永嘉集』「奢摩他頌 第四」

혼침과 도거를 극복하는 법

참선 수행을 하면서 혼침과 도거에 빠지는 것은 화두를 제대로 챙기지 못하기 때문이다. 화두를 빈틈없이 참구하면 혼침과 도거가 찾아올 틈이 없다. 혼침은 깨어 있는 마음으로 다스려야 하며 도거는 고요한 마음으로 다스리라고 했다. 마음이 또렷하게 깨어 있다면 혼침이나 졸음이 찾아올 리 없고, 마음이 한 가지 대상에 빈틈없이 몰입되어 있다면 생각의 실타래가 뒤엉키거나 들떠 있는 도거가 발붙일 수 없다. 혼침과 도거가 오거든 정신을 바짝 차려 오직 이 공부뿐이라는 생각으로 간절하게 화두만 들어야 한다. 진정으로 화두를 들면 마음이 고요해지고 초롱초롱해져 두 가지 병통이 저절로 사라지기 때문이다.

대혜 선사는 이렇게 말한다.

좌선할 때는 졸거나 들떠 있어서는 안 된다. 졸음에 빠지는 것과 망상으로 들뜨는 것은 모두 옛 성현들이 꾸짖은 바이다. 고요히 앉았을 때 이 두 가지 병폐가 현전하면 오로지 '개에게는 불성이 없다'라는 화두만을 들어라. 그러면 이 두 가지 병폐는 애써 물리치지 않아도 당장에 가라앉을 것이다.

坐時 不得令昏沈 亦不得掉擧. 昏沈掉擧 先聖所訶. 靜坐時 總覺此
兩種病現前 但只擧狗子無佛性話. 兩種病 不著用力排遣 當下怗怗
地矣.   － 『書狀』「答富樞密(三)」

　대혜 선사는 "개에게 불성이 없다"라는 화두를 들라고 했는데 어떤 화두라도 괜찮다. 진정한 의정을 일으키는 화두라면 혼침과 도거를 함께 물리칠 수 있다. 졸음이나 망상이 들어올 때는 그것이 들어오는 자리에다 정성을 다해 화두를 챙길 뿐 졸음이나 망상을 두려워하거나 싫어하지 말아야 한다. 두려워하거나 싫어하면 그 두려워하고 싫어하는 마음이 오히려 졸음과 망상을 키워 나가기 때문이다.
　그래서 대혜 선사는 또 이렇게 말한다.

마음을 비워 없애려 하지 말고 생각을 붙이고 분별하지도 말고
다만 언제 어디서나 빈틈없이 화두만을 들라. 망념이 일어날 때
또한 억지로 그것을 그치게 하지 말라. 움직임을 그치게 하여 끝

내 그치게 되더라도 그것은 잠시일 뿐 더욱 크게 움직이게 된다. 단지 마음이 움직이거나 그치는 곳에 화두만을 살피라."

也不著忘懷 也不著著意 但自時時提撕. 妄念起時 亦不得將心止遏. 止動歸止 止更彌動. 只就動止處 看箇話頭.　　　　－『大慧語錄』

혼침이나 도거는 모두 우리 마음자리에서 생겼다는 것을 알아야 한다. 그러니 혼침과 도거는 물리쳐야 할 대상이 아니라 이들 또한 불성의 그림자임을 알아 화두를 참구하여 본래 자리로 되돌려 놓아야 한다. 번뇌 망상도 본래 불성이기에 그것이 화두를 통해 제자리로 돌아가는 것이 지극히 자연스러운 일이다. 없던 것을 있게 함이 아니다. 본래 자리를 확인할 뿐이다. 그래서 '번뇌 즉 보리' 라 한다. 그렇게 하려면 우물에 빠진 사람이 우물을 벗어나려는 간절한 마음과 사공이 강물을 거슬러 오르려는 확고한 의지로 공부해 나가야 한다.

졸음이 많은 초심자는 음식의 종류와 양을 조절하거나 자세를 바르게 하거나 잠자는 시간을 잘 조절하면 많은 도움이 될 수 있다. 함께 수행하는 대중은 졸음에 빠져들지 않도록 서로서로를 바르게 경책해 주어야 한다. 그래도 졸음이 올 때는 자리에서 일어나 잠시 좌복 위에 서서 졸음을 물리치거나 그래도 안 되면 밖으로 나가 몇 걸음 천천히 왔다 갔다 하면서 졸음을 깬 뒤 맑은 정신으로 자리로 돌아가 다시 정진해야 한다.

5. 색욕과 수마를 극복하는 법

색욕色慾과 수마睡魔는 중생이 수천 수만 겁 동안 익혀 온 본능적인 습기習氣이다. 이것은 목숨이 붙어 있는 한은 없애기 어려운 본능적인 욕망이다. 성욕 없는 중생 없고 잠자지 않는 중생 없다고 했다. 중생이라면 색욕과 수마가 자연히 따라온다는 말이다. 이성과 잠에 대한 본능적 욕망을 어떻게 받아들일 것인가에 대한 견해와 태도는 기나긴 역사와 수많은 문화형태 만큼이나 다양하고 복잡하다.

불교는 해탈의 길을 보여 주는 가르침이다. 해탈에는 앎의 해탈과 행위의 해탈이 있는데, 불교에서는 이성과 잠에 대한 욕망을 행위의 해탈을 가로막는 걸림돌 가운데 하나로 보고 있다. 욕망과 해탈은 삶의 모습이라는 점에서는 다를 바가 없다. 다만 그 삶이 욕망을 중심으로 한 갈등과 대립의 삶이냐 무아에 뿌리한 평화와 자유의 삶이냐가 다르다. 욕망을 인간에게 자연스럽고 당연한 것으로 생각할 수도 있다.

해탈은 무아의 연기적 삶의 다른 이름이다. 참선 수행의 목표가 무아의 연기적 삶을 실현하는 데 있다면 삶의 잘못된 습관인 욕망을 비우는 일은 지극히 자연스러운 일이다. 부처님 가르침에 따르면 세상 안에도 밖에도 실재하는 어떠한 실체는 없다. 본능적 욕망도 마찬가지다. 그것은 실체적 실재가 아니라 실재한다는 착각에 의한 오래된 삶의 기억이자 습관일 뿐이다.

수행자는 공부가 성취되면 모든 본능적 욕망에서 자유로워진다. '나'라는 삶의 기준이 없어졌기 때문이다. 연기적 삶의 완성인 자비나 사랑은 '무아'의 빛이기에 이 빛 속에는 성욕은 그 그림자도 자리할 수 없다. 따라서 이러한 본능적 욕망의 굴레를 얼마나 벗어났느냐에 따라 수행자의 수행 정도를 가늠할 수도 있다. 이생에 반드시 성불成佛하겠다는 굳건한 원을 세워 이러한 욕망을 극복해 나가야 한다.

수마를 다스리는 법

현실적으로 수행자가 가장 극복하기 힘든 것이 수마이다. 얼마나 공부를 방해하기에 '잠 마구니', 곧 '수마'라 이름했겠는가? 누구라도 방석 위에 앉아 조금만 정신을 내려놓으면 금방 졸음이 밀려온다. 이 수마를 다스리는 법에 대하여 『몽산화상법어』에는 이렇게 말한다.

수마가 올 때는 마땅히 이것이 무슨 경계인지를 알아차려야 한다. 눈꺼풀이 무거워지는 것을 깨닫자마자 정신을 바짝 차려 화두를 한두 번 소리내어 챙기도록 하라. 졸음이 물러나거든 하던

대로 다시 자리에 앉고 그래도 물러나지 않거든 바로 땅에 내려
와 수십 걸음을 걸으라. 그리하여 눈이 맑아지고 정신이 깨이거
든 다시 자리에 앉아 천만 번 화두를 돌이켜 보고 끊임없이 채찍
질하여 의심을 일으키라. 이렇게 오래오래 하다 보면 공부가 순
일하게 익어 바야흐로 저절로 힘이 덜어질 때가 올 것이다.

睡魔來當知是何境界 纔覺眼皮重 便著精彩 提話頭一二聲. 睡魔退
可如常坐 若不退 便下地行數十步 眼頭淸明 又去坐千萬照顧話頭.
及常常鞭起疑 久久工夫純熟 方能省力.

— 『蒙山和尙法語』「示古原上人」

이와 같이 수마가 올 때마다 화두를 들고 채찍질하여 극복해 나
가고 일상 생활 속에서도 조신調身을 잘하여 참선 수행에 지장이 없
도록 하는 것이 중요하다. 수마는 망념에서 온다. 그것은 결코 절대
적인 것이 아니다. 수행을 잘 해 나가다 보면 점점 수면 시간이 줄어
든다. 수면 시간을 지키려고 하지 말고 오히려 좌선을 성실히 하면
저절로 수면에 끄달리지 않고 힘차게 생기 넘치는 정진을 해 나갈 수
있다. 이제 수마 극복을 위한 몇 가지 방법을 소개하면 다음과 같다.

첫째, 참선 초학자는 눈을 감기 쉽다. 그러나 반드시 떠야 한다.
옛 조사는 눈을 감고 참선하는 자를 흑산귀굴黑山鬼窟이라 해서 캄캄
한 산 속의 귀신굴에 앉아 있는 것과 같다고 했다. 눈을 감으면 마음

이 고요하고 정신이 집중되는 듯하지만 저도 모르게 혼침에 떨어지기 쉽다. 특히 오후나 새벽 좌선을 할 때 눈을 감는다는 것은 잠을 청하는 것과 같다. 그래서 좌선할 때는 눈을 반쯤 뜨고 해야 한다는 것이다. 특히 수마가 걷잡을 수 없이 밀어닥쳐 오거든 어금니를 굳게 악물고 두 눈을 또렷이 뜨며 심호흡을 깊고 느리게 반복해 보는 것도 좋다. 이렇게 하면 대개 졸음은 사라진다. 좌선 중에 절대 졸지 않도록 해야 한다. 앉아서 졸음이 쫓아지지 않거든 일어서서 온몸에 힘을 주고 나서 앞서와 같이 호흡하는 것도 좋다. 이렇게 하면 사라지지 않는 잠은 없을 것이다.

둘째, 음식 조절이다. 음식을 알맞게 섭취해야 한다. 음식을 너무 많이 먹고 좌선을 하게 되면 음식을 소화시키느라 신체기관이 쉽게 피로를 느껴 금방 졸음이 밀려온다. 수행생활에 도움을 주는 음식을 알맞게 섭취하는 것이 아주 중요하다. 수행자가 그 양을 알아서 먹는다고 하는 것은 수행하는 정신자세를 바르게 하고 수행환경을 조성하는 데 중요한 요소이므로 결코 소홀히 해서는 안 된다. 일즙一汁일채一菜가 선가의 식단食單이라 했다. 될 수 있으면 적게 먹고 소욕지족少欲知足해야 한다. 식사를 고르게 하지 않으면 필경 마음이 고르지 아니하여 공부가 한결같지 못하게 된다.

그러기에 『수행도지경修行道地經』에서는 "수행하는 사람은 몸을 편안하게 하고 체중을 무겁게 해서는 안 된다. 음식을 적당하게 먹으면 몸이 가벼워지고 졸음이 적으며, 앉고 일어나고 걸을 때에도 숨이 가쁘지 않고 편안하며, 대변과 소변을 적게 보고 자신이 닦는 수행에 있어서도 음욕·성냄·어리석음이 엷어진다"라고 하였다.

셋째, 일찍 자고 일찍 일어나야 한다. 저녁 참선을 오래하고 늦게 일어나는 것은 좋지 않다. 저녁 공부 시간을 줄이더라도 아침 공부 시간을 지키는 것이 좋다. 그러나 혹 피곤하다고 해서 저녁 공부를 건너뛰는 것 또한 옳지 못하다. 피곤할수록 정성들여 좌선을 해야 한다. 피곤한 밤의 삼십 분 참선은 다음 날 몸과 마음을 가볍게 하고 한두 시간의 수면을 절약시켜 준다.

넷째, 허리를 곧게 펴고 바로 코 앞에 천길 절벽이 있다고 생각하고 그 위에 앉은 듯이 좌선한다. 수마를 극복하기 위해 실제로 절벽 위에서 좌선하는 수행자도 있다.

다섯째, 호되게 경책해 주어야 한다. 지금 선방에서 하는 경책은 무척 조심스럽게 이루어지고 있다. 신경이 곤두선 상태에서 간혹 상대방의 마음을 상하게 할 수도 있기 때문이다. 그러나 경책은 따끔하게 해야 한다. 경책을 하는 사람이나 받는 사람이나 서로 아끼고 고마워하는 마음을 가져야 한다.

마지막으로 용맹정진과 장좌불와長坐不臥에 대하여 말씀드리겠다. 대개 선원에서는 연중 한두 차례는 수면을 전폐하고 칠 일 정도 용맹정진하는 기간을 갖는다. 평소부터 좌선 수행을 잘 해 온 사람이라면 이 정도의 용맹정진 기간은 무난히 넘어갈 수 있다. 수면 시간은 절대적인 것이 아니다. 장좌불와는 눕지 않고 마냥 앉아서 정진하는 것이다.

용맹정진 중에 졸기도 하는데 졸면 좌선이 아니다. 졸면서도 좌선하고자 하는 정신은 가상하고 기특한 일이나 그것은 앉아서 잠자는 것이다. 공부는 마땅히 진실해야 한다. 태산처럼 자세를 가다듬고 공부를 면면밀밀하게 잡도리해 나가는 것이 구도자의 올바른 자세요 알뜰한 살림살이다.

색욕을 다스리는 법

색욕과 파계 행위에 대하여 서산 선사는 이렇게 말한다.

음란하면서 참선하는 것은 모래를 쪄서 밥을 지으려는 것과 같고, 살생하면서 참선하는 것은 귀를 막고 소리지르는 것과 같고, 도둑질을 하면서 참선하는 것은 새는 그릇에 물이 가득차기를 바라는 것과 같다.

帶婬修禪 如蒸沙作飯 帶殺修禪 如塞耳叫聲 帶偸修禪 如漏巵求滿.

― 『禪家龜鑑』

색욕을 멀리하지 않고서는 참선 수행을 제대로 할 수 없다. 색욕에 기울면 마음이 혼란스러워 안정되지 못하고 메울 수 없는 갈애가 마음을 사로잡기 때문이다. 그러나 색욕을 끊기란 쉽지 않다. 그러기에 『사십이장경四十二章經』에서는 "재물과 색은 마치 칼날 끝에 묻은 꿀과 같아 한 번 맛을 들이면 쉽게 끊지 못한다. 재물과 색을 탐하는 것은 마치 어린애가 칼끝에 묻어 있는 꿀을 핥아먹는 것과 같다"[22]라고 하여 재물과 색을 크게 경계하고 있는 것이다. 또 재물보다도 색욕이 중생들에게 더 큰 병이 됨을 이렇게 경계하고 있다.

> 모든 애욕 가운데 색욕만한 것이 없다. 색욕은 그 크기가 없다. 그것이 하나뿐이었기에 망정이지, 만일 그와 같은 것이 둘만 있었더라도 이 천하 사람으로 능히 도를 이룰 사람은 한 사람도 없었을 것이다.
> 佛言 愛欲 莫甚於色 色之爲欲 其大無外. 賴有一矣 假其二. 普天之民 無能爲道者.　　　　　　　　　－『四十二章經』24章

색욕을 멀리하기 위한 방법으로 무상감無常感을 절실히 관하는 방

---

22. "佛言 財色之於人 譬如小兒 貪刀刃之蜜甜 不足一食之美. 然有截舌之患也."
　　－『四十二章經』22章

법을 권한다. 곧 색욕이 허망한 것이라는 사실을 명백히 깨달으면 그 극복이 가능하다. 그래서 색욕이 일어날 때는 그 색욕의 대상이 사대四大로 흩어지고 먼지로 변하여 이내 사라지는 모습을 떠올려 보기 바란다. 색욕이 허망한 것임을 분명히 알아차리게 될 것이다.

그러나 화두 참선인은 화두 공부로 이를 극복해야 하는 것이 정도이다. 색욕이 일어나는 바로 그 자리에서 화두를 드는 것이다. 이와 관련하여 『서장』에서는 색욕 같은 지난 삶의 습기習가 올라올 때 화두로 대처하라고 말하고 있다.

> 별안간 옛날에 쌓였던 습기가 일어나거든 그 곳에 대고 "개에게도 불성이 있습니까? 없습니까?"라는 물음에 "무"라고 답한 화두를 볼 뿐이다. 바로 이러할 때에 그대의 옛 습기는 시뻘건 화로 위에 떨어지는 한 점의 싸락눈 꼴이 될 것이다.
>
> 忽爾舊習 瞥起 亦不著用心按捺 只就瞥起處 看箇話頭 狗子還有佛性也無. 無正恁麼時 如紅鑪上一點雪相似.   ─『書狀』「答劉通判(一)」

색욕이 올라올 때 이렇게 화두를 간절히 들게 되면 색욕은 자취도 없이 사라질 것이다. 그리고 색욕과 수마는 광겁에 걸쳐 도를 성취하지 못하게 한 큰 원수임을 인식하고 이를 극복하기 위해서 쉼 없이 노력해야 한다. 이성의 유혹을 물리치고 세상에 큰 감화를 준 어느 선사의 일화가 있다.

중국 당나라 시대의 고승 태전太顚 선사는 조주潮州 땅 축령봉에서 수년 간 수도에만 전념하여 살아 있는 부처님으로 추앙받고 있었다. 당시 큰 문장가요 선비로 명망이 자자했던 한퇴지는 불교를 비방한 탓으로 좌천되어 그 지방에 내려와 분심을 삭히고 있었다. 그리고 덕 높은 태전 선사를 파계케 하여 불교를 깎아내릴 요량으로 그 고을에서 유명한 기생 홍련을 시켜 선사를 유혹하게 했다.

태전 선사는 백일이 지나도록 담담히 무심할 뿐 조금도 움직임이 없었다. 결국 홍련은 선사의 고매한 인품에 감화되어 자신의 행동이 얼마나 경망스러운 것이었는가를 깨닫게 되었다. 태전 선사는 일을 완수하지 못한 홍련에게 한퇴지의 화가 미칠 것을 염려하여 이런 시를 써 주었다.

축령봉 내려가지 않기 십 년
색을 보고 공을 봄에 색 그대로 공이네.
어찌하여 조계의 한 방울 물을
홍련 잎사귀에 떨어뜨릴 수 있으랴.
十年不下祝靈蜂　觀色觀空卽色空
如何一滴曹溪水　肯墮紅蓮一葉中

이와 같이 선사의 고결한 수행력과 청정한 덕행은 많은 사람들을 감화시켰으며 삶에 귀감이 되게 하였다.

제5장
일상생활에서 화두 참구법

1. 정중공부를 어느 정도 해야 동중공부로 들어갈 수 있는 가?

마조 선사는 "평상한 마음이 도(平常心是道)"라고 했다. 밥 먹고 일하고 잠자는 평상시의 마음속에 도가 있다는 것이다. 그래서 천발회통天鉢懷洞 선사도 "불법은 나날이 생활하는 곳에 있다. 거닐고, 머물고, 앉고, 눕는 곳에 있다. 차 마시고 밥 먹는 곳에 있다(佛法在日用處 行住坐臥處 喫茶喫飯處)"라고 한 것이다. 그래서 태고 선사는 "어묵동정과 모든 행동거지에서 한결같이 화두를 놓치지 마라(於動靜語默 一切施爲 一如不昧)"라고 하여 그 뜻을 화두 공부에 적용했던 것이다.

화두를 들고 공부할 때도 이렇게 일생생활의 시끄러운 곳에서 화두가 또렷또렷하게 들려야 제대로 된 공부라 할 수 있다. 기본적으로 발심이 잘 되어 있다면 그 조건을 갖추게 된다. 그러나 발심이 되지 않은 상태에서 초심자가 일상생활 속에서 일을 하면서 화두를 제대로 들기란 쉽지 않다. 초심 수행자는 고요하고 정갈한 곳에서 모든 잡념을 버리고 발심을 일으켜 간절하게 화두를 들어야 한다.

사람들은 생활하면서 부딪히는 갖가지 일에 마음을 빼앗기기 쉽다. 이렇게 되면 마음은 항상 이리저리 왔다 갔다 하면서 좌불안석이 된다. 부처님께서는 중생들의 마음이 이렇게 바삐 움직이는 모습을 "원숭이가 한시도 가만히 있지 못하고 이리저리 움직이는 모습과 같다"라고 말씀하셨다. 이렇듯 사람들은 입으로 '바쁘다 바빠'를 연발하면서 마음의 안정을 찾지 못하고 밖으로 밖으로만 치닫고 있다. 바쁜 삶은 사람이나 일에 대하여 정성과 관심을 쏟을 수 있는 힘을 분산시킨다. 또 사람들은 내가 있다는 착각에 빠져 이기심만을 내세우면서 갈등하고 대립하면서 살아가고 있다. 그러는 사이에 어느 새 죽음의 문턱에 이르면 이내 정신을 잃고 혼미하고 아득해지고 만다.

우리의 마음은 이렇게 무의미한 혼란 속에 길들여져 왔다. 그렇기에 우선은 고요한 곳에서 마음을 안정시켜 화두에 마음을 둘 수 있게끔 해야 한다. 거침없이 날뛰는 광기와 혼란스러운 중생의 병을 고요한 마음으로 잡아두어야 하는 것이다. 그래서 고요한 장소에서 화두를 들고 간절하게 의심해 들어가야 하는 것이다. 이렇게 해서 화두를 놓으려 해도 놓을 수 없고 버리려 해도 버릴 수 없게 되었을 때 고요한 곳에서 마음이 한결같은 경지에 이를 수 있게 된다. 이것을 일러 '정중공부靜中工夫'라 한다.

고요한 곳에서 공부가 한결같이 되면 시끄러운 곳으로 나아가 공부 힘을 더욱 키워야 한다. 이것을 '동중공부動中工夫'라고 한다.

대혜 선사는 『서장』에서 이렇게 말한다.

> 평소 고요한 가운데 공부해 나가는 것은 시끄러움을 극복하기 위한 것이다. 그렇지만 진짜 시끄러울 때 그 시끄러움에 휘둘리게 된다면 도리어 평소에 고요한 가운데 공부를 안 한 것과 마찬가지이다.
>
> 平昔 做靜勝工夫 只爲要支遣箇鬧底. 正鬧時 却被鬧底 聒擾自家
> 方寸 却似平昔 不曾做靜勝工夫 一般耳.　　　 －『書狀』「答劉通判(二)」

화두가 고요한 곳에서는 빈틈없이 잘 들리다가 시끄러운 곳에서 끊어지거나 희미하게 될 때가 있다. 이럴 때에는 시끄러운 곳에서 더 바짝 애를 써서 지극하게 밀고 가면 고요한 곳이나 시끄러운 곳 관계없이 동정動靜에 끊어지지 않고 한결같은 공부 경지를 이룬다. 이를 동정일여動靜一如라 한다. 그래서 나옹 선사는 "말후의 한 구절(화두)에 힘을 붙이고 들고서 꾸준히 놓치지 않고 들다 보면 공안이 눈앞에 실현되어 들려고 하지 않아도 저절로 들리게 될 것이다. 고요한 곳에서도 시끄러운 곳에서도 들려고 하지 않아도 저절로 들리게 되니, 도리어 의정을 일으켜 의심하기 좋은 것이다. 가거나 머물거나 앉거나 눕거나, 옷을 입고 밥을 먹거나, 대소변을 보는 등 모든 상황에서 온몸을 하나의 의심 덩어리로 만들어 끊임없이 의심하고 꾸준히 궁구하라"[23]라고 했던 것이다. 동중공부와 정중공부는 어떤 한계가 있는 것이 아니다. 정중공부를 하다가 힘이 생기면 바로 동중공부로 옮기는 것이 필요하다. 움직일 때나 고요할 때나 화두가 끊어지지 않을 때를 비로소 동정일여라 할 수 있다. 그리고 발심이 항상 유지되면 동과 정이 서로 나누어지지 않는다는 점도 잘 알아두어야 한다.

대혜 선사는 시끄러운 곳에서 공부하는 것에 대하여 이렇게 강조한다.

세간의 번뇌는 활활 타는 불과 같으니 그 불길이 어느 때나 멈추겠는가. 시끄러운 곳에 있어도 대나무 의자와 방석 위에 앉아 공

---

23. "只將末後一句 着力提起 提來提去 公案現前 不提自提. 靜中鬧中 不擧自擧 却來這裏 好起疑情. 行住坐臥 着衣喫飯 屙屎放尿 於一切處 通身并作一箇疑團 疑來疑去 捱來捱去." - 『懶翁語錄』

부하는 일을 잊지 말아야 한다. 평소 고요한 곳에 마음을 두는 까닭이 바로 시끄러운 곳에서 힘을 얻지 못했기 때문이다. 만약 시끄러운 곳에서 힘을 얻지 못했다면 거꾸로 이는 고요한 곳에서 공부를 하지 않았다는 말과 같다.

世間塵勞 如火熾然 何時是了. 正在鬧中 不得忘却竹倚蒲團上事. 平昔 留心靜勝處 正要鬧中用. 若鬧中 不得力 却似不曾在 靜中做工夫 一般.　　　　　　　　　　　　　　　　　　 ─『書狀』「答曾侍郎(四)」

　　만약 고요한 곳을 옳다고 하고 시끄러운 곳을 그르다고 여기면 이것은 세간의 생활을 없애고 실상實相을 찾으려 하는 것이며 생멸을 떠나서 열반을 추구하는 것이다. 물론 고요할 때 공부가 잘 되어야 시끄러울 때도 변함없이 공부를 잘할 수 있다. 그리고 화두 드는 것이 좀 익숙해지면 시끄러울 때가 고요할 때보다 오히려 공부에 힘을 더 얻을 수 있는 좋은 계기가 된다. 진실로 일상생활 속에서 공부가 되고 이 때 힘을 얻어야만 참다운 수행자이다. 나아가 시끄러울 때나 고요할 때나 어디에도 치우침 없이 공부가 순일하게 이어질 때 진정한 공부인이라 할 것이다.

2. 일상생활이나 만행 중에 화두를 챙기는 법

일상생활 속에 화두 챙기는 법

대혜 선사는 "가고 머물며 앉고 눕는 행주좌와 일상에서 화두를 한결같이 들어야 한다"라고 강조한다. 만행萬行 또한 도道와 떨어져 있는 생활이 아니기에 언제 어디를 가더라도 화두가 한결같이 들려야 한다.

대혜 선사의 『서장』은 선 수행을 하던 송나라 사대부들이 "일상 생활을 하면서 어떻게 공부를 잘 할 수 있는가?" 등에 대한 문답 편 지글 모음집이다. 그래서 『서장』은 간화선을 체계화한 대혜 선사가 일상생활에서 화두를 어떻게 참구하며 그 마음가짐과 행동이 어떠해야 하는가에 대하여 자상한 가르침을 베풀고 있어 그 자체로도 훌륭한 간화선 수행 지침서라 할 수 있다. 이를 볼 때 당시 송나라 사대부들은 국정의 막중한 소임을 수행하면서도 가정을 돌보고 책을 보는 등 일상생활에서도 화두 공부를 하고자 노력하였음을 알 수 있다.

대혜 선사가 당시 사대부였던 진소경陳少卿 거사에게 한 말을 보자.

바라건대 공公은 다만 의정을 깨뜨리지 못한 곳을 향하여 참구하되 행주좌와에 놓치지 말라. 한 스님이 조주에게 묻되 '개에게도 불성이 있습니까?' 하니, 조주가 '무無'라고 한 이 한 글자야말로 바로 생사의 의심을 타파하는 칼이다. 이 칼자루는 다만 당신의 손 안에 있다. 다른 사람으로 하여금 손을 쓰게 할래야 쓸 수도 없는 것이니, 모름지기 스스로 손을 써야만 비로소 타파할 수 있다. 만약 목숨을 내걸고 참구한다면 비로소 스스로 타파할 것이다. 만약 목숨을 내걸지 못한다면 다시 다만 의심을 깨뜨리지 못한 곳에서 오직 한결같이 참구해 나아가도록 하라. 그러다 홀연히 스스로 기꺼이 목숨 버리기를 한 번 하게 되면 바로 깨닫게 될 것이다.

願公 只向疑情不破處參 行住坐臥 不得放捨. 僧問趙州 狗子還有佛性也無 州云無 此一字者 便是箇破生死疑心底刀子也. 遮刀子欄柄 只在當人手中. 敎別人下手不得 須是自家下手始得 若捨得性命 方肯自下手. 若捨性命不得 且只管在疑不破處崖將去. 驀然自肯捨命一下便了. 　　　　　　　　　　　　　　　　－『書狀』「答陳少卿(一)」

화두 공부는 고요한 곳에서 해야지 일상생활 속에서 어떻게 하느냐고 하는 사람들이 있다. 그렇지 않다. 화두는 일상의 삶 속에서도 지속적으로 들 수 있으며, 또한 그렇게 간단없이 들어야 나와 화두가 혼연일체가 된다. 화두와 생활이 분리되어서는 바른 수행이라 할 수 없다. 화두 공부와 생활이 일치해야 한다.

따라서 선승이나 선을 닦는 재가자들은 일상생활에서 힘써 화두를 들어야 한다. 맡은 일을 충실히 하면서 화두를 드는 것이다. 다만 복잡한 도시생활 속에서는 화두가 끊어지기 쉬우니 더 지극하고 더 간절하게 들어야 한다. 그러면 마침내 번다한 곳에서도 여여如如하게 들릴 것이다. 그러나 이러한 경지는 화두가 어느 정도 순일해질 때 가능한 일이다.

그러니 조용할 때나 시끄러울 때나 언제나 화두를 들어야 한다. 걸으면서도, 차를 타고 가면서도, 누구를 기다리면서도 잡념으로 허송하지 말고 화두를 들어야 한다. 이렇게 화두를 들다 보면 설은 것은 익어지고 익은 것은 설어진다. 화두를 처음 들 때는 설지만 그 화두 드는 게 익어 가면 업력이 설어진다는 것이다. 그것은 또 세간법은 생소해지지만 탈속한 불법에는 익숙해지는 것이며 끝내는 이 둘의 경계마저 없어지는 중도의 경지에 들게 된다는 뜻이다. 이 같은 선정의 힘을 마음의 중심으로 잡아 경계에 흔들리지 않으면 부딪히는 일마다 훌륭하게 해낼 수 있다.

대혜 선사는 『서장』에서 생활에서 화두 드는 법을 이렇게 가르치고 있다.

생활하다가 번거로운 일로 사량분별할 때도 그것을 애써 물리치려 하지 말고 사량분별이 일어나는 그 곳에서 가볍게 화두를 들

어라. 그렇게 하면 무한한 힘을 더는 동시에 무한한 힘을 얻게 될
것이다.

纔覺思量塵勞事時 不用著力排遣 只就思量處 輕輕撥轉話頭. 省無
限力 亦得無限力.　　　　　　　　　　　　　　　－『書狀』「答趙待制」

이렇게 화두를 들다가 한 고비 넘게 되면 마음이 청량하기 그지
없게 된다. 몽산 선사는 화두와 겨루어 한 고비 넘기면 "발 밑이 땅
에 닿지 않은 듯, 공중에 뜬 듯, 홀연히 눈앞의 검은 구름이 활짝 열
리는 듯, 금방 목욕탕에서 나온 듯 몸과 마음이 맑고 쾌활해진다"라
고 했다. 또한 "의심 덩어리가 더욱 뚜렷하여 힘들이지 않아도 끊임
없이 화두가 현전한다"라고 자신의 경험을 들어 말했다. 이렇게 되
면 "어떤 바깥 경계에도 흔들리지 않으며 청정하기가 은쟁반에 하얀
눈을 담은 듯하고 청명한 가을 공기와 같은 경지가 전개된다"라고
하였다.[24]

---

24. "脚下浮逼逼地 忽然眼前 如黑雲開 自身如新浴出 一般淸快. 心下疑團愈盛 不著用力
綿綿現前. 一切聲色五欲八風 皆入不得 淸淨如銀盆盛雪相似 如秋空氣肅相似"
－『禪關策進』「蒙山異禪師示衆」

납자들이 만행 중에 화두 챙기는 법

참선하는 납자는 언제 어디서나 화두를 떠나서는 안 된다. 보통 선원에서 참선하는 납자들은 세 달 동안 안거를 끝낸 뒤에 만행에 들어간다. 만행이란 행각行脚이라고도 하는데 갖가지 세상 경계 속에서 화두가 제대로 들리는지, 자신의 마음이 흔들리지 않는지를 점검해 보는 진지한 자기 시험이기도 하다. 행각은 행각에 목적이 있는 것이 아니라 또 다른 공부처를 찾아가는 것이다. 그래서 고인들은 해제가 곧 결제라 말했다. 공부처가 곳곳에 있다는 사실을 명심하고 걸망을 져야 한다. 따라서 만행 중이라도 절대 화두 공부를 놓아서는 안 된다. 만행도 공부를 위해서 있는 것이기 때문이다.

이와 관련하여 오조 법연 선사는 행각을 떠나는 공부인에게 이렇게 말한다.

무릇 행각을 하는 것은 도를 품고 해야 한다. 주는 밥이나 축내면서 한가하게 세월을 보내지 말아야 한다. 반드시 생사라는 두 글자를 이마에 못질해 놓고 온 종일 체면치레를 제쳐 놓고 이것을 찾아 분명히 해야 한다. 만약 패거리를 따르고 때를 쫓아서 헛되이 세월을 보낸다면 죽을 때에 염라대왕이 밥값을 청구할 것이다. 그 때 내가 그대를 위해서 말하여 주지 않았다고 말하지 말라.

大凡行脚 須以此道爲懷 不可受現成供養了等閑過日. 須是將生死

二字釘在額上 十二時中 裂轉面皮討箇分曉 始得. 若祇隨群逐隊打
空過時 他時 閻羅老子打算飯錢. 莫道我與儞不說.

만행뿐이 아니다. 선원에서 공부할 때도 마찬가지이다. 선원 밖
으로 나오면 곧 시비와 잡사에 휘둘리다 들어가 좌선할 때는 다시
졸음과 망상에 빠져든다면 이런 공부로는 횃불을 눈에 들이대도 마
침내 불을 보지 못할 것이다. 자각 선사도 호지護持라 하여 언제 어
느 때나 화두를 잘 지키고 간직하라고 했다.

3. 일상의 공부 과정에서 역경계와 순경계는 어떻게 극복하는가?

　역경계逆境界와 순경계順境界는 공부 과정에서 끊임없이 경험하는 경계로, 이 역경계와 순경계를 어떻게 극복하느냐 하는 것도 화두참구에서 중요한 과제다.

　역경계와 순경계란 무엇인가? 역경계란 자신의 뜻을 거스르는 상황이 전개되는 것을 말한다. 한 마디로 참기 어려운 상황이 바로 눈 앞에서 펼쳐지는 것이다. 그래서 힘들고 고통스럽다. 순경계는 자신의 뜻에 맞는 상황이 벌어지는 것을 말한다. 자신의 뜻에 맞는지라 즐거움과 편안함을 주는 경계라 할 수 있다.

　역순경계에 부딪치는 순간 수행자들은 보통 눈앞의 경계에 마음을 빼앗겨 하던 공부를 잊어버리는 경우가 많다. 더구나 역경계에 부딪칠 때는 마음을 굳게 먹고 그 경계를 돌파해 내면 되지만 순경계를 만날 때는 대체로 거기에 마음이 매몰되고 만다. 바라던 일을 성취하면 그 기쁨에 도취되어 자신을 잃어버리고 상황에 휩쓸리기 때문이다.

　대혜 선사는 이와 관련하여 말한다.

　일이 눈앞에 나타날 때 그것이 역경계든 순경계든 집착하지 말

것이니, 집착하면 마음이 어지러워질 것이다. 일체를 그때그때 인연에 따라 대응한다면 자연히 이 도리에 들어맞을 것이다.

역경계는 타파하기 쉽지만 순경계는 타파하기 어렵다. 내 뜻을 거스르는 것은 참을 인忍자 하나로 잠시 자중하고 있으면 곧 지나가 버린다. 그러나 순경계에서는 도피할 곳이 없다. 마치 자석과 쇠붙이가 서로 만나면 저도 모르게 합쳐지는 것과 같다. 무정물도 그러하거늘 하물며 무명이 온몸 안에서 활동하며 살림살이를 짓고 있는 유정물이야 말할 것이 있겠는가? 이러한 경계를 당했을 때 만약 지혜가 없다면 부지불식간에 저 경계의 그물에 끌려들어갈 판인데, 도리어 그 속에서 나갈 길을 찾으려 한다면 어찌 어렵지 않겠는가? 그러므로 옛 성현은 "세간에 들어가서 세간을 남김없이 벗어난다"고 하셨으니 그것이 바로 이 도리이다.

現在事到面前 或逆或順 亦不須着意 着意則擾方寸矣. 但一切臨時隨緣酬酢 自然合着遮箇道理. 逆境界 易打 順境界 難打. 逆我意者 只消一箇忍字 定省少時 便過了. 順境界 直是無儞回避處 如石慈石 與鐵相偶 彼此不覺 合作一處 無情之物 尚尒 況現行無明 全身在裏許. 作活計者 當此境界 若無智慧 不覺不知 被他引入羅網 却向裏許 要求出路 不亦難乎. 所以 先聖 云入得世間 出世無餘 便是遮箇道理也.　　　　　　　　　　　-『書狀』「答樓樞密(一)」

역경계든 순경계든 그러한 경계가 닥쳐올 때는 모든 세간의 일이 본래 연기된 현상으로 실체가 없는 줄을 알아 거기에 집착하는 마음을 일으키지 않으면 그러한 경계들이 저절로 가벼워진다. 역순경계는 모두 이미 준비되어 있는 마음 속의 경계로 역과 순이 밖에 있는 것이 아니라 밖의 경계에 투영된 자기 업일 따름이다. 그러므로 역순경계가 들어오면 오직 화두 공부에만 정신을 집중하여 면밀하고 힘있게 파고들어야 한다. 오히려 역순경계를 더없이 훌륭한 화두 공부의 장으로 활용해야 한다.

대혜 선사는 이렇게 말한다.

> 다만 망상으로 전도된 마음과 사량분별하는 마음과 살기를 좋아하고 죽기를 싫어하는 마음과 분별로 이해하려는 마음과 고요함을 기뻐하고 시끄러움을 꺼려하는 마음을 한꺼번에 눌러 버려라. 그리고 이렇게 눌러 버린 경계에서 주어진 화두를 살펴라.
>
> 但將妄想顚倒底心 思量分別底心 好生惡死底心 知見解會底心 欣靜厭鬧底心 一時按下 只就按下處 看簡話頭. ─『書狀』「答富樞密(一)」

역경계와 순경계가 오더라도 그 순간의 기분에 좌우되지 말고 그 자리에서 화두를 들라는 말이다. 그러니 하루하루가 지독히 힘들고 어렵고 캄캄하더라도 거기에 휩쓸리지 말고 오직 화두 하나만 부여잡고 나아가야 한다. 반드시 그 고비는 지나가는 일이다. 순경계도 마찬가지이다. 비록 일시적으로 모든 일이 순조롭게 진행되더라도 거기에 너무 들떠 있지 말아야 한다. 거기에 집착하는 순간 좋지 않은 경계가 달려온다.

만약 역경계와 순경계를 만나면 "경계가 찾아왔구나"라고 재빨리 알아차리고 이 때야말로 마음공부를 할 확실한 기회임을 인식해야 한다. 그리고 바로 화두를 들고 마음을 고요히 한 상태에서 마주친 경계를 의연하게 대처해 나가야 한다. 이렇게 경계를 만나는 매 순간 화두로 대처하는 공부를 한다면 역경계와 순경계를 만나더라도 걱정할 필요가 없다.

4. 화두 참구와 장소는 어떤 관계가 있는가?

우리나라에는 아름다운 고찰이 많다. 대개 빼어난 명산에 자리 잡고 있는 고찰들은 자연과 어우러진 수행도량으로서의 기품을 넉넉히 보여 주고 있다. 예부터 우리나라에서는 도선(道詵 827~898) 국사의 영향을 받아 좋은 터를 찾아 그 자리에 어울리는 크고 작은 가람을 정성을 다해 조성해 왔다. 특히 대다수의 선원은 지형적으로 마을과 많이 떨어져 있고 아늑하고 양명한 곳에 자리하고 있다. 따라서 땅의 지세와 기운을 살피는 일이 화두를 참구하는 선원 터를 정하는 데 어느 정도 영향을 미치고 있음을 볼 수 있다.

조용하고 아늑한 장소가 화두 수행자에게 심리적으로나 생리적으로 어느 정도 도움을 줄 수는 있겠지만 이것이 절대적인 요인으로 작용한다고 볼 수는 없다. 발심하여 마음이 도에 머물러 있다면 어떠한 장소든 문제 될 것이 없기 때문이다. 발심이 되어 있다면 도심 속에서 선정을 닦더라도 그 곳은 깊은 적정처寂靜處라 할 것이다. 『유마경』에서 유마 거사는 "곧은 마음이 도량이요 진리를 구하는 보리심이 도량이다"라고 했다. 그러니 도심에서 좌선을 하더라도 마음이 고요하고 흔들림이 없다면 그 곳은 깊은 산중의 암자요 고요한 선방이나 다름없다.

『선요』에서 고봉 선사는 일상생활에서 공부하는 것과 관련하여

'승시직입乘時直入'이라 하였다. 곧 화두를 들되 더우면 더운 것을 타고, 추우면 추운 것을 타며, 시끄러우면 시끄러운 것을 타고, 조용하면 조용한 것을 타고 공부에 들어가야 한다는 것이다. 초발심을 버리지 않았다면 무상無常이 신속하다는 사실을 알고 세상이 고통의 바다에 빠져 있다는 것을 간절히 느끼고 밥 먹고 일하고 대화를 나누는 등의 일상생활에서도 바로 선으로 들어가야 한다는 것이다.

그러나 초심자에겐 마음을 잘 다스려 힘을 얻는 것이 그렇게 쉽지 않다. 공부를 시작하는 이들에게는 공부하는 장소가 어느 정도 역할을 할 수도 있다. 부처님께서도 절의 위치에 대하여 말씀하신 것이 있다. "절은 마을과 적당히 떨어져 있는 곳에 있어야 한다. 소음이 시끄럽지도 않고 탁발을 나가기에 멀지 않은 곳에 있어야 한다"라고 하셨다. 경전에서는 그 적당히 떨어진 거리를 1요자나 yojana라 했다. 소가 '음매' 하면 그 울음 소리가 들릴 만한 거리이다. 장로 종색長蘆宗賾 선사도 좌선의 기본 조건으로 한적하고 고요한 곳을 말하였다. 이 점은 과거의 선사들도 마찬가지이다. 역대 선사들이 참선하던 토굴 터나 선방이 대개 명당에 자리하고 있는 것은 참선하는 장소를 중시하였기 때문이다.

간화선을 확산시킨 대혜 선사조차 『서장』에서 선원이 갖춰야 할 조건으로 다섯 가지 인연을 말하고 있다.

옛날 위산潙山 스님께서 앙산仰山 스님에게 "법의 깃발을 세우고 한 곳에서 종지를 드러내려면 다섯 가지 인연을 갖추어야 이룰 수 있다."라고 했다. 다섯 인연은 외호연外護緣·단월연檀越緣·납자연衲子緣·토지연土地緣·도연道緣을 말한다.

昔 潙山 謂仰山曰 建法幢立宗旨於一方 五種緣備 始得成就. 五種緣 謂外護緣 檀越緣 衲子緣 土地緣 道緣.　　—『書狀』「答鼓山逮長老」

위의 내용을 자세히 보면 다섯 가지 인연이란 선원의 외형적인 발전 조건을 열거한 것으로 보아야 한다. 외호연이란 선원 대중들이 마음 놓고 잘 수선 정진할 수 있도록 밖에서 울타리가 되어 도와주는 힘을 말한다. 요즘은 사찰에서 주지 스님을 비롯한 소임자 스님들이 이러한 역할을 맡고 있다. 단월연이란 신심 있는 신도들이 수행자들을 위하여 여러 가지 공양을 올리는 것을 말한다. 납자연이란 같이 정진하는 도반들이 서로 많이 모여 서로 탁마하는 것이다. 도연이란 납자를 제접할 수 있는 안목이 열린 이들과 만나야 한다는 것이다. 선지식이 이러한 역할을 한다. 여기에 토지연이 보태지면 외형적인 조건으로 손색이 없다는 것이다.

어쨌든 초심자의 경우 조용하고 정갈하며 산만하지 않은 장소를 찾는 것이 필요하다. 비록 일정한 시간만이라도 고요한 환경을 가질 수 있다면 좌선 장소는 어느 곳이라도 좋다. 물론 상설 선원이라면 항상 이런 여건이 보장되어 있다. 그래서 선원에 들어서면 언제나 적정寂靜한 분위기에 젖게 된다. 그러나 외형적으로 좋은 장소에 너무 집착할 일은 아니다.

특히 처음 참선하는 이는 많은 대중이 법답게 수행하는 곳을 택하여 가는 것이 바람직하다. 여러 대중이 엄숙하게 공부하는 데 참여하면 부지불식간에 많은 힘을 얻게 되고 장애와 어려움 없이 공부를 몸에 익힐 수 있다.

설사 약간의 힘을 얻었다 하더라도 될 수 있는 한 여러 대중과 함께 머물기를 권한다. 토굴이나 홀로 수행하는 선원보다는 대중 선방에서 힘을 얻는 것이 좋다. 무엇보다 선지식과 함께 지낼 수 있다는 것이 가장 뛰어난 인연이라는 사실을 명심해야 한다. 선지식의 지도를 받고 정진할 수 있다면 그 곳은 어떤 수행처보다 훌륭한 곳이다.

가장 중요한 것은 발심하여 깨달음을 이루고자 하는 스스로의 마음가짐이다. 발심하지 않고 정진하지 않으면 아무리 좋은 인연일지라도 도움을 줄 수 없다. 참선한다고 좋은 장소를 찾아 헤매는 사람을 흔히 보지만 장소는 곳곳에 있다. 산수경치나 산세지리만 관심에 두고 공부할 곳을 찾는 사람은 진정한 참선 수행자라 할 수 없다.

5. 재가자가 일을 하면서도 화두를 들 수 있는가?

재가자들의 화두 공부법

자신의 본래면목을 찾는 참선 수행의 길에 출·재가의 구별이란 있을 수 없다. 중생은 모두 본래 부처이기 때문이다. 혜능 선사가 말했듯이 불법에는 남북이 따로 없으며 불성에는 어떠한 차별도 없다. 우리 모두가 그대로 부처이다. 그 부처 자리에는 인종이니, 성별이니, 출가니 재가니 하는 구별은 이미 없다. 또한 간화선은 일상생활 속에서 화두 공부를 하는 것이 그 특징인 바 재가 생활인도 발심만 되었다면 얼마든지 공부할 수가 있는 것이다.

화두 공부에 입문한 초심자는 먼저 부처님 법에 대한 확고한 가치관을 세우고 진정한 발심을 일으켜야 한다. 이러한 발심이 이루어졌다면 선지식을 찾아 화두를 받고 화두 참구의 방법을 바르게 배워야 한다. 이렇게 선지식으로부터 화두를 받은 사람은 우선 아침저녁마다 삼십 분씩 매일매일 규칙적으로 참선을 하는 것이 좋다. 이것도 초심자에게는 보통 힘든 게 아니다. 그러나 발심이 된 이들에게는 그리 어려운 일도 아니다.

초심자들은 화두를 드는 데 큰 힘을 기울여야 한다. 화두를 드는 동안에 어떤 빈틈이라도 허용하게 되면 그 빈틈으로 온갖 망상이 비집고 들어온다. 조금만 정신을 놓치게 되면 마음은 십만팔천 리 벗어나 과거에서 미래로 온갖 상상의 나래를 편다. 순식간에 세상을 창조하기도 하고 부수기도 한다. 온갖 기억들과 세상 잡사들이 꼬리에 꼬리를 물고 들어온다. 이것은 망상에 빠지는 것이지 화두를 드는 게 아니다.

초심자들은 이러한 망상에 끄달리지 않을 경우에는 대부분 혼침과 수면에 빠져들고 만다. 졸음이 몰려와 고개를 끄덕이기 십상이다. 그래서 천근 바위보다 무거운 것이 눈꺼풀이라고까지 한다. 초심자들은 이렇게 망상과 혼침이 올 수 없도록 화두에 온 힘을 기울여야 한다.

처음 시작할 때 삼십 분 동안 화두 드는 힘이 길러졌다면 삼십 분 더 늘려 조석으로 한 시간, 하루에 두 시간씩 참선하는 것이 좋다. 이것이 어렵다면 하루 한 시간도 좋다. 향 한 개 타는 데 걸리는 시간이 약 한 시간 정도이다. 그러니 향 한 개를 사르어 한 시간씩 좌선 삼매에 들다 보면 이 공부가 얼마나 좋은지 스스로 체험하게 된다. 아침 좌선도 좋지만 잠자리에 들기 전에 잠깐이라도 좌선을 한다면 더없이 평화롭고 온화한 하루의 마무리가 될 것이다.

출퇴근 시간이나 사람을 기다리면서도 그냥 멍하니 허공만 바라보거나 망상에 끄달리지 말고 화두를 들라. 망상이 올라올 때도 그 망상을 피우는 자리에다 화두를 들라. 우리는 이 망상에 마음을 빼앗겨 아까운 시간을 허비하고 마음을 괴롭히기 십상이다. 부질없는 걱정으로 공든 탑을 부수기도 하고 이유 없이 상대방을 미워하기도 한다. 스스로 만든 생각에 혼자서 괴로워하는 꼴이다. 어찌 보면 하루 종일 이러한 망상으로 스스로를 학대하고 괴로움을 주고받는다. 그러니 자신을 괴롭히는 그 망상 자리에서 화두를 들어야 한다. 그러면 망상도 사라지고 그 망상에 허비하던 힘이 화두를 드는 힘으로 전환되어 화두가 더 잘 들리게 된다.

이렇게 해서 평소에 한두 시간 정도 좌선하는 것이 규칙적으로 자리를 잡게 되고 빈 시간을 이용하여 화두를 드는 것도 일상화되면, 한 달이나 두 달에 한 번씩 절이나 시민선방에서 개최하는 철야정진에 참여해 보는 것이 좋다. 평소에 바쁜 일상 속에서 한 시간 정도 좌선하던 분들이 철야정진을 통해 끊임없이 일어나는 번뇌 망상과 쏟아지는 졸음과 저려 오는 다리의 통증을 극복하면서 밤새워 좌선하는 것은 쉽지 않은 일이다. 그러나 그 힘겨운 철야정진을 끝내고 일상으로 돌아오면 한 시간 정도의 참선은 훨씬 수월하게 하는 자신을 발견하게 될 것이다. 또한 철야정진을 통해 여러 도반이나 좋은 스승을 만나 수행 체험을 탁마하여 도움을 받을 수도 있고 공부의 경계에 대해서 자연스럽게 대화를 나눌 수도 있다.

재가불자의 경우 날마다 아침저녁으로 한 시간 내지 두 시간 정도만 간절하게 좌선한다면 수행은 저절로 익어 갈 것이다. 대혜 스님도 『서장』에서 "화두를 들고 아침저녁으로 공부한다는 것은 너무나 좋고 좋은 일(唯朝夕以某向所擧話頭提 甚善甚善)"이라고 말했다.

그러니 하루도 거르지 말고 날마다 좌선에 들기를 권한다. 밥을 거를 수 없듯이 규칙적으로 하루하루 좌선 수행을 해 보라. 공부에 힘을 얻게 되고 망상이 사라지고 번뇌는 점차 줄어들 것이다. 설사 화두를 타파할 수 없다 하더라도 선정의 힘이 쌓이면 마음이 안정되어 삶에 중심이 잡히고 집중력도 향상된다. 또한 망상이 제거되므로 모든 일을 두려움 없이 활기차게 해 나갈 수 있고 창의적인 영감으로 충만된 삶을 살아 나갈 수 있다.

일하면서 화두를 들 수 있는가?

재가자들이 일하면서도 화두를 들 수 있을까? 재가자 가운데 이 문제와 관련해서 궁금증을 갖는 분이 많다. 흔히 화두를 들려면 그 화두에 온몸과 정신이 집중되어야 하니 일을 하거나 운전을 하면서 동시에 화두를 드는 것이 불가능하리라 생각하기 쉽다.

그러나 대혜 선사는 가고 머물며 앉고 눕는 행주좌와의 일상생활 속에서 화두를 놓치지 말라고 한다. 대혜 선사뿐 아니라 많은 선사들이 일상사가 바로 도 아님이 없다고 했다. 바로 우리가 밥 먹고 출근하여 사무를 보며 대화를 나누는 것이 바로 도道와 둘이 아니어야 한다. 즉 일상생활에서도 간단없이 화두를 들 수 있다는 뜻이다. 조용한 곳에서 화두 드는 힘이 길러진 공부인은 움직일 때나 설거지 할 때, 운전할 때, 차 마시고 밥 먹을 때도 부단히 화두를 들 수 있다.

그러나 일을 하면서 화두를 들기란 쉬운 일이 아니다. 일에 몰두하다 보면 그 일에 정신이 집중되어 화두가 들리지 않을 때가 많다. 하지만 아침저녁으로 또는 출퇴근 시간이나 빈 시간을 이용하여 꾸준히 화두를 들다 보면 그 화두에 대한 의정이 생겨 의식하지 못하는 사이에도 마음 깊숙한 곳에서 무심하게 화두가 들리기 시작한다.

대혜 선사는 화두가 일상적 삶 속에서 벌어지는 대상이나 경계에 휘둘리지 않아야 한다고 했다. 책상 위에서 글이나 문서를 보면서 여유를 가져야 하며, 일을 하면서 사물과 서로 마주칠 때 그것을 잘 다룰 수 있어야 한다고 했다. 그리고 고요한 곳에 머물면서 망상에 빠지지 않으며, 일을 체득하여 궁구窮究함에 잡념이 없어야 한다고 말했다.[25]

또한 이렇게 오래오래 하다 보면 기쁜 소식이 올 날이 도래할 것이라 했다. 그래서 진각 선사는 이렇게 말한다.

평상시에 무슨 일이 있어도 조주의 방하착放下着이라는 한 칙의

---

25. "不識 別後日用應緣處 不被外境所奪否. 視堆案之文 能撥置否. 與物相遇時 能動轉否. 住寂靜處 不妄想否. 體究箇事 無雜念否." - 『書狀』「答樓樞密(一)」

공안을 뚜렷이 들고 공부하다가 시기가 무르익으면 저절로 더이
상 의심하지 않아도 되는 경지에 도달할 것이다.

尋常千萬 不昧趙州放下着一則公案 久久 自到不疑之地矣.

― 『眞覺國師語錄』「答晋康候妃王道人」

특별한 방법은 없다. 이렇게 일상생활을 하면서 간절한 마음으
로 화두를 빈틈없이 지어 나간다면 일이 곧 화두며 화두가 곧 일로
자리잡히게 된다. 그러다가 자연스럽게 화두가 익어서 오이꼭지 떨
어지듯 확철대오하는 시절이 올 것이다. 화두를 들다 한 고비를 넘
기면 마음이 그저 청량하고 새털처럼 가벼워진다는 사실을 명심하
고 하루하루 힘차게 정진해 나가길 바란다.

제6장
화두 참구와 삼매의 단계

1. 화두 참구와 성성적적

화두 참구에서 중요한 것은 화두에 빈틈없이 깨어 있는 것이다. 화두를 드는 과정에서 일어나는 모든 병통이나 이상 현상 그리고 아무 생각 없는 무기無記에 빠지는 것은 모두 화두에 역력하게 깨어 있지 못할 때 생기는 마음의 작용이다. 화두 참구의 가장 바람직한 형태는 화두에 대한 성성적적惺惺寂寂이다.

화두를 참구할 때 온갖 번뇌 망상이 생멸하지 않고 양변을 여읜 상태로 전개되는 것을 '적적寂寂'이라 한다. 이것은 마음이 고요하고 청정한 상태로 깨끗한 거울이나 물결이 일어나지 않은 맑은 호수와 같다. 이런 상태에서도 그저 한가하게 무기에 떨어지지 않고 초롱초롱한 정신으로 화두에 대한 의정을 지속해 나가는 것을 '성성惺惺'이라 한다. 화두에 밝게 깨어 있다는 말이다. 마치 깨끗한 거울에 밝은 빛이 역력히 비치는 것과 같다.

성성적적 가운데 화두 참구에서 우선시되는 것은 성성이다. 만약 화두에 성성하게 깨어 있지 않으면 혼침이나 무기 또는 마구니의 경계에 빠지게 된다. 화두에 온전히 깨어 있으면 화두 삼매에 몰입되어 자연스럽게 적적한 경지가 펼쳐진다.

태고 선사는 무제無際 거사에게 준 법문에서 성성적적에 대하여 이렇게 말한다.

이 경계에 이르러 곧바로 온몸을 다 놓아 버리고 일체 모든 것을 하지 않으며, 하지 않는다는 생각마저 하지 않으면, 곧바로 한적한 경지(閑閑地), 툭 트인 경지(蕩蕩地)에 이르게 될 것이니 결코 사량분별을 하지 말라. 앞생각이 소멸한 상태에서 뒷생각을 일으키지 않으면 현재의 생각도 공하게 된다. 그러나 비었다는 생각 또한 고수하지 않고, 고수하지 않는다는 생각도 잊어버리며, 잊어버렸다는 생각도 세우지 않고 세우지 않는다는 생각도 벗어나며, 벗어난다는 생각도 갖지 말아야 한다. 이러한 때에 이르면 단지 성성적적惺惺寂寂하고 신령한 광명만이 우뚝 눈앞에 나타날 것이다. 하지만 결코 그것에 대하여 망령되게 알음알이를 일으키지 말고, 단지 화두만 들고 하루 종일 행주좌와에서 오로지 화두만 놓치지 말고 절실하게 궁구하라.

到這裏 直得通身放下 一切不爲 不爲底也不爲 直到閑閑地蕩蕩地 切無擬思. 前念已滅 後念不起 當念卽空. 空亦不守 不守亦忘 忘亦 不立 不立亦脫 脫亦不存. 到恁麼時 只是箇惺惺寂寂底靈光 卓爾 現前. 切莫妄生知解 但擧話頭 十二時中 四威儀內 單單不昧 切切 參詳.　　　　　　　　　　　　　　　　－『太古語錄』「示無際居士」

태고 선사는 화두를 들고 공부할 때 앞뒤의 모든 생각을 소멸시켜 텅 비우고 텅 비었다는 생각조차 고수하지 않으며, 오로지 화두만 성성적적하게 남아 있는 경계에 도달해야 한다고 했다. 이렇게 화두만 살아 움직일 때 곧 광명이 발할 것이라고 했다. 그러나 여기도 아직 완전한 곳이 아니니 절대로 깨달았다는 마음을 내지 말라고 일렀다. 아직 화두를 타파한 것이 아니기 때문이다. 따라서 화두 참구는 은산철벽을 투과할 때까지 화두에 대한 적적성성과 성성적적이 지속되어야 한다.

이에 대하여 보조 선사는 영가 현각 선사의 말을 빌려 이렇게 말하고 있다.

그러므로 영가 선사는 "성성적적惺惺寂寂은 옳지만 성성망상惺惺

妄想은 그르고, 적적성성寂寂惺惺은 옳지만 적적무기寂寂無記는 그른 것이다"라고 하였다. 이미 고요한 가운데 멍하니 있는 것을 용납하지 않고 또렷한 가운데 어지러운 생각을 일으키지 않는데 어찌 망심이 생기겠는가.

故永嘉云 惺惺寂寂是 惺惺妄想非 寂寂惺惺是 寂寂無記非. 旣寂寂 中 不容無記 惺惺中不用亂想 所有妄心 如何得生.

－「眞心直說」「眞心息妄」

영가 현각 선사도 분명히 밝히고 있듯이 '적적성성' 해야지 '적적무기'가 되어서는 안 된다. 적적하기만 하고 아무 생각이 없는 상태를 경계한 것이다. 따라서 화두 드는 과정에서 고요하게 적적하기만 하고 화두가 또렷또렷 들리지 않는다면 자칫 무기에 빠져 공부가 진전되기 어렵다.

화두는 끝까지 성성적적하게 들어 나가야 한다. 나옹 선사는 "참선은 제 마음을 참구해 가는 것이다. 부디 다른 물건을 따라 밖에서 찾지 말라. 적적하면 사념이 일지 않고 성성한데 어떻게 화두에 어두우랴"[26]라고 했다. 그러면 오래지 않아 밝은 소식이 올 것이다.

---

26. "參禪涼取自家心 切忌隨他外憶尋 寂寂更無邪念起 惺惺那有話頭沈." －「懶翁和尙語錄」「示衍上人」

2. 화두 참구에서 득력처란?

초심자들은 화두에 대한 의심이 간절하지 못한 까닭에 화두를 든 지 얼마 지나지 않아 망상이 일어난다. 생각에 생각이 꼬리를 물고 이어진다.

그래서 달마 대사는 "밖으로 모든 반연을 쉬고 안으로 마음에 헐떡거림이 없어서 마음이 장벽과 같아야 가히 도에 들 수 있다"[27]라고 했다. 백운 경한 선사도 수행자들에게 "반드시 먼저 모든 반연을 그치고 만 가지 일을 쉬어야 한다"[28]라고 하였다. 마음 속의 세간 잡사나 욕망이나 원한, 구하는 생각이나 잡념을 가지고서는 그 마음에 밝은 달이 드러날 수 없는 것이다. 마땅히 마음에서 만사를 다 놓아 버려야 한다. 그래야 마음이 흐트러지지 않고 화두에 집중할 수 있다. 이와 같이 마음 터를 닦아야 좌선에 들어가도 흔들리지 않는다.

그래도 억지로 화두를 들어 보려 하지만 또 다시 망상더미에 갇혀 있는 자신을 볼 수 있다. 과연 이럴 때 어떻게 해야 하는가?

서산 선사는 말한다.

---

27. "外息諸緣 內心無喘 心如牆壁 可以入道." - 『景德傳燈錄』「達磨大師章」
28. "須要先歇諸緣 休息萬事." - 『白雲和尙語錄』

어떤 맛도 없고 모색할 도리가 전혀 없어 뱃속까지 답답할 때 공에 떨어지지 않을까 두려워하지 말라. 이 상태가 바로 화두 공부에서 힘을 얻은 곳이며, 동시에 힘이 덜 드는 경계고, 생사를 던져버릴 곳이다. 화두가 분명하게 드러나 들려고 하지 않아도 저절로 들리고, 의심하려 하지 않아도 저절로 의심하게 되는 때이다.

沒滋味 沒模索 肚裏悶時 莫忙落空 此是話頭得力處也 省力處也
放生死處也 話頭明明 不提自提 疑團歷歷 不疑自疑時

– 『淸虛集』 卷七 「謝白雲頭流諸法弟書」

여기서 말하는 '힘이 덜 드는 것'이 생력省力이며 '힘을 얻는 것'이 득력得力이다. 곧 생력이란 공부가 순하게 익어 힘이 덜어진다는 뜻이고, 득력이란 힘을 얻는다는 뜻이다. 맨 처음에는 화두가 잘 안들리고 망상만 일어날지라도 계속 화두를 놓지 않고 꾸준히 들다 보면 화두에 대한 의심이 순숙해져 자연스럽게 화두가 들리게 되는 경지가 온다. 이럴 때는 억지로 화두를 들려고 하지 않아도 자연스럽게 화두가 들린다. 화두가 간절해서 화두를 드는 데 전혀 힘이 들지 않게 마련이며 거기서 화두를 밀고 나가는 힘이 생긴다. 그래서 화두를 드는 힘이 들지 않을 때 바로 그 자리가 힘을 얻게 되는 자리라고 해서 생력처省力處가 득력처得力處라 한 것이다. 득력이나 생력은 억지로 힘을 쓰거나 덜어내거나 하는 것이 아니다. 자연스럽게 화두가 익어 힘이 전혀 안 드는 상태로, 이런 상태에 이르면 하늘이 무너진다 해도 꿈쩍하지 않는다.

망상이 끊임없이 피어오를 때는 어떻게 해야 하는가? 망상이 떠오르는 것은 마음을 고요하게 가질 때 일어나는 자연스러운 현상이다. 평상시에는 다른 일에 몰두하다 보니 마음의 그런 작용을 못 느낄 따름이다. 마음이 고요해지는 순간 그런 망상들이 보이기 시작하는 것이다. 마치 문틈 사이로 밝은 햇빛이 비치면 수없이 많은 먼지들이 선명하게 보이는 이치와도 같다. 망상이 떠오를 때는 망상과 씨름하면 안 되며 더욱더 화두에 마음을 집중해야 된다. 망상을 없애려고 애쓰지 않고 화두 참구에만 온 힘을 쓰다 보면 마침내 화두가 순일해지고 의정이 생겨나 저절로 화두가 들리게 되는 것이다.

망상을 없애려고 애쓰는 것은 망상을 가지고 망상을 누르는 것과 같고 불로 불을 끄려는 것과 같다. 망상을 없애려는 마음과 망상이 다르지 않다는 말이다. 풀을 없애려고 돌멩이로 풀을 눌러 놓으면 풀은 며칠 지나지 않아 돌멩이 밖으로 자라 나온다. 망상을 생각으로 없애려는 것도 이와 같다. 망상으로 망상을 없애려 하지 말고 간절히 화두만을 의심해야 한다. 그러다 보면 망상은 저절로 사라져 버린다. 따지고 보면 망상도 다 내 마음 속에서 나온 것이다. 망상도 내 마음 작용이기 때문에 그 자체는 진리이다. 진여와 망상은 한 몸이다. 중생과 부처, 생사와 열반이 둘이 아니다. 따라서 망상을 없애려 하지 말고 그 마음자리에 화두를 들면 망상이 사라져 진리와 함께 움직이게 되는 것이다.

망상을 이용하여 공부하려면 그 망상이 어디서 오는가를 살펴보라. 망상은 본래 없다. 공하다. 그러니 망상이 일어난다 해도 그 망상에 끄달릴 필요가 없는 것이다. 그 망상을 일으키는 마음 작용에 휩쓸리지 말고 망상하는 마음을 딱 멈추고 그 자리에서 화두를 들어야 한다. 그러면 화두가 자연스럽게 들린다. 절대로 억지로 해서는 안 된다. 발심이 된 상태에서 간절한 마음으로 들어야 하는 것이다. 자기를 괴롭혀서는 안 된다. 화두와 공부하고자 하는 마음이 친한 친구처럼 편안한 관계가 되어야 한다.

이와 관련하여 몽산 선사는 다음과 같이 말한다.

만약 마음을 억지로 써서 화두를 든다면 공부가 힘을 얻지 못할 것이다. 움직이거나 고요하거나간에 의심하는 공안이 흩어지지 않고 튀어나가지도 않으며, 화두가 조급하지도 않고 느슨하지도 않아 자연히 눈앞에 나타나면 이와 같은 때라야 공부가 힘을 얻게 된 것이다.

若涉用力擧 話時 工夫不得力在. 若動中靜中 所疑公案 不散不衝 話頭不急不緩 自然現前 如是之時 工夫得力.

– 『蒙山和尚法語』「示古原上人」

서산 선사는 장부의 뼛속까지 싸늘해져서 화두가 저절로 들릴 때가 바로 득력처라고 말한다.

바다와 같이 큰 신심을 일으키고 산과 같이 우뚝한 뜻을 세워 밤 낮으로 사위의 중에서 있는 힘을 다해 의단을 일으켜라. 냉담하여 아무 맛도 없고 화두만 홀로 드러나 식識이 가라앉고 마음의 길이 끊어지며 장부의 뼛속까지 싸늘해져서 화두가 저절로 들리고 저절로 의단이 일어날 때가 바로 당사자가 힘을 얻은 경지다. 發信大如海 立志卓如山 日夜四威儀 盡力起疑團 冷淡沒滋味 話頭 獨單單 識沈心路絕 丈夫骨應寒 自擧自疑時 當人得力處

— 『淸虛集』卷一「示寶大師」

이렇듯 화두는 억지로 드는 게 아니다. 화두 공부에 조급하지도 않고 느슨하지도 않아 공부에 힘을 얻게 되면 어느 때 어느 장소를 막론하고 화두를 들 수 있게 된다. 고요한 곳에서나 시끄러운 곳에서나 화두가 한결같이 들린다. 그리고 화두가 깊어짐에 따라 번뇌도 점점 사라진다. 그러나 게으르게 되면 화두에 대한 의정이 사라지게 된다. 그러니 꾸준히 방심하지 않고 정진해 나가면 머지않아 화두 하나만이 오롯이 남아 있는 타성일편打成一片을 이룰 것이다.

태고 선사는 이렇게 말한다.

만일 이와 같이 진실로 공을 들이면 곧 공부가 힘들지 않는 곳에 이를 것이니 이 곳이 힘을 얻는 곳이다. 화두가 저절로 무르익어 한 덩어리가 되면 몸과 마음이 홀연히 텅 비고 응결된 듯이 움직이지 않아 마음이 더 이상 갈 곳이 없게 될 것이다. 이것이 바로 본래의 그대이니 여기서 만약 다른 생각을 일으키면 반드시 헛된 것에 끌려가게 될 것이다.

若如此眞實用功 則便到省力處 此是得力處也. 話頭自然純熟 打成一片 身心忽空 凝然不動 心無所之. 這裏只是箇當人 當人若起他念 則決定被影子惑矣.   -『太古和尙語錄』上卷「示衆」

3. 화두 참구시 몰자미를 어떻게 해야 하는가?

　화두를 참구하다 보면 마음이 답답한 순간이 오기도 한다. 이것은 공부가 농익지 않은 상태로 화두가 잘 잡히지 않기 때문이다. 이럴 때는 발심을 다시 일으켜 간절한 마음으로 화두를 들어야 한다.

　또 화두에 의정이 형성되어 순일하게 이어지다가 아무 맛도 재미도 못 느끼는 경지가 오기도 한다. 이런 상태를 몰자미沒滋味 또는 무자미無滋味라 한다. 부여잡을 데도 없고 기댈 데도 없어서 도무지 재미가 없게 된다. 대혜 선사는 이럴 때가 좋은 때라고 했다.

　화두란 언어와 관념의 맛이 끊어져 생각으로 분석하고 추적할 수 없는 것이다. 화두란 본래 아무 맛도 없는 것이다. 그래서 원오 선사는 화두를 "아무 맛도 없는 쇠로 만든 떡(沒滋味鐵酸餡)"[29]이라 했다. 화두를 들게 되면 이치의 길이 끊어져 온갖 갈등과 헤아리는 생각과 너와 나를 가르는 분별의식이 다 떨어져 나가는 것이다. 종적과 자취가 끊어지는 것이다.

　화두를 들고 그 맛 없는 떡을 씹다가 어느 정도 진전이 되면 말길도 끊기고 생각의 길도 막힌다. 언어와 생각의 맛이 끊어지는 것이다. 이렇게 아무런 재미가 없다고 해서 몰자미라 한 것이다. 그러나

---

29. 『圓悟佛果禪師語錄』 第14卷 「示隆知藏」

이것은 화두가 익어 자신과 화두가 하나가 되어 가고 있다는 증거이다. 이런 경지에 도달하면 자신마저도 사라진다고 했다.

대혜 선사는 이렇게 말한다.

> 만약 곧바로 쉬고자 한다면, 예전에 재미 붙였던 것을 되돌아보지 말고 잡을 수도 없고 재미도 없는 곳에다 뜻을 두고 힘써 그것을 살펴보라. 만약 그것이 진실로 뜻을 둘 수도 없고 잡을 수도 없는 것이라면 그것을 알 수 있는 더듬이는 어디에도 없다는 것을 깨닫게 될 것이다. 이렇게 되면 이치나 뜻의 길을 오가던 의식의 흐름이 사라져 나무나 흙, 돌처럼 되는데 수행자는 이 때 공에 떨어질까 두려워하지 말아야 한다. 이 곳이 바로 자신의 목숨을 내던질 곳이니 결코 소홀히 하지 말라.
>
> 若要直下休歇 應是從前得滋味處 都莫管他. 却去沒撈摸處 沒滋味處 試着意看. 若着意不得 撈摸不得 轉覺得沒橪柄可把捉. 理路義路 心意識都不行. 如土木瓦石相似時 莫怕落空. 此是當人 放身命處 不可忽 不可忽.
>
> － 『書狀』「答王敎授」

나옹 선사는 '공부십절목工夫十節目'으로 수행자의 공부 상태를 점검하였다. 선사는 이 몰자미한 상태를 화두가 삼매를 이루어 심신일여心身一如에 들기 직전의 경지로 설명하면서, 이 경지에서는 화두가 지속되고 있기 때문에 재미는 없지만 힘은 덜어진다고 하였다. 선사는 아무런 재미도 없는 몰자미의 상태에서 화두 참구를 쉼 없이 밀어붙일 것을 강조하고 있다.

> 혹 화두를 들어도 공부가 차고 담담해서 도무지 재미가 없어 부리로 쫄 만한 곳이 없고 힘을 붙일 곳이 없으며, 조금도 분명한 곳이 없고 그렇다고 어찌할 수 없더라도 절대로 여기서 물러서지 마라. 이 때야말로 공부를 하는 이가 공부의 힘을 붙일 곳이며, 공부의 힘을 덜 곳이며, 공부의 힘을 얻을 곳이며, 몸뚱이와 목숨을 버릴 곳이다.
>
> 其或擧 冷冷淡淡 全無滋味 無揷觜處 無着力處 無分曉處 無奈何處 切莫退之 正是當人 着力處 省力處 得力處 放身失命之處也.
>
> ─『懶翁和尙語錄』「示一珠首座」

몰자미의 공부 과정에서는 더욱 힘써 화두를 참구하여 소홀히 하지 말아야 한다는 것이다. 여기에서 중단하면 안 된다. 다른 방편을 찾지 말고 오직 의심을 더 일으켜 밀고 나가야 한다. 오직 대신심과 대정진력으로 그저 화두를 챙기면서 밀어붙여야 한다.

몽산 선사는 이렇게 말한다.

공부가 깊었다 알았다 하면서 아무런 맛이 없는 때가 있을 것이다. 이 때가 바로 정진하기 좋을 때이니 한 발 한 발 거쳐야 할 곳들로 나아가라. 결코 놓아버리면 안 될 것이니 성성하면 곧 고요함에 들어가고 고요한 뒤에야 정정(定)에 들어간다.

工夫 若到濃一上淡一上 無滋味時 正好進步 漸入程節. 切不可放捨惺惺便入靜 靜而後定.　　　　　　　　　　－『蒙山和尙法語』「示聰上人」

　　몰자미는 간절한 화두 참구의 결과로서 이치로 헤아리고 분별심으로 따지던 업의 힘이 약해지면서 나타나는 자연스러운 현상이다. 여기서 더 나아가면 마음이 고요해지고 화두가 자연히 몸에 익어 신심일여가 된다. 몽산 선사는 다시 이렇게 당부한다.

　　아무 재미가 없는 때가 이 공부의 재미인 것이니 문득 번뇌심을 내지 말아야 한다

百無滋味時 有些滋味 却不可生煩惱　　　－『蒙山和尙法語』「示覺圓上人」

　　재미가 없을 때가 곧 재미가 있는 때이니 여기서 그만두지 말고 더욱 맹렬히 공부하라는 말이다. 이러한 때를 맞아 절대 화두를 놓치지 말고 더욱 분발심을 내어 공부를 하다 보면 은산철벽을 투과해서 분명 화두를 타파하는 좋은 시절이 올 것이다.

이 일은 마치 모기가 무쇠소 등에 앉은 것과 같으니 이러니저러니 묻지 말고 어떻게 해도 주둥이를 꽂을 길이 없는 곳에서 목숨을 한 번 버린다는 생각으로 온몸으로 뚫고 들어가야 한다.

<평창> 위에서 말한 뜻을 거듭 결론지은 것이다. 활구를 궁구하는 자로 하여금 물러서지 말도록 한 것이다. 옛 사람은 '참선은 모름지기 조사의 관문을 뚫어야 하고 묘한 깨달음은 마음으로 분별할 길이 끊어진 곳을 궁구해야 한다'라고 하였다.

此事 如蚊子上鐵牛 更不問如何若何 下嘴不得處 棄命一攢 和身透入.〈評唱〉重結上意 使參活句者 不得退屈. 古云 參禪須透祖師關 妙悟要窮心路絶.

                   ー『禪家龜鑑』

4. 간화선에서 말하는 삼매란 무엇인가?

삼매의 여러 가지 정의와 간화선에서 말하는 삼매

삼매三昧는 산스크리트어 사마디samadhi에서 나온 말로 심신일여心身—如나 몰아일체沒我—切의 상태를 일컫는 말이다. 이것은 나와 대상이 하나가 되어 맑고 고요하며 흔들림이 없는 경지를 말한다. 내 생각의 자취는 사라지고 오로지 있는 그대로의 실상이 명료하고 밝게 드러난 상태이다. 이러한 상태를 마음이 한 가지 대상에 집중하여 고요히 명상에 잠긴다 하여 정定이라고도 한다.

삼매를 통하지 않으면 지혜가 현전하지 않기에 불교에서는 이 삼매의 작용을 매우 중요시한다. 여기에서 삼매를 초기불교의 삼매, 대승불교의 삼매, 그리고 간화선의 삼매로 나누어 간략히 설명해 보겠다.

초기불교나 부파불교에서는 마음을 어느 한 대상에 집중해서 그것과 하나가 되는 것을 강조했다. 이것을 심일경성心—境性이라 한다. 다시 말하면 '의식을 하나의 대상에만 몰두하여 번뇌가 사라진 평화롭고 안락한 상태에 들어가는 것'을 뜻한다. 그것은 또한 '평등한 마음을 한결같이 유지해 나가는 상태'를 일컫는다. 그래서 삼매를 '등지等持'라고도 번역한다. 이러한 삼매의 의미가 삼매에 대한 일반적인 정의로 정착된 것이다.

대승불교에서는 삼매를 더욱 심화 발전시켜 다양한 형태의 삼매가 나타나게 된다. 예를 들면 염불을 통한 정신 집중의 과정을 거쳐 부처님을 보게 되는 반주삼매般舟三昧, 바람이 잔 고요한 바다 위에 삼라만상이 그대로 드러남과 같은 명증한 의식세계를 경험하는 해인삼매海印三昧, 번뇌를 쳐부수는 용맹견고한 삼매로 수능엄삼매首楞嚴三昧 같이 경전에 따라 수많은 삼매가 있으며, 이 같은 삼매는 부파불교에서 말하는 삼매와는 달리 적적과 성성이 함께 아우러져 쌍차쌍조雙遮雙照하는 삼매이다.

　간화선에서는 화두 삼매를 강조한다. 나와 화두가 하나되어 화두가 순일해지는 것이다. 이 말은 화두를 대상화하여 관하는 것이 아니라 나와 화두가 하나가 된다는 사실을 분명히 알아야 한다. 그것은 화두에 몰입되어 화두와 내가 한 덩어리가 되어 놓을래야 놓을 수 없고 버릴래야 버릴 수 없는 은산철벽의 경지에 들어야 비로소 온전한 화두 삼매라 할 수 있다. 이 상태에서 화두를 타파하면 지혜가 바로 나온다. 구름이 걷히면 바로 해가 나오는 이치와 같다. 이렇게 화두를 타파해서 돈오하게 되면 혜능 선사가 말하는 일상삼매一相三昧인 것이다.

선에서 강조하는 궁극적인 삼매의 경지

선종에서 중시한 삼매에는 일상삼매와 일행삼매一行三昧가 있다. 이것은 잘못된 수행자들이 말하는 일반적인 삼매와는 다르다. 흔히 하는 일과 하나가 되는 것을 삼매라고 한다. 예를 들어 독서삼매나 영화삼매 등을 말한다. 이러한 삼매는 대상에 붙들려 있으면서 사유하는 삼매라서 개개의 대상에 열중하여 그것과 하나가 되지만, 선종에서 말하는 생각의 길·말의 길이 끊어진 삼매는 결코 아니다.

선에서 말하는 삼매는 소리의 경계에서도 소리에 물들지 않고 물질의 경계에서도 그것에 물들지 않는 것이다. 이러한 삼매가 혜능 선사가 말하는 일상삼매요 일행삼매이다. 돈황본『육조단경』에서 혜능 선사는 이렇게 말한다.

> 일행삼매란 일상시에 가거나 머물거나 앉거나 눕거나 항상 곧은 마음을 행하는 것이다.『정명경』에 말하기를, "곧은 마음이 도량이요 곧은 마음이 정토다"라고 하셨다. 마음에 아첨하고 굽은 생각을 가지고 입으로만 법의 곧음을 말하지 말라. 입으로는 일행삼매를 말하면서 곧은 마음으로 행동하지 않으면 부처님 제자가 아니다. 오직 곧은 마음으로 행동하여 모든 법에 집착하지 않는 것을 일행삼매라고 한다. 그러나 미혹한 사람은 법의 모양에 집착하고 일행삼매에 국집하여 앉아서 움직이지 않는 것이 일행삼

매라고 한다. 만약 이와 같다면 이 법은 무정과 같은 것이므로 도리어 도를 장애하는 인연이다.

一行三昧者 於一切時中 行住坐臥 常行直心是. 淨名經云 直心是道場 直心是淨土. 莫心行諂曲 口說法直. 口說一行三昧 不行直心 非佛弟子. 但行直心 於一切法 無上有執著 名一行三昧 迷人 著法相 執一行三昧 直心坐不動 除妄不起心 卽是一行三昧. 若如是此法 同無情 却是障道因緣.　　　　　　　　　　　　　　　－『六祖壇經』敦煌本

또한 『육조단경』 덕이본의 「부촉품付囑品」에서는 일상삼매에 대하여 "일체처에 처하더라도 상相에 머물지 않고 설사 상相을 취했더라도 미워하고 좋아하는 마음을 내지 말아야 한다. 또한 취하고 버리지 말 것이며 이익이 있다든가 이익이 없다든가 또는 성취가 된다든가 허물어진다든가 하는 것도 생각할 필요가 없다. 그저 편안하고 고요하고 안온하며 텅 비어 있는 듯이 담박澹泊하게 되면 이러한 경계를 일상삼매라고 한다"[30] 라고 했다.

이와 같이 일상삼매와 일행삼매는 육조 혜능 선사가 크게 강조하였던 것임을 알 수 있다. 이것은 곧은 마음인 직심을 쓰는 삶이다.

---

30. "若於一切處而不住相 於彼相中 不生憎愛. 亦無取捨 不念利益成壞等事. 安閑恬靜 虛融澹泊 此名一相三昧." －『六祖壇經』 德異本 「付囑品」

그래서 만물과 더불어 요요상지了了常知하고 적적성성寂寂惺惺하여 어디에도 걸리지 않는 것이다. 임제 스님이 말한 '가는 곳마다 주인이 되고(隨處作主), 선 자리마다 모두 진리(立處皆眞)'인 경지가 이러한 궁극적인 삼매의 상태를 일컫는다.

끝으로 임제 선사가 말한 사료간四料簡의 예를 들어 선에서 말하는 궁극적인 삼매의 경지를 거듭 밝혀 둔다.

> 첫째, 어느 때는 사람(주관)은 빼앗고 경계(객관)는 빼앗지 않는다.
> 둘째, 어느 때는 경계는 빼앗고 사람은 빼앗지 않는다.
> 셋째, 어느 때는 사람과 경계를 함께 빼앗는다.
> 넷째, 어느 때는 사람과 경계를 모두 빼앗지 않는다.
>
> 奪人不奪境　奪境不奪人　人境俱奪　人境俱不奪

이것을 순차적으로 설명하자면, 주관은 없고 객관만 있는 경우, 객관은 없고 주관만 있는 경우, 주객이 모두 사라진 경우, 주객의 양변이 모두 사라진 청정한 상태에서 다시 주객의 작용을 일으켜 어디에도 걸리지 아니하고 자유자재한 경우를 말한다. 이 양변을 여읜 청정한 상태를 대기원응大機圓應이라고 하고, 그 청정한 상태가 작용하는 것을 대용직절大用直截이라 한다. 그렇기 때문에 이러한 경지에 이르면 활발발하고 무애자재한 대자유의 세계가 펼쳐지는 것이다.

5. 동정일여, 몽중일여, 오매일여의 세 가지 단계란?

화두가 빈틈없이 지속적으로 들려야 화두 삼매를 이루게 되고, 이러한 삼매를 거쳐 화두를 타파하면 깨닫게 되는 것이다. 화두 삼매는 그 철저함의 정도에 따라 동정일여動靜一如, 몽중일여夢中一如, 오매일여寤寐一如의 세 단계로 나눌 수 있다. 곧 화두가 얼마나 밀밀하게 이어지느냐에 따라 단계별로 나눌 수 있다는 것이다. 여기서 비록 단계라 표현했지만 그것은 깨달음에 단계가 있다는 말은 결코 아니다. 화두 참선은 바로 이 자리에서 몰록 깨닫는 데 그 핵심이 있기 때문이다.

간화선은 화두를 조금씩 조금씩 타파해 들어가는 것이 아니다. 화두는 아무 맛도 없는 쇠로 만든 떡이다. 그 떡을 한 입에 씹어서 삼키는 것이다. 단계라든가 순서가 전혀 인정되지 않는다. 그러나 "깨닫는 것은 찰나이나 공부를 실천해 나가는 데는 모름지기 긴 시간이 필요하다"[31]라고 했다. 이 세 단계 가운데 오매일여의 단계에 들어서면 깨달음이 가까이 온 것이다.

'일여一如'라는 단어에서 '일一'은 '늘' 또는 '한가지로'라는 뜻이며 '여如'란 '그러하다'는 뜻으로, 일여란 '늘 한결같다', '끊어짐

---

31. "悟則刹那 履踐功夫 須資長遠." - 『圓悟心要』 上卷 「示圓首座」

이 없이 늘 같은 상태를 유지하다' 라는 뜻이다. 화두 드는 것과 관련해서 말하면 '화두가 한결같이 지속적으로 들리는 것' 을 이르는 말이다. 동정일여란 '화두가 움직일 때나 가만히 있을 때나 한결같이 들리는 것' 을 말하며, 몽중일여는 '화두가 깨어 있을 때나 꿈꿀 때나 한결같이 들리는 것' 을 의미한다. 그리고 오매일여란 '화두가 깨어 있을 때나 깊은 잠을 잘 때나 똑같이 들리는 것' 이다. 화두를 참구할 때는 동정간에 그리고 깊은 꿈 속에서도, 나아가 자나깨나 화두가 순일하게 들려야 비로소 깨치게 되는 것이다. 이러한 이치에 대하여 태고 보우 선사는 다음과 같이 분명히 밝혀 놓았다.

만일 하루에 한 번도 끊어짐이 없는 줄 알았거든 더욱 정신을 바짝 차려서 때때로 점검하되 날마다 끊어짐이 없게 해야 한다. 만약 사흘 동안 법대로 끊어지는 틈이 없어, 움직이거나 가만히 앉아 있을 때에도 한결같고(動靜一如) 말하거나 침묵할 때도 한결같이 화두가 항상 앞에 나타나 있되, 급히 흐르는 여울 속의 달빛 같아서 부딪쳐도 흩어지지 않고 헤쳐도 없어지지 않으며 휘어져도 없어지지 않아 자나깨나 한결같으면(寤寐一如) 크게 깨칠 때가 가까이 온 것이다.

若知一日一度 也無間斷 則添些精彩 時時點檢 日日無間斷. 若三日
如法無間斷 動靜一如 語默一如 話頭常現在前 猶急流灘上月華相

似 觸不散撥不去蕩不失 寤寐一如 大悟時近矣.

－『太古和尚語錄』上卷「答方山居士」

동정일여

동정일여動靜一如란 화두가 한결같이 여여하게 들려 행주좌와行
住坐臥와 어묵동정語默動靜에 항상 밝게 깨어 있는 것을 말한다. 우선
화두가 앉아 있거나 침묵해 있거나 고요한 상태에서도 끊이지 않아
야 한다. 사실 이 상태에 들어가는 것도 결코 쉬운 일이 아니다. 그
다음에는 걷거나 일하거나 대화하거나 밥 먹을 때도 화두가 들려 있
어야 한다. 그래서 동이고 정이고 간에 한결같이 들려야 화두 드는
진정한 힘이 붙게 된다. 이것이 동정일여다.

대혜 선사는 조용히 앉아 있는 것만 고집하여 고요한 곳을 좋아
하고 시끄러운 것을 싫어하는 그 자체가 분별망상이요 알음알이라
고 했다. 따라서 고요한 때건, 시끄러운 때건, 선방에서건, 일상생활
속에서건 화두가 한결같이 들려 있어야 한다. 아무리 특별하고 혹독
한 순간에서도 화두가 여여하게 들려야만 어떤 삶의 경계에서도 미
혹되지 않고 늘 깨어 있을 수 있다.

몽중일여

몽중일여는 화두가 꿈 속에서도 변함없이 들려 있는 경지를 말한다. 우리는 대개 꿈에서 황금보배를 얻으면 한없이 기뻐하고, 꿈에서 칼이나 몽둥이로 핍박받거나 온갖 나쁜 경계에 휘둘리게 되면 두려워 떨게 된다. 바로 꿈에서 경계일여境界一如가 안 된 것이다. 꿈에서도 화두가 오롯이 들려야 경계일여가 되는데, 이 경계일여가 곧 몽중일여다. 이렇게 꿈에서 화두가 일여하게 들린다면 꿈 속의 경계에도 일여해서 흔들리지 않고 밀밀하게 화두를 지어 나갈 수 있다.

태고 선사는 이렇게 말한다.

> 만일 하루나 이틀 내지 칠일 동안 법 그대로 빈틈없이 궁구한다면 꿈 속에서도 화두를 들게 될 것이다. 이와 같이 된다면 크게 깨달을 시기가 가까워진 것이다.
>
> 若一日二日 乃至七日 如法參詳無間斷 夢中亦記得話頭 如是則大悟時近矣.　　　　　　　　　　　－『太古和尙語錄』「示廉政堂」

그러나 이러한 경지에 이르는 것은 쉽지 않다. 꿈에서 경계에 흔들리고 화두가 안 들린다고 해서 좌절하지 말고 그럴수록 더욱 용맹스럽게 화두 참구를 해야 한다. 이렇게 꾸준히 하다 보면 꿈에서도 화두가 들리고 경계에 휘둘리지 않는 몽중일여의 경지에 도달하게 되는 것이다. 그러나 몽중일여의 경지에 들어섰다 하더라도 꾸준히 화두를 들지 않으면 다시 후퇴하게 된다.

오매일여

오매일여란 깨어 있을 때나 깊은 잠에서나 화두가 한결같이 들리게 되는 경지를 말한다. 화두가 자나깨나 한결같이 들려 있어야 한다는 것이다. 화두가 비록 몽중일여의 단계에 들었다 하더라도 잠이 깊이 든 때에는 화두가 사라지는 경우가 많다. 그것은 잠에 온통 빠져 화두가 희미하게 들리기 때문에 그렇다.

대혜 선사는 오매일여에 대하여 당신이 경험한 경지를 이렇게 말한다.

대혜가 원오 선사에게 물었다.
"제가 생각하니, 이 몸이 이렇게 있다가도 잠만 들면 캄캄하여 주인공이 되지 못합니다. 그러니 지수화풍이 흩어지는 죽음의 문턱에서 수많은 고통이 불길같이 일어나면 어떻게 해야 그것에 휘둘리지 않겠습니까?"
선사는 그저 손짓으로 그만두라는 시늉을 하면서, "망상 피우지 말게나, 망상 피우지 말어" 하고는 "그대가 지금 말하는 그 많은 망상이 끊어질 때 저절로 오매일여의 경계에 도달하게 될 것일세" 하였다.

처음 듣고는 믿어지지 않았으나 날마다 스스로를 돌이켜보았다. 잠들었을 때와 깨어 있을 때가 분명 두 갈래인데 어찌 감히 입을 크게 벌려 선을 말하리오. 오매일여라 하신 부처님 말씀이 망언이라면 내 병을 없앨 필요가 없겠지만, 부처님 말씀이 과연 중생을 속이지 않는 것이라면 내가 아직 그 경계에 도달하지 못한 것이다.

뒷날, 훈풍이 남쪽에서 불어온다는 설법을 듣고 홀연히 마음 속에 막혔던 물건이 없어졌다. 거기서 바야흐로 잠잘 때가 깨어 있을 때와 같고, 깨어 있을 때가 잠들었을 때와 같음을 알아서 오매일여라 하신 부처님의 말씀을 알게 되었다. 이 도리는 남에게 꺼내 보여 줄 수도 없고, 말해 줄 수도 없는 것이니, 꿈 속의 경계처럼 취할 수도 버릴 수도 없는 것과 같다.

大慧問圓悟. 自念此身尚存 只是睡着 已作主宰不得 況地水火風 分散 衆苦 熾然 如何不被回換. 圓悟禪師 但以手 指曰 住住 休妄想休妄想. 又曰待汝說底許多妄想 絕時 汝自到寤寐恒一處也. 初聞 亦未之信 每日我自顧 寤與寐 分明作兩段 如何敢開大口 說禪. 除非佛說寢寐恒一 是妄語則我此病 不須除 佛語果不欺人 乃是自我未了. 後聞薰風 自南來 忽然去却礙膺之物 方知夢時便是寤寐底 寤

寐便是夢時底 佛言寤寐恒一 方始自知. 遮般道理 拈出呈似人不得
說與人不得 如夢中境界 取不得捨不得.　　　　　　－『書狀』「答向侍郎」

대혜 스님은 법을 인가받은 원오 선사를 만나기에 앞서 담당 문
준湛堂文準 선사를 찾아갔다. 담당 선사는 대혜 스님에게 한번에 선
을 알아차렸다고 하지만 한 가지 못 이룬 게 있다고 하면서 이렇게
말한다.

"네가 한 가지 알지 못한 게 있지. 네가 이 한 가지를 알지 못하니
내가 방장실에서 너와 이야기할 때는 선이 있다가도 나서자마자
없어져 버리며, 정신이 맑아서 또랑또랑할 때는 선이 있다가도
잠이 들자마자 없어져 버린다. 만일 이렇다면 어떻게 생사와 대
적할 수 있겠는가?"
그러자 대혜 스님이 대답하였다.
"바로 그것이 제가 의심하는 점입니다."
湛堂曰 爾祇欠這一解在. [団]若爾不得這一解 我方丈與爾說時便有
禪 纔出方丈便無了 惺惺思量時便有禪 纔睡著便無了. 若如此 如
何敵得生死. 對曰 正是某疑處.　　　　　　　　　－『宗門武庫』

아주 깊은 잠은 죽음과 같은 잠일 것이다. 그러나 이러한 죽음의

순간에도 마음은 우리들 내부의 깊은 무의식으로 움직인다. 유식에서는 이것을 아뢰야식이라고 한다. 움직이는 마음이 사람들을 윤회하게 한다. "잠이 들자마자 없어져 버린다면 어떻게 생사와 대적할 수 있겠는가!"라는 말은 바로 이것을 의미한다.

숙면이란 꿈이 없는 깊은 잠이다. 그 깊은 잠에서도 화두가 들려 있어야만 화두가 끊어지지 않고 한결같아진다. 이렇게 깊은 잠에서도 화두가 오롯이 들려야 결코 화두 드는 데 물러섬이 없으며 머지 않아 좋은 시절이 올 것이다. 대혜 선사도 말했듯이 이 오매일여의 도리는 남에게 보여 줄 수 없는 것이라 했으니 스스로 체험해 볼 도리밖에 없다.

6. 상근기 중생은 한 마디 말끝에 화두를 타파할 수 있는 가?

선은 바로 그 자리에서 마음을 전하는 것이다. 근기가 무르익은 사람은 순간의 깨침으로 그 자리에 들어선다. 본래면목을 밝히는 데는 아무런 군더더기도 필요 없는 것이다. 부처님께서 꽃을 들어 보이시자 바로 가섭이 빙그레 웃을 뿐이다. 그래서 대혜 선사는 다만 "한 마디 말이나 한 마디 구절 아래에서 바로 깨닫고 빙 돌지 않는 것이 중요하다"[32]라고 했다.

이렇게 한 마디 말을 보이면 바로 그 자리에서 순간적으로 화두를 타파해야 한다. 육조 혜능 선사는 『금강경』 한 구절을 듣고 언하에 대오했다. 혜능 선사는 이렇게 말한다.

> 선지식이여, 나는 홍인 화상과 있을 때 한 마디의 말에 크게 깨달아 진여본성을 단박에 깨달았다. 이러하니, 이러한 교법을 후대에 유행시켜 수행하는 자가 보리를 단박 깨치게 하여 스스로 마음을 보아 자기의 본래성품을 깨닫게 하려는 것이다.

---

32. "只貴於 一言一句下 直截承當 不打之遶爾 據實而論 間不容髮. 不得已 說箇直截 已是紆曲了也 說箇承當 已是蹉過了也." –『書狀』「答徐顯謨」

善知識, 我於忍和尙處 一聞 言下大悟 見性眞如本性 是故將此敎法
流行後代 令學道者 頓悟菩提 各自觀心 令自本性 頓悟.

－『六祖壇經』

그래서 마조 선사는 "만약 상근기 중생이라면 문득 선지식의 가르침을 받고 말끝에 알아차려 다시는 계급과 지위를 거치지 않고 몰록 불성을 깨달을 것이다"[33]라고 했다.

이와 같이 언하에 대오한 사례를 더 들어 보자.

오설산五洩山 영묵靈默

무주 오설산 영묵 선사는 비릉 사람으로 성은 선씨다. 처음에 예장의 마대사를 찾아가니, 마대사가 받아들여 머리를 깎고 구족계를 주었다. 뒤에 석두 희천을 찾아갈 때 먼저 스스로 결심하기를 '만약 한 마디 말로 나와 서로 계합하면 머물 것이고, 그렇지 않으면 바로 떠나겠다' 하였다. 석두는 그가 법기임을 알고 곧 가르침을 열어 보였는데, 영묵은 그 뜻을 알지 못했다. 그리하여 인사를 하고 방장실을 나서려고 문에 다다르자 석두가 그를 불렀다.

"스님!"

---

33. 『馬祖錄』

영묵이 머리를 돌리자, 석두가 말했다.

"태어나서 늙을 때까지 다만 이것일 뿐이니, 또 달리 구하지 말게!"

영묵은 이 말을 듣고 크게 깨닫고는, 곧 지팡이를 꺾어 버리고 그곳에 머물렀다.

婺州五洩山靈默禪師者 毗陵人也. 姓宣氏 初謁豫章馬大師 馬接之 因披剃受具. 後謁石頭遷和尙 先自約曰 若一言相契我卽住 不然便去. 石頭知是法器 卽垂開示 師不領其旨. 告辭而去 至門石頭呼之云 闍梨. 師回顧. 石頭云 從生至老 祇是遮箇漢 更莫別求. 師言下大悟 乃踏折拄杖 棲止焉. ―『景德傳燈錄』第7卷「婺州五洩山靈默禪師」

방거사龐居士

방거사는 뒤에 강서로 가서 마조 선사에게 물었다.

"만법과 더불어 함께하지 않는 자는 어떤 사람입니까?"

마조 선사가 답했다.

"그대가 한 입에 서강의 물을 모두 마신다면 말해 주겠다."

방 거사가 이 말을 듣고 문득 현요를 알아차렸다.

後之江西 參問馬祖云 不與萬法爲侶者是甚麼人. 祖云 待汝一口吸盡西江水 卽向汝道. 居士言下頓領玄要. ―『馬祖錄』

위의 예에서도 알 수 있듯이 스승의 말을 듣고 제자는 말끝에 바로 깨친다. 그래서 언하변오言下便悟라고도 한다. 이러한 언하변오의 경우에는 동정일여 · 몽중일여 · 오매일여의 단계를 단박 뛰어넘은 것이다. 단계를 나누면 시간의 경과를 인정하게 되는 것이다. 그러나 순간의 깨침은 한 순간에 깨닫고 깨닫는 순간에 시간과 공간을 초월하는 것이다. 이 순간은 초시간적 순간으로 시간을 초월한 영원이다. 화두는 이렇게 한 순간에 타파되는 것이다. 그러기에 순간 깨침인 언하대오가 가능하다.

그렇다면 이러한 순간의 깨침인 언하대오의 상황을 어떻게 이해해야 하는가? 최상승 근기라 하더라도 이러한 언하변오가 어떻게 가능할까? 그것은 '우리의 마음이 본래 부처'이기 때문이다. 그래서 한 마디 말끝에 또는 어떤 현상을 목격하고 바로 깨달을 수 있는 것이다. 누구나 '내가 본래 부처'라는 사실을 철저히 믿고 그것에 눈뜨게 되면 몰록 깨치게(頓悟) 되는 것이다.

화두를 주자마자 바로 그 자리에서 깨치는 이는 근기가 참으로 뛰어난 사람이다. 순간 깨침은 아니더라도 화두를 철저히 참구하면 짧은 순간에 깨달음을 얻을 수 있다.

고봉 선사는 이렇게 말하고 있다.

선에 들어가서 날짜를 기약하여 성공하고자 한다면, 마치 천 길의 우물 바닥에 떨어진 것과 같이 하여 아침부터 저녁까지, 저녁부터 아침까지, 천 가지 생각 만 가지 생각이 오직 벗어나기를 구하는 마음이어야 한다. 결코 두 생각이 없어야 하니 참으로 이렇게 공을 들여서 사흘 혹은 닷새 혹은 이레에 깨닫지 못한다면 내가 오늘 큰 거짓말을 저지른 것이니, 혀를 뽑아 밭갈이를 하는 지옥에 영원히 떨어질 것이다.

參禪 若要剋日成功 如墮千尺井底相似 從朝至暮 從暮至朝 千思想 萬思想 單單只是箇求出之心 究竟決無二念. 誠能如是施工 或三日 或五日 或七日. 若不徹去 西峯 今日 犯大妄語 永墮拔舌犁耕.

─ 『禪要』 「九. 示衆」

빠른 시일 안에 깨치는 것이 가능하다 할지라도 간화선 수행자들은 내가 빨리 깨달아야 하겠다는 욕심을 내어서는 결코 깨달을 수 없다. 빨리 깨달아야겠다는 속효심보다는 간절히 발심하여 내 마음을 밝혀내고야 말겠다는 마음가짐이 더 중요하다. 그러다 보면 상근기인은 순간 깨침이나 빠른 시일 안에 깨침도 가능할 것이다.

7. 고요한 경계를 조심하라고 하는데 왜 그런가?

수행하다 보면 몸이 사라진 듯, 구름 위에 앉아 있는 듯 마냥 편안할 때가 있다. 이렇게 몸과 마음을 잊고 편안하기만 하다면 아무 생각이 없는 병통 이외에 다른 것이 아니다. 대혜 선사는 그러한 때를 조심하라고 했다.

화두가 들리지 않고 그저 편안한 상태에 머문다면 이것은 수행자가 빠져서는 안 될 두려운 경계이다. 자칫 그러한 곳에 머물다 보면 마음에 품은 모든 것을 잊고 텅 비고 고요한 상태를 지키는 것이 도라고 알음알이를 내는 자와 같다.[34]

대혜 선사는 이와 관련하여 말한다.

> 편안하고 고요한 경계에 뿌리를 내리고 안주하면 안 된다. 경전에서는 그것을 '해탈의 깊은 구덩이로 두려운 경계다'라고 말하셨다.
>
> 不得便向寧靜處諷根. 敎中謂之解脫深坑可畏之處.
>
> — 『大慧語錄』第20卷 「示空慧道人」

---

34. "敎人硬休去歇去 此是守忘懷空寂 而生解者." - 『書狀』 「答曾侍郎(三)」

진각 선사도 어록에서 이러한 상태를 가리켜 "오로지 눈썹을 덮고 눈을 감고 마음을 비우고 고요하게 하여 시커먼 산 아래 귀신굴 속에서 좌선하면서 깨닫기를 기다린다"라고 했으며 '그것은 두려운 경계'라며 옛 사람의 말을 인용하여 경계했다.[35]

"편안하고 고요한 경계를 조심하라"는 말은 화두를 놓치지 말고 지속적으로 의심해야 한다는 뜻이다. 홀연히 몸과 마음이 고요해지고 앞뒤의 경계가 끊어졌을지라도 그 고요한 상태에 마음을 빼앗겨서는 안 된다. 그 고요한 상태에서도 결코 화두 드는 일을 멈추어서는 안 된다는 것이다.

진각 선사는 이렇게 당부한다.

아무 맛도 없고 더듬어 모색할 거리도 없는 상태를 싫다하지 말라. 다만 화두를 놓치지 말고 성성하게 들고 있으라. 홀연히 몸과 마음이 고요해지고, 앞뒤의 경계가 끊어졌을지라도 그 고요한 상태에 머물면 안 되며, 여기서도 화두 보는 일을 멈추어서는 안 된다.

莫嫌沒滋味 沒撈摸 但提撕擧覺看 忽得身心寂滅 前後際斷 不得住

---

35. "然 亦莫見伊麼道 一向閉眉合眼 空空寂寂 向黑山下鬼窟裏 坐地待悟 古人云 湛湛黑暗深坑是 可怖畏之處 是也." –『眞覺國師語錄』「示淸遠道人」

在寂滅處 看話不輟.　　　　　　　　－『眞覺國師語錄』「示空藏道者」

임제 선사도 이렇게 경계한다.

대덕들이여, 산승이 마음 밖에 법이 없다고 말하면 학인들은 그 참뜻을 이해하지 못한다. 학인들은 곧 내 말에 알음알이를 짓고 벽에 기대고 앉아 혀를 입천장에 받치고 고요하게 움직이지 않으면서 이것을 조사 문하의 불법이라고 여기고 있다. 이것은 큰 착각이다. 그대들이 만일 이와 같이 움직이지 않고 청정한 경계를 바른 선정이라고 집착한다면 그대들은 저 무명을 주인으로 잘못 아는 것이다. 옛 사람이 "지극히 고요하고 어둡고 깊은 구덩이는 진실로 두려운 것이다"라고 한 말은 이러한 병통을 가리킨다.

大德 山僧說向外無法 學人不會 便即向裏作解 便卽倚壁坐 舌拄上
齶 湛然不動 取此爲是祖門佛法也. 大錯 是爾若取不動淸淨境爲是
爾卽認他無名爲郞主. 古人云 湛湛黑暗深坑 寔可怖畏 此之是也.

　　　　　　　　　　　　　　　　　　　　　　－『臨濟錄』

여기서 한 가지 주의해야 할 점이 있다. 앞에서 말한 '몸이 있는 것도 모른다'라는 것은 화두 공부를 할 때 화두 삼매에 들어 몸을 잊는 경지와는 다르다. 화두 삼매에 몰입되면 화두에 의심이 끊임없이 이어져 몸의 움직임을 느끼지 못한다. 그래서 걸어가는 것도 앉는 것도 의식하지 못하고 밥 먹을 때도 그 맛이 짠지 매운지 알지 못하며 숟가락의 움직임도 전혀 느끼지 못한다.

이와 관련하여 지철智徹 선사의 말을 보자.

말을 줄이고 오로지 "만법은 하나로 돌아가는데 그 하나는 어디로 돌아가는가?"라는 화두만 들었다. 나는 이 화두 가운데 '하나'라는 대목을 지극하고 간절하게 의심해 나갔다. 공부가 힘을 얻을 때는 마치 밝은 해가 빛나는 구름 한 점 없는 푸른 하늘 같았다. 나는 다만 저 '하나'만 알아차리며 그것에 대한 의심만 활발발하게 살려 나갔다. 그것은 마치 구슬이 쟁반에서 종횡으로 걸림이 없이 구르는 것과 같았다.

이 경지에 이르자 땅에서 걸어가는 몸도 의식하지 못했다. 세간의 일이 있다는 것도 의식하지 못했으며, 움직임과 고요함, 추위와 더위, 그리고 구부리거나 돌리거나 굽어보거나 올려보는 등의 동작과 대소변을 보는 일 등 그 어느 것에 대해서도 전혀 헤아리고 분별하는 마음이 없었다. 오직 화두를 의심하기만 하며, 발길이 가는 대로 걷고, 아침 죽과 점심 밥을 먹을 때도 손이 가는 대로 수저를 집었다 놓을 뿐 식사를 하는 중에 맵거나 시거나 짜거나 싱거운 등의 맛을 느끼지 못했다. 이 경지에 이르자 비로소 이

것이 바로 때 묻지 않은 깨끗한 화두 일념만 이어져 마음과 화두
가 여일한 공부라는 것을 알게 되었다.

言語省減 單只擧箇萬法歸一 一歸何處 只向這一字上 切切用疑. 有
時得力 如靑天白日 無一點雲翳相似. 但覺一字 疑情於心中 活潑
潑地 如珠走盤 縱橫無礙. 到此 不知有身 在地上行. 亦不知有世間
之事 動靜寒溫 折旋俯仰 大小便利 都無計較分別之心. 只隨此疑
信步而行 喫粥喫飯 信手拈匙放筋 又不知飯食中 辛酸鹹淡之味.
到此方知 是淨念相繼 制之一處的工夫也. - 『禪宗決疑集』「離塵精進門」

따라서 '몸을 잊은 듯하다' 라고 할 때 화두에 몰입되어 있는 삼
매의 경지가 아니라면 그 상태는 마음의 경계에 빠져 심신이 편안해
져 고요한 곳에 머물러 있거나 아무 생각도 없는 무기無記에 떨어져
있는 상태일 것이다. 혜심 선사의 말대로 그러한 상태에 머물러 있
다면 시커먼 귀신굴 속에 있는 것과 같다. 깨어 있지 못하므로 목석
과 같은 사람이 되어 공부에 아무런 진전이 없다. 이러한 때는 다시
간절하게 있는 힘을 다하여 화두를 들어야 할 것이다.

8. 화두가 순일하다가 신비한 현상이 벌어지면 어떻게 하는가?

공부가 익어갈 때 신비한 현상이 일어나기도 한다. 이러한 현상은 화두를 들 때 드물게 나타나는 것으로 바람직한 상태가 아니다. 이러한 일에 마음을 빼앗기면 옳게 정진하는 것으로 볼 수 없다. 어록에서는 화두 삼매가 지속된다면 신기한 현상이 일어날 수 없다고 말한다. 그러한 현상이 보인다는 것 자체가 화두를 놓치고 경계에 끄달리고 있다는 대표적인 증상이다. 화두 공부 과정에서 화두를 놓친 의식의 텅 빈 틈에 드러나는 이상 현상인 것이다. 다시 말해서 화두가 순일하게 진행되다가 잠깐 한눈을 판 사이에 비몽사몽간에 일어나는 현상이다.

이러한 현상이 일어나면 자신이 들고 있는 화두를 다시 드는 방법 외에는 달리 좋은 방법이 없다. 태고 선사는 치열하게 화두를 들다가 화두 이외의 다른 생각이 순간적으로 침범하면 그 공허한 의식 속에 일상에서 경험하지 못하는 '헛것' 들에 미혹당한다고 했다. 그 말을 들어 보자.

화두가 저절로 순수하게 익어 의심이 타성일편을 이루게 되면 몸과 마음이 홀연히 비고 응결된 듯이 움직이지 않아 마음이 더 이상 갈 곳이 없어질 것이다. 이 경지가 바로 화두를 드는 그 당사자의 본분이니 당사자가 만일 화두와는 다른 생각을 일으키면 반드시 헛된 것에 미혹될 것이다.

話頭自然純熟 打成一片 身心忽空 凝然不動 心無所之. 這裏只是箇當人 當人若起他念 則決定被影子惑矣. ―『太古和尙語錄』上卷「示衆」

공부를 지어 가는 과정에 여러 가지 경계가 일어나고, 신통한 현상이 일어나기도 한다. 수행자는 어떤 경계가 일어나든 어떤 신통하고 묘한 현상을 체험하든 조금이라도 신경을 쓰거나 관심도 두지 말고 그럴수록 더 열심히 지극하게 화두만 밀고 나가야 한다. 경계나 현상에 집착하고 번뇌 망상을 붙이면 성성하던 화두가 사라지고 갖가지 마魔가 나타나게 된다.

대체로 공부를 방해하는 경계는 세 가지 통로로 나타난다. 그 하나는 눈에 보이는 것이요, 둘째는 귀에 들리는 것이요, 셋째는 마음에 알려 오는 것이다. 참선인이 이런 경계를 만나거든 모두가 다 진실이 아님을 알아차려야 한다. 아무리 경계가 수승하고 미묘한 법문을 설해 오더라도 모두가 마의 경계인 것을 알아야 한다. 그리고 이러한 경계가 벌어지는 원인은 화두하는 마음에 틈이 생겨 일어나는 것이다. 곧 망념의 뿌리가 남아 있어 그런 줄 알고 마음을 크게 돌이켜 오직 공부에만 면밀하고 힘 있게 파고들어야 한다. 이런 때야말로 지혜와 용맹심을 시험해 볼 호시절인 것이다.

태고 선사는 화두 참구 중에 나타나는 신비한 경계에서 벗어나려면 그러한 상념이 일어나는 것에 두려워하지 말고 그러한 상념이 일어날 때마다 화두를 살피라고 한다. 상념이 일어나면 일어났다고 알아차리면 곧바로 없어진다고 했다.

> 보내온 편지에서 "찰나 찰나 생각이 일어날 때마다 화두를 살피면 이 공은 더욱 오묘해질 것입니다"라고 하였는데, 옛 사람은 "생각이 일어날까 두려워 말고, 그것이 일어났다는 것을 늦게 알아차리지 않을까 염려하라"고 하였고, 또 "생각이 일어나면 곧장 알아차려라. 알아차리기만 하면 없어질 것이다"라고도 하였다.
>
> 書中來云 念念瞥起 看箇話頭 此功尤妙. 古德云 不怕念起 唯恐覺遲. 又云 念起卽覺 覺之卽無. — 『太古和尚語錄』上卷「答方山居士」

태고 선사는 이렇게 생각이 일어나는 것도 경계했는데, 신비한 현상이 일어나는 것에 대해서는 두말 할 필요도 없다. 그러한 신비한 현상이 밖에서 일어나든 안에서 일어나든 그것은 화두를 놓친 데서 오는 현상이다. 그러니 신비한 현상을 비롯한 망상이 일어날 때마다 그것을 없애려면 다른 묘수가 있는 것이 아니라 화두를 또렷또렷하게 드는 것이 그 해결책이다. 간화선에서 참선을 할 때 발생하는 모든 병통은 화두를 놓쳤을 때 발생하는 것이므로 다른 수단을 강구할 것 없이 오로지 화두를 다시 들라고 하는 것과 같은 맥락이다.[36] 앞의 내용과 더불어 신비한 현상의 출현과 그에 대한 대처 방법을 말하자면 다음과 같다.

첫째, 바른 삼매인 성성적적한 삼매가 이루어져 있다면 그러한 신비한 경계가 나타날 틈이 없을 것이다. 화두 공부가 분명치 않고 초점을 잃었을 때 경계가 벌어지는 것이므로 오로지 공부만 면밀하게 지어 가면 일체 경계가 나타날 틈이 없다.

둘째, 수행자의 마음에 구하는 것이 있거나 망념이 있으면 경계가 벌어진다. 그러므로 수행자는 일체 구하는 생각이 없어야 한다. 도를 깨치기를 구하거나 불조 만나기를 바라거나 도가 현전하기를 기다리거나 하는 마음이 마를 부르는 것임을 알아야 한다.

셋째, 마음이 본래 형상이 없음을 깊이 체득하지 못했기 때문이다. "만법은 마음에서 일어난다. 일심은 본래 형상이 없거늘 도문道門

---

36. 대혜 선사는 『書狀』 「答劉通判」에서 참선의 대표적인 병통인 昏沈과 掉擧를 忘懷와 管帶라 하고, 이 병통이 일어나는 순간 화두를 의심하면 제거된다고 하였다. "홀연히 옛날의 악습(管帶·忘懷)이 일어나면 이 또한 억지로 마음을 써서 누르지 말고 다만 일어나려는 순간 '개에게 불성이 있는가?' '없다'라는 화두를 살피십시오. 바로 이러할 때 일어나는 생각들은 붉게 타는 화로에 떨어지는 한 점의 눈송이와 같이 사라질 것입니다(忽爾舊習瞥起 亦不着用心按捺. 只就瞥起處 看箇話頭. 狗子還有佛性也無 無. 正恁麼時 如紅鑪上一點雪相似)."

에 어찌 나타날 경계가 있을 것인가?' 하는 도리를 잘 알아야 한다.

그러므로 공부하는 도중에 경계가 나타났다는 것은 수행자의 마음 자세에 허점이 있거나 공부에 대한 바른 이해가 없기 때문이라는 점을 알아두어야 한다. 경계가 벌어지거든 공부가 곁길로 나갔음을 곧 깨닫고 오직 화두 참구로 마음을 돌이켜 면밀하게 지어 가야 한다. 그러면 온갖 경계는 없애려 하지 않아도 저절로 없어지고 공부는 더욱 깊게 나아갈 것이다. 오직 지어 갈 줄만 아는 이것이 이 공부의 가장 중요한 점이다.

진각 선사는 대혜 선사의 말을 인용하여 참선 과정에서 일어나는 두려움과 경이로움 그 어느 편에도 미혹되지 말라는 뜻을 이렇게 전한다.

> 모든 것이 자기 자신으로 말미암는 것이니, 마치 장사가 팔을 뻗을 때 다른 사람의 힘을 빌리지 않고 사자가 돌아다닐 때 반려자를 구하지 않는 것과 같다. 이렇게 되면 여러 종류의 수승하고 미묘한 경계가 눈앞에 나타나더라도 경이롭다는 생각을 일으키지 않고, 온갖 종류의 악업으로 발생하는 경계가 눈앞에 나타나더라도 두려움에 떨지 않을 것이다.
>
> 一切由我 如壯士展臂 不借他力 師子遊行不求伴侶. 種種勝妙境界現前 心不驚異 種種惡業境界現前.　— 『眞覺國師語錄』「示空藏道者」

제 3 부

깨달음의 세계

제1장
점검과 인가

1. 점검과 인가란 무엇인가?

때때로 공부를 점검받고 마침내 깨달음을 인가받는 것은 선 수행의 중요한 절차이다. 스승과 제자 사이에서 깨침의 세계를 이심전심으로 전하는 선의 특징상 공부의 정도를 점검하고 마지막으로 깨달은 경지를 확인하고 인가하는 과정은 반드시 필요하기 때문이다.

점검과 인가의 중요성

점검은 수행자가 선지식에게 자신의 공부 상태를 물어 확인하는 것이다. 세상의 다른 모든 일도 숙달된 경지에 오르려면 반드시 지도자로부터 점검을 받으면서 애써 노력해야 하듯이 선 수행 또한 눈 밝은 지도자로부터 정확하고 섬세한 점검을 받아야만 바른 길로 나아갈 수 있다. 특히 화두를 참구하여 깨달음으로 나아가는 과정은 매우 면밀하며 예기치 못한 상황이 전개되기도 한다. 수행자의 내면에서 일어나는 마음의 움직임은 선지식이 지도해 주지 않으면 잘못된 방향으로 갈 수 있는 위험이 도사리고 있다.

마음은 큰 바다와 같다. 광풍이 불면 커다란 파도가 일렁이듯이 분별심이 일어나면 번뇌의 파도가 높아지고, 바람이 자면 고요해져 명경지수가 되듯이 생각이 쉬면 청정한 마음으로 돌아간다.

수행자는 때때로 스승을 찾아가 공부가 제대로 되고 있는지, 잘못된 길로 가고 있지 않은지, 고칠 점은 무엇이고 보완할 점은 어떤 것인지를 일일이 묻고 스승의 지도에 따라 시정하여 공부가 무르익도록 점검받아야 한다. 스승은 일상생활에서 닥쳐오는 경계의 문제라든가, 병통에 걸렸을 때 대처하는 방법이라든지, 화두를 깊고 면밀하게 드는 방법에 대하여 지도해 주는 등 마지막 관문을 넘을 때까지 하나하나 자상하게 일러 주어야 한다. 스승과 제자 사이에 점검이 잘 이루어지지 않을 경우 수행자들은 화두 참선에 재미를 못 붙이거나 엉뚱한 길로 빠질 수 있다. 그러니 점검은 중요한 것이다.

인가는 수행자가 화두를 깨쳤는지 못 깨쳤는지를 점검하여 깨달음을 인정하고 인정받는 수행의 마지막 과정을 말한다. 곧 수행자가 화두를 타파했을 때 선지식이 그 경계를 점검하고 바로 깨달았으면 인가하여 점두點頭해 주는 일이다.

선禪에서 인가는 매우 중요한 의미를 지닌다. 이것은 그야말로 용의 눈동자를 찍어 살아 움직이게 하는 화룡점정畵龍點睛의 순간과 같다. 선에서 특히 마지막 점두가 중요한 것은 어떤 수행자가 깨달았다고 할 때 그 깨달음을 확인할 수 있는 객관적인 기준이 없기 때문이다. 다시 말해서 정말 깨달은 것인지, 잘못 깨달은 것인지, 아니면 아직 미진한 것인지를 검증할 수 있는 밖으로 드러난 명확한 잣대가 없다. 그래서 나름대로의 소견으로 깨달았다고 착각하는 경우가 일어난다. 공부를 지어 가다 얻은 조그마한 지견에 집착해 공부를 중단하기도 하고 곁길로 빠져드는 착각도인이 생기기도 한다.

그러므로 수행자는 자신이 경험한 깨달음에 제아무리 확신이 있더라도 옳고 그름을 확인하는 절차인 인가를 받아야 한다. 그렇지 않으면 사이비 도인이 출현하게 되어 스스로는 물론 다른 사람들마저 삿된 길로 내모는 불행한 사태가 벌어질 수 있다. 이는 진실로 경계하고 경계할 일이다.

인가는 누구로부터 받나?

그렇다면 누구에게 인가를 받아야 하는가? 부처님께서 가섭 존자에게 이심전심으로 전해 주신 법은 꺼지지 않는 등불처럼 수많은 선지식을 거치면서 오늘까지 이어져 오고 있다. 부처님의 법을 잇는 다는 말은 그 깨달음의 내용이 부처님과 다름이 없음을 뜻한다. 이러한 분을 본분종사本分宗師 혹은 본색종사本色宗師라 한다. 조사선·간화선은 그 특징상 깨달은 자만이 그 깨달음의 경지를 인가하여 법을 전하는 전통을 간직해 왔다. 그렇게 해서 삭막한 땅에는 진리의 물이 흘러 대지는 푸른 숲을 이루고 마침내 찬연한 꽃을 피웠던 것이다.

본색종사를 찾아가 깨달은 뒤 인가를 받으라고 강조한 분으로 중국의 몽산 선사와 우리나라의 태고 선사를 들 수 있다. 태고 선사는 화두를 참구하여 깨달음의 소식이 있게 되면 지혜 없는 사람 앞에서 함부로 말하지 말고 반드시 본색종사를 만나 보고 은밀히 결택決擇할 것을 강조하였다. 태고 선사는 「안산군 부인 묘당에게 주는 글」에서 이렇게 말한다.

참선하려면 모름지기 조사의 관문을 뚫어야 하고, 도를 배우려면 마음길이 끊긴 데까지 가야 한다. 마음길이 끊어질 때 바탕이 그대로 나타나나니, 물을 마시는 사람만이 차고 따뜻함을 스스로 안다. 그 경지에 이르거든 아무에게나 묻지 말고, 바로 본색종사를 찾아가 그대의 살림살이를 다 털어내 보이도록 하라.

參禪須透祖師關 學道要窮心路斷. 心路斷時全體現 如人飲水知冷
暖. 到此田地莫問人 須參本色呈機看.

－『太古和尙語錄』 上卷 「示安山郡夫人妙幢」

　태고 선사는 왜 깨달은 뒤 본색종사를 찾아 인가받는 것을 강조
하였을까? 그 까닭을 이렇게 말하고 있다.

　실로 그 경지에 이르면 어느 새 무명이 깨어지고 활연히 크게 깨
　칠 것이니, 깨친 뒤에는 부디 본색종장本色宗匠을 찾아뵙고 마지
　막 인가를 받아야 한다. 만약 그런 종사를 만나지 못하면 열이면
　열, 모두 마구니가 될 것이니, 진심으로 조심하기 바란다.
　則驀然無明破 豁然大悟矣 悟後須見本色宗匠 決擇究竟. 若不見宗
　師 則十箇五雙 成魔去也 至禱至禱.

－『太古和尙語錄』 上卷 「答方山居士」

　만약 본색종사를 찾아가 그 깨달은 경지를 확인받는 결택의 과
정을 거치지 않는다면 열이면 열이 다 마구니가 된다고 했다. 본색
종사를 찾아가 인가받는 일은 이렇게 중요한 것이다.

　한편 화두 공부인은 스승에게 공부를 점검받을 때 자신의 수행

현실을 정직하게 말해야 한다. 거짓 없고 간절한 마음으로 부처님을 대하듯 선지식에게 자신의 수행 현실을 말씀드리고 겸허하게 지도를 받아야 한다. 선지식에게 점검받을 때는 자기의 공부 전체를 드러내어 분명하고 확실하게 점검받아야 한다. 바르게 의심을 지어 가는지, 경계에 끄달리고 있는 것은 아닌지 등등에 대하여 낱낱이 점검을 받아야 한다. 거짓됨이 없이 낱낱이 스승께 보고하여 미세한 망상까지 점검받아야 제대로 점검을 받았다고 할 수 있다.

2. 점검과 인가의 과정은 어떻게 이루어지는가?

점검과 인가의 과정

달마 조사 이후 조사선에서 상당설법과 문답을 통한 공부가 어떤 구조로 진행되어 왔는가를 살펴보면 점검과 인가가 보편적인 절차였음을 확인할 수 있다. 조사선의 공부는 발심發心, 참문參問, 참구參究, 감변勘辨, 인가印可의 과정을 거치게 된다. 조사선의 정신을 그대로 잇고 있는 간화선도 마찬가지 과정을 거친다.

발심이란 깨달아 모든 번뇌에서 벗어나 기필코 대자유인이 되겠다는 간절한 목마름이다. 따라서 발심은 선 수행의 출발점이라 할 수 있으며 시종일관 이어져야 하는 생명줄이요 목적 달성의 원동력이다.

참문이란 발심을 하고 나서 선지식을 찾아가 가르침을 청하는 것을 말한다. 청문請問이라고도 한다. 이렇게 법을 물어 오는 수행자의 물음에 응대하여 선지식은 여러 가지 기연을 통하여 바로 마음을 보여주고자 한다. 그 구체적인 방법으로 설법과 문답이 있다. 설법과 문답 과정에서 수행자는 언어를 매개로 마음을 깨치게 된다. 그리고 경우에 따라 할과 방이나 그 밖의 직접적인 행위를 통해 본래면목이 격발되기도 한다. 수행자는 선지식과의 응답 과정에서 기연이 맞으면 바로 깨닫는 것이다. 이러한 경우를 '언하변오言下便悟', 즉 '말끝에 깨닫는다' 라고 한다. 뛰어난 상근기인이 여기에 해당한다.

수행자가 선지식을 참문하는 과정에서 말끝에 깨닫지 못하면 의문과 혼란 속에 빠지게 된다. 이럴 경우 선지식이 제시한 화두에 의심을 품고 지속적으로 궁구해 나가게 되는데 이 같은 과정을 참구라고 한다. 처음 찾은 선지식과 인연이 없다고 여기는 수행자는 가슴에 맺힌 의문과 혼란을 해결하고자 다른 선지식을 찾아 행각하기도 한다. 그렇지 않은 경우에는 선지식을 모시고 정진하면서 가슴에 막혀 있는 문제를 풀고자 목숨을 걸고 겨룬다. 참구의 과정은 좌선을 하면서 진행되기도 하지만 걷고 머물며 앉고 눕는 행주좌와의 일상에서 이루어지기도 한다. 이렇게 화두를 참구하고 선지식에게 묻고 하다 보면 어느덧 공부가 무르익고 결정적인 계기를 만나면 은산철벽을 투과하여 바로 그 자리에서 견성하게 되는 것이다.

감변이란 선지식이 수행자의 깨달음의 정도와 상태를 정확하게 판별해 내는 일을 말한다. 수행자가 깨달음을 얻으면 선지식을 찾아가 인가를 구하게 되는데, 이 때 선지식은 여러 가지 문제를 제기하여 수행자의 깨달음이 온전한 것인지 그렇지 않은 것인지를 확인하는 절차를 거치게 되는데 이것을 감변이라 한다.

감변의 엄격한 절차를 통하여 화두를 타파하여 깨달은 것이 확인되면 선지식은 인가를 내려준다. 선지식에게 인가를 받으면 수행자는 스스로도 한 점의 의혹이 없이 확철대오하게 된다. 그러나 수행자가 선지식에게 인가를 받지 못하면 화두 참구를 계속해야 하며 이러한 과정은 마침내 대오大悟하는 순간까지 이어지게 된다.

위에서 본 바와 같이 구도 과정에서 중요한 요소는 수행자와 스승의 문답으로 이루어지는 대화 그리고 수행자 스스로의 발심과 참문·참구의 노력이다. 이러한 과정에서 말끝에 깨닫지 못한 경우 화두를 들고 참구하다가 화두를 타파하게 되면 감변을 통해 인가받게 되는 것이다.

오늘날도 인가의 전통은 유지되고 있는가?

오늘날 우리나라의 조사선·간화선에서도 이러한 인가의 전통이 유지되고 있는가? 현 조계종의 종조가 되신 신라 후기의 도의 국사가 육조 혜능 선사의 법을 이은 서당 지장 선사의 법을 이 땅에 처음 들여왔다. 그 밖에 구산선문의 여러 종장들도 모두 깨달음을 인가받고 우리나라에 법을 전해 왔다. 고려시대에도 여러 고승 대덕들이 중국으로 건너가 법을 전해 오거나 구산선문의 법을 이었다.

태고 선사가 중국에서 인가를 받아온 뒤 우리나라에서는 깨달은 뒤 눈 밝은 명안종사를 찾아가 인가를 받는 전통이 굳건히 세워졌다. 태고 선사는 우리나라에서 화두를 타파하여 깨닫고 중국의 임제종 양기파의 법맥을 이어온 석옥 청공 선사를 찾아가 인가를 받았으며, 나옹 혜근 선사도 평산 처럼 선사로부터 인가를 받아왔다. 이후 간화선의 정맥은 조선시대의 암울했던 억불의 상황 속에서도 면면히 이어져 내려왔다.

근대에 이르러 경허 선사와 용성 선사는 우리나라 곳곳에 선원을 개설하여 선풍을 크게 드날렸다. 그리고 이분들의 문하에서 기라성 같은 대종장들이 출현하여 근·현대 한국 선원의 전통과 수행가풍을 형성하게 된다. 이들 뛰어난 선지식들은 화두를 들고 정진하여 깨달음을 얻고 스승으로부터 인가를 받아 선맥을 이어왔다. 이렇듯 우리나라 간화선은 그 시작부터 오늘에 이르기까지 인가를 매우 중시해 왔고 이런 엄정한 전통 속에서 우리나라 간화선은 건강하고 기품있는 간화선의 본래 가풍을 그대로 지켜올 수 있었다.

3. 깨달음에 이르기 위한 점검과 인가 과정의 실례

　수행자들은 수행 도중에 얻은 조그마한 지견으로 깨달았다고 착각하거나 유사 깨달음에 이를 때가 많다. 수행자가 이런 경계를 깨달음인 줄 착각하고 공부를 그만두게 되면 그 잘못된 지견에서 빠져나올 길이 없다. 작은 지견을 깨달음으로 착각하는 정도가 심하면 선지식이 그것이 아니라고 아무리 일러 줘도 듣지 않는다. 이렇게 되면 이 수행자는 그야말로 착각도인이 되어 구제할 길이 없다.

　그래서 종문宗門의 역대 선지식들은 수행자들이 눈 밝은 스승에게 자신의 견처를 보여 이에 대한 점검과 인가를 구하게 했던 것이다. 여기에서는 귀감으로 삼을 만한 두 분 선사에 대한 구도와 깨달음의 인가 과정을 소개하겠다.

대혜 선사의 인가 과정

　대혜 선사는 작은 깨달음을 수없이 경험했지만 그 깨달음에 결코 만족하지 않고 선지식에게 묻고 물어 마지막에는 원오 극근 선사를 찾아가 바른 공부를 지어 확철대오하여 대자유인이 되었다. 대혜 선사는 눈 밝은 선지식을 찾아다니다가 나이 서른일곱이 되던 해에 스승 원오 선사를 만난다. 원오 선사는 어느 날 상당上堂하여 대중들에게 설법하고 있었다. 원오 선사가 말했다.

"어느 스님이 운문雲門 스님에게 '어느 곳이 부처님이 나오신 곳입니까?' 하고 묻자 운문 스님이 '동산東山이 물 위로 간다' 라고 답했다. 그러나 나는 운문과는 달리 '훈풍이 남쪽에서 불어오니 전각에 서늘한 기운이 돈다(熏風自南來殿閣生微涼)' 라고 답했을 것이다."

이 말을 듣고 대혜 선사는 홀연히 앞뒤의 경계가 끊어지는 경지를 맛보았다. 그러나 대혜 선사가 방장실에 들어갈 때마다 원오 선사는 이렇게 말하였다.

"그대가 이런 경계에 도달한 것도 결코 쉬운 일은 아니다. 그러나 아깝구나! 죽기만 했지 다시 살아나지 못하니 화두를 의심하지 않는 것이 큰 병이다. 듣지 못했는가? 깎아지른 낭떠러지에서 손을 놓고 스스로 긍정해야 맨 끝에 다시 살아난다는 말을! 이렇게 되면 그대를 속일 수 없으니 이런 도리가 있다는 것을 믿어야 한다."

이렇게 스승은 마지막 인가를 내리지 않고 있었다. 한 번은 방장실에서 원오 선사가 어떤 스님에게 "있다는 말(有句)과 없다는 말(無句)은 등넝쿨이 나무에 기대 있는 것과 같으니 입을 열고 말을 했다면 틀린다(有句無句如藤倚樹 開口便道不是)"라고 했다. 이 말을 듣고 대혜 선사는 이 화두에 의심을 품었다. 대혜 선사는 날마다 방장실에 들어가 이 화두에 대해 거량하고 답했으나 입만 열면 원오 선사는 "틀렸다"라고 했다. 하루는 대혜 선사가 손님과 함께 저녁밥을 먹는데 젓가락을 손에 잡고도 먹는 것을 잊고 있으니 원오 선사가 웃으면서 손님에게 말했다.

"저놈은 황양목선黃楊木禪[1] 을 참구해 터득했다오."

그러자 대혜 선사가 화를 내며 물었다.

"스님께서는 지난번 오조 스님께서 '등넝쿨이 나무에 기대 있는 것과 같다' 고 말했다고 하셨는데 오조 스님께서는 뭐라 답하셨습니까?"

"본뜰래야 본뜰 수 없고 그림으로 그리려 해도 그릴 수 없다(描也描不成 畵也畵不就)."

그러자 대혜 선사가 다시 물었다.

"나무도 자빠지고 넝쿨도 말라 버릴 때는 어떠합니까(樹倒藤枯時如何)?"

"오조 스님은 '서로 따라오느니라(相隨來也)' 하셨다."

이 말끝에 대혜 선사는 활연대오하여 외쳤다.

"나는 알았다(我會也)!"

대혜 선사는 이 때부터 마음이 확 트여 응어리지고 막히는 곳이 없었다.

---

1. 꽉 막혀 융통성 없이 선 공부하는 것을 잘 자라지 않고 딱딱한 회양목에 비유한 말. 이 황양목은 우리나라의 회양목檜楊木을 일컫는다.

원오 극근의 인가 과정

원오 극근 선사도 스승 오조 법연 선사로부터 천신만고 끝에 깨달음을 인가받았다. 원오 선사는 어느 정도 공부가 되어 대위철大潙喆 선사와 황룡 조심(黃龍祖心 1025~1100) 선사를 만나 뵈니 다 법기法器라 했고, 황룡 선사는 '뒷날 임제臨濟의 일맥一脈이 그대에게 달렸다'라고 했다.

그러나 마지막으로 오조 법연 선사를 친견하고 그 기용機用을 다하였으나 법연 선사는 인정하지 않았다. 원오 선사가 불손한 말을 하고 떠나려 하자 법연 선사가 원오에게 말했다.

"네가 심한 열병을 앓게 되면 그 때서야 나를 생각하리라."

원오 선사가 금산金山에 이르러 추위로 생긴 병으로 매우 위독해졌을 때 평소에 과시誇示하던 공부로 시험해 보니 아무런 힘이 되지 못했다. 그 순간 법연 선사의 말을 골똘히 생각해 보니 옳은 것 같았다. 그래서 병이 조금 나아지면 바로 법연 선사에게 돌아가겠다고 맹세하였다. 병이 완쾌되자 법연 선사에게 돌아오니 법연 선사가 한 번 보고 크게 기뻐하며 원오 선사를 받아들였다. 법연 선사는 원오 선사를 시자로 받아들여 승당에 들어가 공부하게 했다.

어느 날 진제형陳提刑 거사가 벼슬을 버리고 돌아가는 길에 법연 선사를 참문했다. 법연 선사는 진제형 거사에게 말했다.

"제형은 어린 시절에 '소염시小艷詩'를 읽어 본 적이 있소? 그 시

가운데 다음 두 구절은 제법 우리 불법과 가까운 데가 있소이다.”

자주자주 소옥이를 부르는 것은 볼일이 있어서가 아니네.
다만 낭군이 목소리 알아듣기를 바랄 따름이네.
頻呼小玉元無事. 祇要檀郎認得聲.

거사는 연신 “네!” “네!” 하였고 법연 선사는 자세히 생각해 보라
고 말했다.

때마침 원오 선사가 밖에서 돌아와 곁에 서 있다가 물었다.

“스님께서 ‘소염시’를 인용하여 말씀하시는데 진제형 거사가 그
말을 알아들었습니까?”

“그는 소리만 알아들었을 뿐이다.”

그러자 다시 원오가 되물었다.

“낭군이 목소리 알아듣기를 바랄 뿐이라면 그가 이미 그 소리를
알아들었는데 어찌하여 옳지 않습니까?”

순간 법연 선사는 다음과 같이 이른다.

“조사가 서쪽에서 온 뜻이 무엇인가? 뜰 앞의 잣나무니라. 악!”

원오는 이 말에 문득 느낀 바가 있었다. 방문을 나서니 닭이 홰에
날아올라 날개를 치며 우는 소리가 들렸다.

이에 다시 혼자 말하기를, “이것이 어찌 소리가 아니겠는가!” 하

고는 크게 깨달아 드디어 법연 선사를 찾아가 인가를 받았다.[2]

　'소염시'는 당나라 현종의 극진한 사랑을 받던 양귀비가 님인 안록산을 향한 애틋한 그리움을 노래한 시이다. 양귀비는 낭군인 안록산이 보고 싶어 그리워하지만 바로 볼 수 없는 처지이다. 그래서 몸종인 '소옥'을 불러 님에게 자신의 심정을 알렸던 것이다. 법연 선사가 진제형 거사에게 잘 생각해 보라고 한 것은 '소옥아', '소옥아' 하고 부른 그 소리에 있는 것이 아니다. '소옥아'라고 부른 그 뜻이 중요하다. 그 소리를 통해 그 뜻을 알아차리라고 한 것이다.

2. 『宗門武庫』

4. 스스로 공부를 점검한다면 어떻게 하는가?

공부 점검은 선지식에게 받는 것이 원칙이다. 그러나 사정이 마땅치 못할 때는 조사 어록에 실려 있는 기준에 따라 스스로 점검해 보는 방법도 있다. 이럴 경우에는 결코 자신을 속이지 말아야 하며 자기 공부에 대해 냉정히 판단할 수 있어야 한다. 이러한 마음가짐만 확고하다면 조사 스님들의 어록에 따라 자기 공부의 옳고 그름과 깊고 낮음을 스스로 점검할 수 있을 것이다.

여기에서는 대혜 선사의 『서장』, 태고 선사의 『태고어록』, 나옹 선사의 『나옹어록』, 그리고 서산 선사의 『선가귀감』 등에 나와 있는 점검법을 소개한다. 선지식을 모시고 수행할 수 없는 수행자들은 이러한 가르침에 따라 자신의 공부를 점검하면서 끊임없이 깨달음의 길로 나아가야 할 것이다.

『서장』에서 말하는 공부 점검법

『서장』에서 대혜 선사는 여러 가지 공부 점검법을 제시하고 있다. 선사는 한 거사에게 일상생활 속에서 늘 다음 사항을 점검해 보라고 했다.

① 유유히 한가롭게 소요자재할 때에 온갖 마의 경계에 휘둘리지 않는가(不審 燕處悠然 放曠自如 無諸魔撓否).

② 행주좌와 일상생활 속에서도 화두가 잘 들리는가(日用四威儀內 與狗子·無佛性話 一如否).

③ 움직일 때나 고요할 때나 헤아려 분별하지 않을 수 있는가(於動靜二邊 能不分別否).

④ 꿈꿀 때와 깨어 있을 때가 일치하는가(夢與覺合否).

⑤ 이理와 사事가 회통되는가(理與事會否).

⑥ 마음과 경계가 모두 한결같은가(心與境皆如否).

-『書狀』「答劉寶學」

태고 선사와 서산 선사의 공부 점검법

서산 선사는 『선가귀감』에서 태고 선사의 공부 점검법을 바탕으로 일상생활에서 공부를 점검할 수 있는 방법을 제시하였다. 이것은 일상에서 자신의 공부 정도를 정확하게 알아볼 수 있는 매우 훌륭한 자기 점검법으로 수행자들은 스스로의 수행 향상을 위해 이것을 점검 기준으로 삼아 나날이 자기 공부를 살펴본다면 큰 도움이 될 것이다.

① 네 가지 은혜가 깊고 두터운 것을 알고 있는가(還知四恩深厚麼). (여기서 네 가지 은혜란 부모, 나라, 스승, 시주의 은혜를 말한다.)

② 지수화풍 사대로 된 더러운 몸이 순간순간 썩어 가고 있는 것을 알고 있는가(還知四大醜身 念念衰朽麼).

③ 사람들의 목숨이 호흡 사이에 달려 있는 줄을 아는가(還知 人命 在呼吸麼).

④ 일찍이 부처님이나 조사 같은 이를 만나고서도 그냥 지나쳐 버리지 않았는가(生來值遇佛祖麼).

⑤ 높고 거룩한 법을 듣고서도 기쁘고 다행한 생각을 잠시라도 잊어버리지 않았는가(聞無上法 生希有心麼).

⑥ 공부하는 곳을 떠나지 않고 수도인다운 절개를 지키고 있는가(不離僧堂守節麼).

⑦ 곁에 있는 사람들과 쓸데없는 잡담이나 하며 지내지 않는가(不與隣單 雜話麼).

⑧ 분주하게 시비나 일삼고 있지 않은가(切忌鼓扇是非麼).

⑨ 화두가 어느 때에나 또렷또렷하여 어둡지 않는가(話頭十二 時中 明明不昧麼).

⑩ 남과 이야기하고 있을 때에도 화두가 끊임없이 되는가(對 人接話時無間斷麼).

⑪ 보고 듣고 알아차릴 때에도 화두가 한결같이 한 조각을 이

루는가(見聞覺知時 打成一片麼).

⑫ 공부를 돌아볼 때 부처와 조사를 붙잡을 만한가(返觀自己捉敗佛祖麼).

⑬ 이생에 부처님의 혜명慧命을 이룰 수 있겠는가(今生決定續佛慧命麼).

⑭ 앉고 눕고 편안할 때에 지옥의 고통을 생각하는가(起坐便宜時 還思地獄苦麼).

⑮ 이 육신으로 윤회를 벗어날 수 있는가(此一報身 定脫輪廻麼).

⑯ 모든 경계에도 마음이 움직이지 않는가(當八風境 心不動麼).

서산 스님이 소개한 점검 사항 이외에도 태고 선사는 다음을 더 제시하였다.

① 상중하의 자리를 불문하고 서로 공경하는가(上中下座 互相恭敬麼).

② 남의 허물을 보거나 남의 허물을 말하지는 않는가(不見他過 不說他非麼).

그리고 아래 사항을 스스로 점검해 보기 바란다.

① 정견이 바르고 확고하게 섰는가.

② 수행과 삶이 일치하고 있는가.

③ 화두에 대한 신념이 날로 증장되고 있는가.

④ 물질에 대한 욕구가 조복되어 가고 있는가.

⑤ 확철대오하여 모든 중생을 제도하겠다는 원력이 서 있는
   가.

⑥ 결제 해제 없이 항상 계율을 잘 지키고 있는가.

⑦ 시비심과 승부심이 날로 적어지고 있는가.

나옹 선사의 공부 점검법

나옹 선사는 공부의 점검을 열 가지 단계로 나누어 밝히고 있는
데 이것이 유명한 「공부십절목工夫十節目」이다. 공부를 열 단계로 나
누어 점검한 것이다. 이를 구성면에서 살펴보면 다음과 같다.

색성초월色聲超越, 하개정공下个正功, 정숙공正熟功, 타실비공打失鼻
孔, 의식불급意識不及, 오매항일寤寐恒一, 줄지변절咄地便折, 수연응용
隨緣應用, 요탈생사要脫生死, 지거처知去處 등의 열 단계를 순차적으로
물어 그 수행의 단계를 평가하도록 되어 있다. 따라서 이러한 공부
점검은 단계별로 자신의 수행 정도를 판단하는 중요한 잣대가 된다.
그 하나하나를 살펴보면 다음과 같다.

① 세상 사람들은 모양을 보면 그 모양에서 벗어나지 못하고 소리를 들으면 그 소리에서 벗어나지 못한다. 어떻게 하면 모양과 소리를 벗어날 수 있는가(盡大地人 見色不超色 聞聲不越聲 作麼生超聲越色去).

② 이미 소리와 모양에서 벗어났으면 반드시 공부를 시작해야 한다. 어떻게 그 바른 공부를 시작할 것인가(旣超聲色 要須下功 作麼生下个正功).

③ 이미 공부를 시작했으면 그 공부를 익혀야 한다. 공부가 익은 때는 어떤가(旣得下功 須要熟功 正熟功時如何).

④ 공부가 익었으면 나아가 자취를 없애야 한다. 자취를 없앤 때는 어떤가(旣能熟功 更加打失鼻孔 打失鼻孔時如何).

⑤ 자취가 없어지면 담담하고 냉랭하여 아무 맛도 없고 기력도 전혀 없다. 의식이 닿지 않고 마음이 활동하지 않으며 또 그 때에는 허깨비 몸이 인간 세상에 있는 줄 모른다. 이쯤 되면 그것은 어떤 경계인가(鼻孔打失 冷冷淡淡 全無滋味 全無氣力 意識不及 心路不行時 亦不知有幻身在人間 到這裏 是甚時節).

⑥ 공부가 지극해지면 동정動靜에 틈이 없고 자나깨나 한결같아 부딪혀도 흩어지지 않고 없어져도 잃지 않는다. 마치 개가 기름이 끓는 솥을 보고 핥으려 해도 핥을 수 없고 포기하려 해도 포기할 수 없는 것과 같나니, 그 때에는 어떻

게 해야 합당한가(工夫旣到動靜無間 寤寐恒一 觸不散蕩不失如狗子
見熱油鐺相似 要舐又舐不得 要捨又捨不得時 作麼生合殺).

⑦ 갑자기 백이십 근 되는 짐을 내려놓는 것 같아 단박 꺾이
고 단박 끊긴다. 그 때는 어떤 것이 그대의 자성인가(驀然到
得如放百二十斤擔子相似 㘞地便折 曝地便斷時 那个是你自性).

⑧ 이미 자성을 깨쳤으면 자성의 본래 작용은 인연을 따라 맞
게 쓰인다는 것을 알아야 한다. 무엇이 본래의 작용에 맞
게 쓰이는 것인가(旣悟自性 須知自性本用 隨緣應用 作麼生是本用
應用).

⑨ 이미 자성의 작용을 알았으면 생사를 벗어나야 하는데, 안
광이 땅에 떨어질 때에(죽을 때) 어떻게 벗어날 것인가(旣知
性用 要脫生死 眼光落地時 作麼生脫).

⑩ 이미 생사를 벗어났으면 가는 곳을 알아야 한다. 사대는
각각 흩어지니 어디를 향해 가는가(旣脫生死 須知去處 四大各
分 向甚處去).

이렇게 『서장』이나 『태고어록』, 『선가귀감』에 나와 있는 내용에
따라 자신의 수행을 점검해 볼 수 있고, 나옹 선사의 「공부십절목」
에 따라 공부를 단계별로 점검할 수가 있다.

제2장
깨달음의 세계

1. 깨달음이란 무엇이며 어떤 세계가 펼쳐지는가?

　화두를 타파하여 깨치게 되면 꿈에서 깨어난 것과 같고 하늘에
백천 개의 해가 비치는 것과 같다. 그 세계는 허공과 같이 무한히 넓
어 한정이 없다. 그 속에 존재하는 모든 사물은 평등해서 우열이 없
고, 귀천도 없고, 친소도 없고, 시비도 없다. 대립과 갈등 그리고 투
쟁이 없는 평화로운 세계만이 있을 뿐이다. 또 모든 존재가 하나로
통일되어 있기에 남을 위하는 것이 자기를 위하는 것이고, 자기를
위하는 것이 남을 위하는 것이 된다.

　깨달으면 자주적이고 자율적이며, 능동적이고 적극적이며, 내게
도 남에게도 한없이 자애로우며, 모든 순·역경계에 자유자재하는

대자유인이 된다. 이 역동적인 현상은 말로도 설명할 수 없고 글로도 표현할 수 없다. 본인 스스로 물을 마셔 보아야 차고 더운 것을 아는 이치와도 같다.

그렇다고 해서 깨달음이 어떤 별천지의 세계를 가리키는 것은 아니다. 지금 이 자리에서 역력하게 살아 있는 삶의 모습일 뿐이다. 이것은 너무나 당연해서 새삼 일러 준다는 것조차 맨살에 상처를 내는 꼴이 된다. 이것은 조주 선사가 말했듯이 차나 한잔 마시는 일이다. 더 이상 다시 보태고 얻을 바가 없다. 이미 그 자체로 완전히 갖추어져 있기에 불가득不可得이요 불가설不可說이다.

조사 어록이나 경전 속에는 깨달음에 대하여 언급해 놓은 구절들을 발견할 수 있다. 나옹 선사는 깨달은 사람의 경지에 대하여 이렇게 말하고 있다.

바로 그 한 생각이 일어나지 않고, 한결같은 진심만 있고 망상이 없는 순간이란 밝고 밝아서 마치 오염 없는 옛 거울의 광명과 같고, 환하고 환해서 마치 맑은 연못의 고요한 물결처럼 동요함이 없다. 오랑캐가 오면 오랑캐로 비추고, 한나라 사람이 오면 한나라 사람으로 비추며, 하늘과 땅을 비추고, 옛날과 오늘을 있는 그대로 비추기에 실오라기 하나도 감춤이 없으며 실오라기만 한 장애도 없다. 이것이 모든 부처님과 모든 조사들의 경계이며, 또한

모든 사람이 예부터 지금까지 아무리 써도 사라지지 않는 본래의
물건이다.

當其一念未生之際 一眞無妄之時 皎皎然 如古鏡之光明 無染無汚
昭昭然 如止水之澄潭 不動不搖. 胡來胡現 漢來漢現 照天照地 鑑
古鑒今 無一絲毫隱敝 無一絲毫障礙. 這箇是諸佛諸祖境界 亦是諸
人自古至今 受用不盡底本有之物. ─『懶翁語錄』「自恣日趙尙書請普說」

  이렇듯 깨치면 환하게 밝아진다. 추호의 의심도 없으며 어디로
가야 할지, 무엇을 해야 할지, 갈 길이 정확하고 또렷이 보인다. 그
래서 불안해하거나 방황하지 않을 뿐 아니라 서고 앉는 자리 자리마
다 완성된 삶의 모습을 환히 드러내 보인다. 또한 홀로 모든 속박에
서 벗어나 어디에도 의존함이 없다. 이것을 독탈무위獨脫無爲라고 한
다. 그는 의존할 바가 없기 때문에 어디에도 집착하지 않으며, 집착
하지 않으므로 정신적으로 고요하고 안정된 상태에 머물러 있다.
"실오라기만 한 은폐나 장애도 없다"라고 한 말은 이렇게 고요하고
안정된 마음이 어떤 걸림도 없이 모든 대상을 환하게 비출 수 있는
경지에 대한 묘사이다.

  대혜 선사의 스승인 원오 극근 선사는 무심무념無心無念의 본래
면목을 철저하게 증득해야 바른 깨달음이며 이 무심무념의 경지가
바로 견성성불이라 하였다. 그는 깨달은 사람을 대요사인大了事人이

라고 했다. 대요사인이란 모든 일과 현상을 남김없이 요달한 사람이라는 뜻이다. 원오 선사는 이 대요사인의 경지를 이렇게 말한다.

한 생각도 일어나지 않은 곳에 이르러 근원을 사무쳐 꿰뚫으면 흘연히 본체가 허공과 같음을 깨닫게 된다. 이 깨달음은 모든 시간과 공간을 뛰어넘는지라 삼라만상도 그것을 가두지 못하고 성인과 범부도 그것을 어찌하지 못한다. 언제나 남김없이 드러나고 어디서나 숨김없이 드러나니 본래면목이 바로 이것이며 본지풍광이 바로 이것이다.

한 번 얻으면 영원히 얻는 것이니, 오는 시간이 다하도록 깨달은 이를 얽어맬 생사윤회가 어떻게 있겠는가? …… 이와 같은 무심한 경계와 무념의 참된 가르침은 참으로 날카로운 사람이라야 거뜬히 실증하게 된다. …… 본래의 현묘한 마음을 바로 꿰뚫으면 옛날과 지금을 꿰뚫어 담연히 움직이지 않으니 만년이 한 생각이요, 한 생각이 만년으로 영겁토록 번뇌가 없다. 진리를 깨달은 경지는 한 번 얻으면 영원히 얻어 변함이 없으니, 이것을 "사람의 마음을 곧바로 가리켜 자성을 보아 부처를 이룬다"라고 한다. …… 대도를 체득한 이는 무심을 철저히 증득한 이다. 그러니 만가지 일이 한꺼번에 들이닥치더라도 어찌 그의 정신을 흔들어 생각을 어지럽힐 수 있겠는가. 평상시에는 다만 한가롭고 한가로운 경지만을 지키는 것이 마치 바보같고 천치같으나, 문득 일에 부딪치면 회오리바람이 돌고 번개가 치듯 하여 깨달음의 기틀에 합당치 않음이 없다.

到一念不生處 徹透淵源 倏然自得 體若虛空. 莫窮邊量 亘古亘今
萬象籠羅不住 凡聖拘礙不得 淨倮倮赤灑灑 謂之本來面目 本地風
光. 一得永得 盡未來際 更有甚生死 可爲滯礙 …… 此箇無心境界
無念眞宗 要猛利人 方能著實. …… 直透本來妙心 亘古亘今 湛然
不動 萬年一念 一念萬年. 永無滲漏 諦當之地 一得永得 無有變異
乃謂之直指人心 見性成佛. …… 得道之士 徹證無心 雖萬機頓赴
豈能撓其神干其慮哉. 平時 只守閑閑地 如癡似兀 及至臨事物 風旋
電轉 靡不當機.　　　– 『圓悟心要』「示張仲友宣教」, 「示元賓」, 「示圓首座」

깨달은 이는 허공과 같아 어떤 사물도 그를 가두지 못한다. 깨달은 이는 범부에도 성인에도 구속받지 않고 언제 어디서나 자유롭다. 이렇게 깨달음은 크나큰 자유로 어떤 경계에도 구속받지 않는다. 깨달은 이는 마음이 쉬고 무심한 일 없는 도인인지라 만 가지 일들이 함께 닥친다 해도 마음이 흔들리지 않는다. 그렇다고 도인은 일이 없는 세상 밖에서 노니는 한가한 신선쯤으로 생각해서는 안 된다. 깨달은 이는 그 한가한 마음, 일 없는 마음으로 모든 일을 빈틈없이 바르게 처리하기 때문이다.

2. 깨달음에 대한 자기 점검 기준은 있는가?

깨달음은 말과 사유와 경계를 초월해 있다. 깨달음의 실체가 따로 있어 손으로 잡을 수 있는 것이 아니기 때문이다. 그래서 깨달음은 스스로의 체험으로 직접 확인하는 방법밖에 달리 객관적으로 검증할 길이 없다. 그렇다면 깨달음을 얻었는지 그렇지 않은지를 식별할 수 있는 기준이 있는 것일까?

여기에서 영명永明 선사가 『종경록』에서 말한 가장 평이하면서도 실질적인 내용을 소개한다. 영명 선사는 "집착에 사로잡혀 '깨달음'을 자기 식으로 해석하는 것을 없애기 위해, 그리고 부처님의 말씀을 믿지 않거나 스스로 마음의 장애를 일으켜 배움의 길을 끊어 버리지 않도록 하기 위해 열 가지 물음으로 기강을 삼고자 한다"라고 하면서 다음과 같이 말했다.

① 완벽하게 견성해서 마치 대낮에 물건을 보듯, 그렇게 지혜로울 수 있는가(還得了了見性 如晝觀色 似文殊等不).

② 사람을 만나고 상황에 대처하며, 색깔을 보고 소리를 들으며, 발을 들어올리고 놓으며, 눈을 뜨거나 감는 것이 모두 밝고 뛰어나 도와 상응하는가(還逢緣對境 見色聞聲 擧足下足 開眼合眼 悉得明宗 與道相應不).

③ 부처님의 가르침과 조사들의 말을 깊이 듣고도 두려워하지 않으며, 이들을 모두 살펴도 의심스런 곳이 없는가(還覽一代時敎 及從上祖師言句 聞深不怖 皆得諦了無疑不).

④ 온갖 질문에 대해 하나하나 따진 뒤 능히 사변四辯을 갖추어 모든 의문을 풀어 줄 수 있는가(還因差別問難 種種徵詰能具四辯 盡決他疑不).

⑤ 언제 어디서든 지혜가 막힘없이 드러나 생각생각마다 깨어 있어 어떤 법에도 방해받지 않고 한순간에도 끊어지지 않게 할 수 있는가(還於一切時一切處非智照無滯 念念圓通不見一法能爲障礙 未曾一刹那中暫令間斷不).

⑥ 일체의 순경계 역경계와 좋은 경계 나쁜 경계가 나타날 때마다, 그 자리에서 모두 알아차려 그것을 타파할 수 있는가(還於一切逆順好惡境界現前之時 不爲間隔 盡識得破不).

⑦ 온갖 밝은 법문이 마음에 있으니 하나하나의 미세함을 보아 본체가 일어나는 곳을 알며 생사의 뿌리에 어지럽게 미혹되지 않을 수 있는가(還於百法明門心境之內 一一得見微細體性根原起處 不爲生死根塵之所惑亂不).

⑧ 일상의 행주좌와 때, 공경히 마주 대하고 있을 때, 옷 입고 밥 먹을 때, 일을 맡아 처리할 때에도 일일이 진실을 알아볼 수 있는가(還向四威儀中行住坐臥 欽承祗對 著衣喫飯 執作施爲之

時一一辯得眞實不).

⑨ 부처가 있다 없다, 중생이 있다 없다, 칭찬이나 비방, 옳다
그르다 하는 말을 들어도 마음이 움직이지 않을 수 있는가
(還聞說有佛無佛 有衆生無衆生 或讚或毁 或是或非 得一心不動不).

⑩ 온갖 지혜에 대하여 모두 밝게 통하며, 성性과 상相이 모두
통해 이理와 사事에 얽매이지 않으며, 어떤 법도 그 근원을
알 수 있으며, 세상에 온 어떤 성인의 말에도 의문이 없을
수 있는가(還聞差別之智 皆能明達 性相俱通 理事 無滯 無有一法不鑒
其原 乃至千聖出世 得不疑不). (『宗鏡錄』第1卷)

이상 열 가지는 깨달음에 대한 자기 점검 기준이다. 물론 깨달음
은 선지식의 엄정한 감변을 통해 인가를 받는 것이 가장 바르고 바
람직한 길이라는 것을 명심해야 한다.

3. 깨달음과 성성적적의 관계는 어떠한가?

적적한 마음은 모든 이것과 저것을 여읜 고요하고 편안한 마음이요, 성성한 마음은 한결같이 깨어 있는 밝고 맑은 마음이다. 마음이 고요하고 밝으면 모든 일에 막힘이 없고 어떤 경계에도 자유롭다. 이것은 애써 이룬 수행의 열매가 아니라 본래 그러한 자성의 참 모습이다.

그래서 영가 선사는 "적적하기도 하고 성성하기도 하면 분명히 깨어 있을 뿐만 아니라 동시에 고요하게 될 것이다. 이것이 곧 근원으로 돌아가는 묘한 성품이다"[3]라고 말했다.

육조 혜능 선사도 "위없는 대열반이여, 원만하고 밝아 항상 고요하고 밝게 비춤이로다"[4]라고 하였다. 여기에서는 밝게 비춘다 하여 '조照'라 표현하지만, 그것은 '깨어 있다'는 성성惺惺과 같은 의미이다. 성성과 적적의 관계는 선사들의 어록에서는 체體와 용用, 살殺과 활活, 정正과 변偏, 공적空寂과 영지靈知, 정定과 혜慧, 진공眞空과 묘유妙有, 이理와 사事 등 다양하게 표현되고 있다.

---

3. "亦寂寂亦惺惺 非唯歷歷 兼復寂寂. 此乃還源之妙性也." -「禪宗永嘉集」「奢摩他頌第四」

4. "無上大涅槃 圓明常寂照" -「六祖大師法寶壇經」「機緣第七」

적적은 모든 양변을 여의어 산란한 마음을 쉰 경지이기 때문에 공적이요, 살殺이며, 삼매며, 정이다. 성성은 양변을 여읜 곳에서 나온 밝은 지혜이기 때문에 묘요, 활이요, 영지라 한다. 그렇다고 적적과 성성, 공적과 영지, 살과 활, 정과 혜가 따로따로 있는 것은 아니다. 우리의 본성은 두 가지가 함께 어우러져 어디에도 걸리지 않는 모습으로 있다. 이것을 『금강경』에서는 "마땅히 머무는 바 없이 그 마음을 내어라(應無所住 而生其心)"라고 했다.

고요한 '적'만 있고 깨어 있는 '성'이 없으면 목석과 같은 공허한 무기에 떨어진다. '성'만 있고 '적'이 없으면 분열과 대립만 있을 뿐이다. 이와 관련하여 혜능 선사는 『육조단경』에서 이렇게 말한다.

선지식들아, 나의 가르침은 정과 혜로 근본을 삼는다. 그러니 무엇보다도 미혹하여 혜와 정이 다르다고 말하지 말라. 정과 혜의 몸은 하나이지 둘이 아니다. 곧 정은 혜의 체요, 혜는 정의 용이다. 혜가 작용할 때 정이 혜에 있고, 정이 작용할 때 혜가 정에 있다. 선지식들아, 내가 말하는 뜻은 정·혜가 함께 한다는 것이다. 도를 배우는 사람은 짐짓 정을 먼저 하여 혜를 낸다거나 혜를 먼저 하여 정을 낸다고 해서 정과 혜가 저마다 다르다고 말하지 말라. 이런 소견을 내는 이는 법에 두 모양이 있는 것이다. 입으로는 착함을 말하면서 마음이 착하지 않으면 혜와 정을 함께 함이 아니요, 마음과 입이 함께 착하여 안팎이 한 가지면 정·혜가 함께 하는 것이다.

善知識 我此法門 以定慧爲本 第一勿迷言慧定別. 定慧體一不二 卽定是慧體 卽慧是定用. 卽慧之時 定在慧 卽定之時 慧在定. 善知識 此義 卽是定慧等 學道之人 作意 莫言先定發慧 先慧發定 定慧各別. 作此見者 法有二相 口說善 心不善 慧定不等 心口俱善 內外一種 定慧卽等

　　　　　　　　　　　　　　　　　　　　　　　　 －『六祖壇經』敦煌本

정과 혜 그리고 적적과 성성의 관계에 대하여 보조 선사는 『수심결』에서 이렇게 말하고 있다.

가르침의 핵심을 말한다면, 이치에 들어가는 천 가지 문이 선정과 지혜 아님이 없다. 그 요점을 들자면 자기 성품의 본체와 작용두 가지다. 앞에서 말한 텅 빈 고요함과 신령스런 앎이 그것이다. 선정은 본체이고 지혜는 작용이다. 그런데 본체에 즉한 작용이므로 지혜는 선정을 떠나지 않고, 작용에 즉한 본체이므로 선정은지혜를 떠나지 않는다. 따라서 선정이 지혜이므로 고요하면서도항상 명확히 알고, 지혜가 선정이므로 명확히 알면서도 항상 고요하다.

若說法義 入理千門 莫非定慧. 取其綱要 則自性上體用二義 前所謂

空寂靈知是也. 定是體 慧是用也. 卽體之用故 慧不離定 卽用之體
故 定不離慧 定則慧故 寂而常知 慧則定故 知而常寂.　　－『修心訣』

고요하면서도 항상 명확히 알고, 명확히 알면서도 고요하다는
적이상지寂而常知, 지이상적知而常寂은 다른 말로 적이상조寂而常照,
조이상적照而常寂이다. 고요하면서도 밝게 비추고, 밝게 비추면서도
고요하다는 뜻이다. 이는 구경각에 이른 상적상조常寂常照, 상조상적
常照常寂, 적적성성의 상태를 일컫는다. 다른 말로 해서 차조동시遮照
同時요, 쌍차쌍조雙遮雙照라 한다. 여기서 차遮란 양변과 모든 분별심
을 여읜 것을 말한다. 그 양변을 여읜 중도의 자리에서 바로 밝은 지
혜가 드러나는 것이다.

　이렇게 선정과 지혜, 적적과 성성은 둘이 아니다. 화두를 놓쳐서
혼침에 떨어지지 않는 것은 '혜慧' '관觀' '성성惺惺'에 해당하며, 여
일하게 화두를 들어서 산란한 생각이 일어나지 않는 것은 '정定' '지
止' '적적寂寂'에 해당한다. 그것은 마치 동전의 양면처럼 서로 떨어
질 수 없는 관계를 이루고 있다. 따라서 올바르게 화두를 의심한다
면 그 안에 모든 선정禪定의 의미가 구현되는 것이다. 만약 적적만
있고 성성이 없다면, 지혜가 없어 번뇌가 다하지 않은 상태로 이것
은 외도의 수행과 하등 다를 게 없다. 성성적적이 제대로 된다면 그
것은 불교 수행이며 그 자리가 우리의 본래 모습이다.

앞에서도 얘기했지만 화두를 드는 과정에서도 적적성성한 상태를 지켜 나가는 것이 매우 중요하다. 이러한 적적성성한 삼매가 본래 갖추어져 있는 본분 자리의 성성적적과 상응해서 한바탕 크게 깨달으면 대자유인이 되는 것이다.

4. 번뇌가 곧 깨달음이란?

산은 산, 물은 물

『서장』에서 대혜 선사는 이렇게 말한다.

평소 헤아려 견주려는 마음이 중생의 알음알이이고, 생과 사를
따라 흘러다니는 것도 중생의 알음알이이며, 두려워하거나 당황
하는 것도 중생의 알음알이다. 지금 참선하는 사람들은 이 병을
알지 못하고, 다만 중생의 알음알이 속에서 떴다 가라앉았다 할
뿐이다.

尋常 計較女排底 是識情 隨生死 遷流底 亦是識情 忙怖悼皇底 亦
是識情. 而今參學之人 不知是病 只管在裏許 頭出頭沒.

― 『書狀』「答曾侍郎(二)」

마음은 본래 물들거나 더럽혀지거나 없어지는 일이 없기 때문에
번뇌가 따로 있는 것이 아니다. 다만 주관과 객관을 나누어 '알음알
이'를 내기 때문에 번뇌와 지혜, 생사와 열반이 따로 있는 것처럼 보
인다.

미혹한 중생들은 마음을 주관과 객관으로 나누어 작용하고 있
다. 곧 안이비설신으로 색성향미촉의 대상을 감지하고 의식으로 분

별사량하는 것이 중생이다. 그것은 나와 대상을 나누고 있다. 그래서 상대적이다. 모든 것이 하나가 아니라 둘로 보이는 것도 이 때문이다. 이렇게 둘로 나누어 보고 생각하고 행동하기 때문에 대립하고 갈등하고 투쟁하고 전쟁도 하는 것이다.

이러한 알음알이가 연기이고 무아임을 깨달으면 생사와 열반, 번뇌와 지혜가 둘이 아님을 알아 평등하고 자유로운 삶인 해탈을 이루게 된다. 이것을 산은 산, 물은 물이라고 한다.

이러한 경지를 청원 유신青原惟信 선사의 상당법어로 알아보자.

노승이 삼십년 전 참선하기 전에는 '산은 산이고 물은 물이었다.' 그 뒤 훌륭한 선사를 만나 선의 진리를 찾았을 때 '산은 산이 아니고 물은 물이 아니었다.' 그러나 이제 마지막 쉴 곳인 깨달음을 얻고 보니 '산은 진정 산이고 물은 진정 물이로다.'
老僧三十年前 未參禪時 見山是山見水是水. 及至後來親見 知識有箇入處 見山不是山 見水不是水. 而今得箇休歇處 依然見山祇是山見水祇是水.　　　　　　　－『續傳燈錄』第22卷「吉州靑原惟信禪師」

여기서 수행하기 이전 '산은 산, 물은 물' 의 단계가 깨달은 뒤 다시 산은 산, 물은 물이 되는 것은 번뇌와 지혜, 생사와 열반이 둘이 아닌 도리와 같다.

'번뇌가 그대로 깨달음'이 실현되는 장

번뇌가 있고 번뇌를 소멸해야 한다고 보는 견해가 점수법漸修法이다. 조사선을 주창한 혜능 선사는 마음은 본래무일물本來無一物이어서 번뇌와 보리가 따로 존재하는 것이 아님을 분명히 보여 주었다. 점차적인 수행을 강조한 신수神秀 선사는 부지런히 번뇌를 닦아 마음의 거울에 티끌과 먼지가 끼지 않도록 해야 한다고 말했다. 반면 혜능 선사는 마음의 밝은 거울은 본래 깨끗하니 어느 곳에 티끌과 먼지가 끼겠느냐고 한다. 마음은 본래 깨끗하다는 것이다. 번뇌가 따로 없다. 그래서 조사선에서는 본래의 마음자리가 부처라는 입장에서 출발한다. 번뇌는 본래 없다는 것이다. 아니 번뇌 그 자체가 부처라는 것이다.

깨달음을 이룬 이가 부처다. 부처란 우리의 마음이다. 마음과 부처가 다르지 않기 때문에 마음이 곧 부처인 것이다. 마음을 떠나 있는 고정된 부처는 없다. '번뇌가 곧 보리'고, '미혹이 곧 깨달음'임에 대하여 황벽 선사는 『완릉록』에서 잘 밝혀 주고 있다.

배휴가 물었다.
"지금 바로 망념을 일으킬 때 부처는 어느 곳에 있습니까?"
황벽 선사께서 말했다.
"지금 그대가 망념이 일어난 것을 깨달았을 때 그 깨달음이 바로 부처이다. 만약 망념이 없다면 또한 부처도 없다. 왜 이와 같은 가? 그대는 생각을 일으켜 부처라는 견해를 짓고 문득 이르되 이루어야 할 부처가 있다고 하며, 중생이라는 견해를 지어 제도할 수 있는 중생이 있다고 한다. 그러나 마음을 일으키는 생각의 동요는 모두 그대의 차별적인 견해일 뿐이다. 만약 일체의 견해가 없다면 부처는 어느 곳에 있겠는가? 마치 문수가 잠시 부처라는 견해를 지었다가 문득 두 철위산으로 쫓겨간 것과 같다."

云 今正妄念起時 佛在何處. 師云 汝今覺妄起時 覺正是佛. 可中若無妄念 佛亦無. 何故如此. 爲汝起念作佛見 便謂有佛可成 作衆生見 便謂有衆生可度. 起心動念 總是汝見處. 若無一切見 佛有何處所. 如文殊纔起佛見 便乂向二鐵圍山. —『宛陵錄』

황벽 선사는 '망념이 일어나는 것을 깨달을 때 그 깨달음이 바로 부처'라 말하고 있다. 이렇듯 미혹과 깨달음이 따로 존재하는 것이 아니다. 미혹한 순간 그것을 자각하기만 하면 바로 깨침으로 전환하는 것이니, 미혹과 깨침이 따로 있다는 견해를 짓지 말아야 한다.

배휴가 또 물었다.
"지금 바로 깨달을 때 부처는 어느 곳에 있습니까?"
황벽 선사가 말했다.

"지금 그대의 물음은 어디에서 왔으며 깨달음은 어디에서 왔는 가? 언어와 침묵, 움직임과 고요함, 모든 소리와 색깔이 모두 깨 달음의 일이거늘 어느 곳에서 부처를 찾겠는가? 머리 위에서 머 리를 찾지 말며 부리 위에 부리를 더하지 말라. 다만 차별적인 견 해만 일으키지 않는다면 산은 산, 물은 물, 승은 승, 속은 속일 뿐 이다. 산하ㆍ대지와 해ㆍ달ㆍ별들이 모두 그대의 마음을 벗어나 지 않나니 삼천대천세계가 모두 그대의 본래 모습이다. 어느 곳 에 다시 갖가지 일이 있겠는가? 마음 밖에 달리 있는 법은 없다. 한눈 가득한 푸른 산과 허공의 세계는 희고 깨끗하여 한 터럭만 큼도 그대에게 견해를 짓게 하지 않는다. 그러므로 모든 소리와 색깔이 바로 부처의 지혜로운 안목이다. 법은 홀로 일어나지 않 으니 경계를 의지하여 비로소 일어난다. 경계를 삼는 까닭에 그 많은 알음알이가 있는 것이다. 종일 말했으나 일찍이 무엇을 말 했고 종일 들었으나 일찍이 무엇을 들었는가? 그러므로 부처님 께서는 사십오 년 동안 말씀하셨건만 '나는 일찍이 한 마디도 말 한 것이 없다'고 하신 것이다."

云 今正悟時 佛在何處. 師云 問從何來 覺從何起. 語默動靜 一切聲 色 盡是佛事 何處覓佛. 不可更頭上安頭 觜上加觜. 但莫生異見 山 是山 水是水 僧是僧 俗是俗. 山河大地 日月星辰 總不出汝心 三千 世界 都來是汝箇自己. 何處 有許多般 心外無法. 滿目靑山 虛空世

界 皎皎地 無絲髮許 與汝 作見解. 所以 一切聲色 是佛之慧目. 法
不孤起 仗境方生. 爲物之故 有其多智. 終日說 何曾說 終日聞 何曾
聞. 所以 釋迦四十九年說 未曾說著一字.　　　　　-『宛陵錄』

산은 산, 물은 물이다. 번뇌가 그대로 깨달음이다. 세상만사 모든
일과 작용이 부처님 모습이다. 번뇌는 따로 없다. 따로 있다고 알음
알이를 내는 순간 고통이 발생한다. 이 도리를 잘 알아야 한다.

5. 돈오돈수와 돈오점수란?

육조 혜능 선사는 말한다.

선지식들아! 법에는 단박(頓)과 점차(漸)가 없으나 사람에게는
영리하고 우둔함이 있다. 미혹하면 점차로 계합하고 깨친 이는
단박에 닦는다.

善知識 法無頓漸 人有利鈍. 迷卽漸契 悟人頓修. – 『六祖壇經』 敦煌本

법에는 단박에 이루어지는 것과 점차로 이루어지는 것 사이에
구별이 없다는 말이다. 다만 사람에 따라 근기가 달라 단박 닦는 이
가 있고 점차 닦아 가는 이가 있다.

돈점의 문제는 깨침과 닦음에 대한 설명이다. 일찍이 "어떻게 깨
닫는 것인가?" 하는 문제를 두고 남돈북점南頓北漸이라 하여, 육조
혜능 선사의 남종선에서는 돈오頓悟를, 신수 선사의 북종선에서는
점수이오漸修而悟, 즉 점오漸悟를 주장했다.

돈오돈수頓悟頓修와 돈오점수頓悟漸修가 있다. 돈오돈수란 단박
깨치는 순간 더 이상 닦을 필요가 없다는 뜻이요, 돈오점수란 단박
에 깨닫더라도 미세한 습기가 남아 있기에 점차 더 닦아 나가야 한
다는 것이다.

돈오돈수

돈오는 그 자리에서 자신의 본분 자리를 단박에 보는 것이다. 이는 조사선의 정맥인 혜능 선사의 남종선 전통에서 일관되게 주장하여 온 것이다.

대주 혜해大珠慧海 선사는 이 돈오돈수에 대하여 『돈오입도요문론頓悟入道要門論』에서 이렇게 밝히고 있다.

> "어떤 법을 닦아야 해탈을 얻습니까?"
> "오직 돈오라는 한 가지 문만으로 해탈을 얻는다."
> "돈오란 어떤 것입니까?"
> "돈이란 망령된 생각을 단번에 제거하는 것이며, 오란 얻을 것이 없음을 깨닫는 것이다."
> 問 欲修何法 卽得解脫 答 唯有頓悟一門 卽得解脫 云何爲頓悟. 答 頓者 頓除妄念 悟者 悟無所得.　　　　　　　－ 『頓悟入道要門論』

망념을 단박에 제거하고 얻을 것이 없는 것을 깨닫는 돈오는 우리의 본래 모습인 본래성불本來成佛과 계합하는 것이다. 한 번 돈오하면 완전히 깨달아 더 닦을 것이 없다는 것이 돈오돈수의 입장이다. 마치 꿈을 깬 것과 같다.

혜능 선사는 이렇게 말한다.

자성에는 그릇됨이 없고, 거리낌이 없으며, 산란함도 없다. 생각 생각에 반야로 관조하기에 항상 법상을 떠나 자유자재하며 종횡으로 다 얻을 수 있으니 무엇을 세울 필요가 있겠는가. 자신의 성품을 자기가 깨달아야 하는데, 단박에 깨닫고 단박에 닦아 마친다. 또한 점차가 없다. 일체법을 세우지 않는 까닭으로 모든 법이 적멸한데 어찌 차제가 있겠는가.

自性無非 無癡 無亂. 念念般若觀照 常離法相 自由自在 縱橫盡得 有何可立. 自性自悟 頓悟頓修 亦無漸次. 所以不立一切法 諸法寂 滅 有何次第. ─『六祖大師法寶壇經』「頓漸 第八」

돈오점수

돈오점수란 돈오 이후에도 지속적인 닦음이 필요하다는 것이다. 그렇다면 왜 돈오를 하였음에도 다시 닦을 필요가 있다는 것일까? 이에 대하여 『만선동귀집』에서 영명 연수 선사는 이렇게 말하고 있다.

(돈오점수란) 해가 갑자기 솟아오르더라도 서리와 이슬은 점차 녹는 이치와 같다. 『화엄경』에서 말하기를, "처음 마음을 발할 때 문득 정각을 이루고 그런 뒤에 지위에 올라 차례로 닦아 증득하는 것이니 만일 깨닫지 않고 닦는다면 바른 닦음이 아니다"라고

하시고 "오직 돈오점수만이 불승佛乘에 합당한 것으로 온전한 가르침을 어기지 않는 것이다"라고 하셨다. 돈오돈수라는 것도 실상은 오랜 생 동안 점차로 닦아 오다가 이생에 몰록 순숙하여 때가 되어 스스로 체험하게 된 것이다.

如日頓出霜露漸消. 華嚴經說 初發心時便成正覺 然後登地次第修證 若未悟而修 非眞修也. 惟此頓悟漸修 旣合佛乘不違圓旨. 如頓悟頓修 亦是多生漸修今生頓熟 此在當人 時中自驗.

— 『萬善同歸集』 下卷

이와 같이 영명 선사는 닦음은 반드시 돈오한 바탕 위에 이루어져야 하며 그러한 닦음이 참다운 닦음임을 말하고 있다. 태양이 갑자기 떠오르더라도 서리와 이슬이 단박에 없어지는 것이 아니듯이 돈오한 뒤에도 미세 망념이 남아 있어 점수를 해야 함을 말한다. 이와 같은 돈오점수의 이론을 우리나라에서 체계화하여 주장한 분이 보조 선사이다. 보조 선사는 이렇게 말한다.

점수란 무엇인가. 본성이 부처와 다르지 않음을 깨달아도 오랫동안 익혔던 습기는 단박에 버리기가 어렵다. 그래서 깨달음에 따라 닦아 나가며 차차로 익혀 공을 이루고 깨달음의 태아를 꾸준히 길러 먼날 드디어 깨달음을 이룬다. 점수란 이런 것이다. 마치

어린애가 처음 태어날 때, 갖추어진 모든 감관은 어른과 다를 것
이 없지만, 그 힘이 아직 충실하지 못하기에 제법 세월이 지난 뒤
에야 비로소 어른이 되는 것과 같다.

漸修者 雖悟本性 與佛無殊 無始習氣 難卒頓除. 故依悟而修 漸熏
功成 長養聖胎 久久成聖 故云漸修也. 比如孩子 初生之日 諸根具
足 與他無異 然其力未充 頗經歲月 方始成人.　　　　　　－『修心訣』

　점수란 범부에서 성인으로 변화되는 실천 과정을 말한다. 어린
애는 조금도 모자람이 없는 완전한 사람이지만 그 상태로는 사람 구
실을 할 수 없다. 부모나 여러 스승의 보살핌이 있어야 자라나 어른
이 될 수 있다. 마찬가지로 깨달음을 얻고 난 뒤에도 수행의 긴 과정
을 거쳐 완전한 깨달음에 이른다는 것이다. 또한 점수 전통에서는
깨달았더라도 끊임없이 이타행을 실천해야 함을 강조한다.

6. 깨달으면 역순경계에 끄달리지 않는 까닭

깨달음은 역경계逆境界나 순경계順境界, 선경계善境界나 악경계惡境界, 고요한 경계나 시끄러운 경계 그 어디에도 속박되지 않은 자유로운 경지를 일컫는다. 깨달은 이는 어디에도 머무르지 않고 어디에도 끄달리지 않는다. 무슨 일을 하든 어느 곳에 있든 자유롭고 당당하고 늠름하여 죽음도 그를 어찌할 수 없다.

달마 대사는 깨달은 이는 성인의 경지나 범인의 경지를 가리지 않고 들어간다고 했다. 그리고 범부의 세계에 들어가서는 가지가지 범부의 모습을 보여 스스로 중생이 될 것이라고 했다. 중생을 제도하기 위한 걸림 없는 모습을 보이기 때문이다. 달마 대사는 또한 이르기를 "성인은 역순경계에서 모두 자유자재함을 얻어 모든 업이 그를 구속할 수 없으니 성인의 경지는 영원하다"[5]라고 했다.

굉지 정각(宏智正覺 1091~1157) 선사는 이 경지를 이렇게 말한다.

우뚝하고 당당하며 모든 일에 구애되지 않고 의연하다. 시끄러운 곳에도 머리를 들이밀고 평온한 곳에서는 다리를 내려놓는다.

---

5. "若從聖入凡 示現種種雜類等 自爲衆生故 聖人逆順皆得自在 一切業拘他不得 聖成久矣 有大威德 一切品類業 被他聖人轉 天堂地獄 無奈他何." -『血脈論』

巍巍堂堂 磊磊落落 鬧處刺頭 穩處下脚.　　　－『宏智廣錄』第2卷

또 밀암 함걸密菴咸傑 선사는 말한다.

고요하게 가라앉은 경계에서 뛰쳐나가고, 시끄럽고 드넓은 경계
에 몸을 던진다. 시끄럽고 드넓은 경계에서 밀고 나가기도 하고,
고요하게 가라앉은 경계에 발길을 멈추기도 한다. 그런 까닭에
덕산은 보잘것없는 몽둥이 하나로 부처가 와도 때리고 조사가 와
도 때려서 물리쳤지만 시끄럽고 드넓은 경계에도 고요하게 가라
앉은 경계에도 눌러앉지 않았던 것이다.

靜悄悄處跳得出 鬧浩浩處可橫身. 鬧浩浩處挨得行 靜悄悄處堪駐
足. 所以德山據一條白棒 佛來也打 祖來也打. 且不坐在鬧浩浩處
靜悄悄處.　　　－『續古尊宿語要』第4卷「密菴傑和尚語」

한 마디로 깨친 이는 어떤 경계든 걸림이 없다. 경계에 차별이 없
으며 어느 곳이든 가리지 않고 의연하게 한 발 한 발 걷는다. 고요하
고 시끄럽고, 고통스럽고 평화스럽고 간에 상관치 않고 종횡무진으
로 거침없이 자유자재하다. 번뇌로 가득한 시끌벅적한 시장통에서
도 부처님의 가풍이 온통 드러나 있다.

반면 역순경계를 분별하는 마음이 개입되면 가지가지 장애가 끝

없이 일어난다. 그래서 역순경계에서 자유로운가, 그렇지 않느냐로 깨달음의 점검 기준을 삼을 수 있다. 역순에 끄달리지 않은 까닭은 그 역경계와 순경계라는 상대적인 세계가 둘이 아니기 때문이다. 깨달은 이는 그 둘이 아닌 경지에 머무르기 때문에 고통과 기쁨, 좋아하고 싫어함, 선과 악에서 자유롭다.

대혜 선사의 말을 들어 보자.

> 도신道信 조사께서는 "경계의 인연에는 좋고 나쁨이 없다. 좋고 나쁨은 마음에서 일어난다. 만약 마음이 억지로 이름 붙이지 않는다면, 허망한 감정이 어디에서 일어나겠는가? 허망한 감정이 더 이상 일어나지 않으면, 진심이 깨달음에 따른다"라고 하셨다. 부디 역순경계 속에서 늘 이와 같이 관조한다면 길이 고뇌가 생기지 않을 것이다.
>
> 祖師 曰境緣無好醜 好醜起於心. 心若不强名 妄情從何起. 妄情既 不起 眞心任徧知. 請於逆順境中 常作是觀則 久久 自不生苦惱.
>
> – 『書狀』「答榮侍郞(二)」

여기에서 대혜 선사는 도신 선사의 말을 빌려 좋고 나쁜 일은 따로 있는 게 아니라 마음 따라 일어나고 그 마음은 깨달음을 따른다고 분명히 말한다. 깨달은 이는 시비 분별의 마음작용이 그쳤기 때문에 역순에 자유로운 것이다. 그래서 깨달음의 세계는 역경계와 순경계라는 구별이 아예 없다. 어떤 경계든 그것과 내 마음이 하나가 되어 오고 가는데 자유롭다. 일정한 보금자리가 없으며 어디에 머물건 한 점 자취가 없다.

　나옹 선사는 이러한 경지에 대해 다음과 같이 말한다.

　　고금의 보금자리를 모두 쳐부수고, 범부와 성인의 자취를 모두 쓸어 없애며, 납승의 목숨을 끊어 버리고, 중생의 망상분별을 모조리 쓸어 버려라! 그리하면 변통과 살활을 자유로이 하게 되고, 모든 것이 때에 맞으며, 호령하거나 저울질하는 것도 모두 손아귀에 있게 된다.

　　破却古今之窠臼 掃盡凡聖之蹤由 割斷衲僧之命根 奪却衆生之情解 變通煞活 摠在臨時 號令權衡 都歸掌握　　　　　　　－『懶翁語錄』

7. 재가자도 깨달을 수 있는가?

간화선은 때와 장소를 가리지 않고 지금 이 자리에서 화두를 참구하는 수행법이다. 간화선 수행의 목적은 깨달아 생사를 해탈하여 영원한 행복을 실현하는 데 있다.

예부터 재가자로서 간화선 수행을 통해 깨달음을 얻은 사람들이 많이 있다. 어록을 보면 방거사龐居士를 비롯해 벼슬살이했던 백낙천, 배휴, 소동파 같은 이들이 모두 깨달음을 얻은 재가자로 등장하고 있다.

우리나라에서는 부설浮雪 거사 같은 분이 재가자로 깨달음을 얻은 대표적인 분이다. 『설봉어록』을 보고 깨달은 청평거사 이자현은 춘천 소양강변 오봉산에 문수원(文殊院, 청평사)을 세우고 이 곳에서 좌선 수행을 지도하기도 했다. 또 우리나라에 간화선이 소개되고 진각 선사나 보우 선사, 나옹 선사가 활동하던 시절에 그분들의 문하에서 간화선을 참구하고 법을 청하는 재가자들이 많이 있었음을 알 수 있다.

방거사(?~808)는 마조 선사의 재가 제자로 성은 방龐씨이고 이름이 온蘊이다. 거사는 원래 큰 부자였다고 한다. 어느 날 거사는 "집문서 땅문서는 물론 집에 있는 온갖 보석들을 동정호洞庭湖에 버리겠다"고 부인과 딸 앞에서 선언했다. 그러자 딸이 묻는다.

"아버님, 왜 가난한 사람들에게 나누어 주지 않고 버리시려 합니까?"

"재산은 탐욕을 부른다. 그러니 재산이 원수가 아니겠느냐? 진정한 보시는 탐욕이 생기지 않게 하는 것이다."

그러자 딸이 되묻는다.

"재산을 주는 것이 탐욕을 주는 것입니까?"

"그렇다. 나도 재산을 가난한 사람들에게 나누어 줄까 망설였다만 나에게 원수가 된 재산을 남에게 넘길 수는 없다."

이렇게 해서 방거사는 재산을 모두 호수에 버리고 난 뒤 고대광실과 같은 집에서 나와 다 쓰러져 가는 오막살이집에서 생활했다. 그리고 집 근처에 있는 대나무를 베어 조리를 만들어 장에 내다 팔며 생계를 유지하며 살았다. 거사는 청빈한 정신으로 탐욕과 잡념을 멀리하고 수행하여 마조 선사를 만나 깨닫고 이렇게 그 경지를 노래했다.

시방에서 함께 모여들어
저마다 무위법을 배우네.
이것이 부처를 뽑는 곳이니
마음이 텅 비어 급제해서 돌아가리.
十方同聚會 箇箇學無爲
此是選佛場 心空及第歸

배휴(裵休 791~870) 거사는 절도사 지위에까지 오른 관료로 규봉 종밀 선사에게 화엄과 선을 배우고 끝내는 황벽 선사 밑에서 깨달았다. 그리고 황벽 선사의 말씀을 하나하나 기록하여 뒷날 『전심법요 傳心法要』와 『완릉록宛陵錄』이라는 어록을 발간하였다. 거사가 자신의 서문까지 넣어 정성껏 이 어록들을 간행하였기에 황벽 선사의 선법 이 오늘까지 전해지게 된 것이다.

배휴 거사가 깨달은 기연을 소개한다.

한때 황벽 선사는 대안정사大安精舍에서 이름을 감추고 허드렛일을 하면서 지내고 있었다. 어느 날 배휴 거사가 이 절을 찾아와 부처님께 참배한 뒤 벽화를 감상하다가 문득 주지 스님에게 물었다.

"저 그림은 누구의 초상입니까?"

"고승의 초상입니다."

"영정은 여기 있는데 고승은 어디 있습니까?"

주지는 대답할 수 없었다. 그러자 다시 배휴가 물었다.

"이 절에 참선하는 스님이 없습니까?"

"요즘 어느 스님이 와서 허드렛일을 하고 있는데 그가 참선하는 스님인 듯합니다."

거사는 그 스님을 보자 한눈에 비범함을 알아보고는 말했다.

"영정이 여기 있는데 고승은 어디에 있습니까?"

이 질문을 받자 황벽 선사는 크게 소리쳤다.

"배휴!"

거사가 엉겁결에 "예" 하고 대답하자 황벽 선사가 말했다.

"그대는 어디에 있는가?"

그 순간 거사는 마음법의 참된 도리를 깨닫고 감격에 겨워 말했다.

"스님께서는 참으로 선지식입니다. 이토록 분명하게 사람들을 이끄시거늘 어찌하여 몸을 숨기고 계십니까?"

이렇게 배휴 거사는 황벽 선사를 만나 가르침을 받고 깨닫게 된다. 거사가 아침저녁으로 스님을 찾아 뵙고 도를 물어 기록한 것이 바로 위에서 말한 『전심법요』와 『완릉록』이다.

대혜 선사의 『서장』을 비롯하여 여러 어록에는 간화선을 실참한 많은 재가자들이 등장한다. 『서장』에서는 장구성, 유보학, 진국태 부인 등이 깨달음을 얻었거나 그 직전까지 이른 재가자들로 언급되고 있다. 이 가운데 진국태 부인은 자신의 깨달음의 경지를 이렇게 스님께 전한다.

광겁 이래로 밝히지 못한 일이 확연히 앞에 드러났습니다. 이는 남에게 얻은 것이 아닌지라 비로소 법의 기쁨과 선의 즐거움이 세간의 쾌락과는 도저히 비교할 수 없다는 것을 알았습니다.

曠劫未明之事 豁爾現前 不從人得 始知法喜禪悅之樂 非世間之樂

可比.   －『書狀』「答秦國太夫人」

이 글을 읽고 대혜 선사는 "너무 기뻐서 며칠 동안 침식을 잊었
다"고 했다. 진국태 부인은 아들을 재상의 지위에 오르게 한 어머니
로서의 역할을 다하면서도 화두를 들고 참선 정진했다. 그리하여 깨
달음에 이르렀다.

이렇듯 화두를 통한 깨달음은 출재가를 구별하지 않으며 남녀를
차별하지 않는다. 이 선법 속에는 모든 것이 차별 없이 회통되어 있
다. 모든 중생들은 본래 부처인 까닭에 본래 소식을 알리는 기연을
접하는 순간 깨닫게 되는 것이다.

제3장
간화선과 중생 교화

1. 깨달은 이는 중생 교화를 어떻게 하는가?

석가모니 부처님께서는 여섯 해의 고행 끝에 깨친 뒤 마흔다섯 해를 중생들과 함께 하면서 깨달음의 길로 이끌었다. 이러한 부처님의 삶은 깨달은 이의 삶의 모습이 어떠해야 하는지를 잘 보여 주고 있다.

마조 선사도 『고존숙어록』에서 『유마경』을 인용하면서 "세상에 있으면서도 오염된 행을 하지 않고, 열반에 머물러 있어도 영원히 멸도에 들지 않는다"[7] 라고 했다. 또 "범부의 신분이면서도 세속 일

---

7. "在於生死不爲汚行 住於涅槃不永滅度是菩薩行." - 『古尊宿語錄』

에 탐닉하지 않고, 성인의 경지에서도 중생을 버리지 않는 것이 진정한 보살행이다"라고 말했다.

깨달음의 두 축은 지혜와 자비다. 깨달음은 나와 남, 이것과 저것의 경계를 깨고 자타불이自他不二의 세계를 체득하는 것이다. 따라서 깨친 이의 삶은 그 자체가 동체자비의 실천행이라 할 수 있다.

세간과 산 속을 나누고 승僧과 속俗을 나누어 보는 것은 중생의 잘못된 견해다. 깨달은 이는 세간이든 산 속이든, 세속의 집이든 절이든, 거리든 시장이든 앉으면 법당이요, 머물면 부처님 도량이다. 일거수일투족 그 자체가 무진법문이기에 수많은 중생을 교화하는 것이다.

간화선은 번뇌가 그대로 깨달음이고 세간이 그대로 출세간이라는 믿음 위에 서 있기 때문에 번뇌 가운데 있되 번뇌에 속박되지 않고 그것을 부처의 자리로 돌려놓는다. 세간에 있되 세간에 물들지 않고 세간에서 만행을 실천하며 교화활동을 펼친다.

깨달은 이의 삶이라면 산 속에서 학인學人을 제접하든 세간에서 중생을 교화하든 어느 쪽이든지 문제될 것이 없다. 깊은 산 속에 맑은 약수가 있으면 마시기를 원하는 사람들이 저절로 모이듯 도인은 그렇게 찾아오는 수행자를 제접하기도 하고 번화한 도시에서 모여드는 대중을 교화할 수도 있는 것이다.

마음을 찾아가는 수행의 노정을 그림과 송頌으로 표현한 '심우도

尋牛圖' 라는 선화禪畵가 있다. 선 수행 단계를 소와 동자에 비유하여 나타낸 그림으로 자신의 본분 자리를 찾고 깨달음에 이르기까지의 과정을 열 단계로 나누어 그렸다 하여 '십우도+牛圖' 라고도 한다.

이 심우도의 마지막 장면을 입전수수入廛垂手라 한다. 시장 속으로 들어가 중생을 교화한다는 뜻이다. 이 입전수수를 표현한 대목의 그림에는 한 수행자가 지팡이에 큰 포대를 메고 사람들이 많은 곳으로 가는 모습이 그려져 있다. 또 어떤 그림에는 어린 아이와 이야기를 나누는 모습이 그려져 있다.

큰 포대는 중생들에게 베풀어 줄 복과 덕을 담은 포대로 불교의 궁극적인 뜻이 깨달음과 더불어 중생의 제도에 있음을 상징한다. 표주박 차고 지팡이를 짚고 집집마다 다니며 저마다 부처가 되게 하여 부처님 나라를 이룩한다. 비록 옷은 흙이 묻어 더럽고 머리는 재를 흠뻑 뒤집어썼지만 환한 미소로 아침부터 저녁까지 먼지 가득한 세속의 삶 속에서 중생들을 구제한다.

그런데 그 구제하는 방법 또한 선법으로 전개된다는 점을 주목해 보아야 한다. 노인은 어린아이에게 평상시의 인사말을 건넨다.

"그대는 누구인가?"

"어디에서 오는 길인가?"

"지금 어디로 가고 있는가?"

이것은 일상어를 빌린 자신의 본래면목을 보라는 우레와 같은 법문으로 우리가 만약 그림 속의 아이와 같지 않다면 그 법문을 알아듣기가 어렵다. 깨달은 이는 인연에 따라 자연스럽게 중생제도의 길을 간다. 중생들의 근기에 따라 그때 그때 저마다의 본래면목을 밝게 보여 주는 것이다.

2. 간화선의 사회적 가치와 역할

간화선이 정립될 당시 중국의 사회 역사적 현실은 커다란 위기 상황이었다. 송나라가 금나라와의 전쟁에서 패하여 사회가 어지럽고 경제가 어려워져 백성들이 혼돈과 절망에 빠져 있었다.

이러한 시대 상황에서 대혜 종고 선사는 간화선을 체계화하여 출가자와 재가자들에게 일상생활을 하면서 화두를 참구하는 법을 가르쳤다. 선사는 도탄에 빠진 백성들에게 용기를 불어넣어 무너져 가는 나라를 다시 일으켜 세우는 지혜를 밝히기 위하여 자유자재하고 활발발한 선을 널리 전파하였던 것이다.

간화선은 조사선의 전통을 계승하여 선을 대중화하고 사회화하면서 정립된 생활수행법이다. 대혜 선사의 『서장』을 보면 대혜 선사와 선 수행에 대한 의견을 주고받은 많은 재가 수행자들이 등장한다. 그들은 대개 당시 나라 살림을 맡고 있던 지금으로 보면 국무총리나 장·차관 같은 고위 공직자들이 많았다. 대혜 선사는 전쟁에 패하여 실의에 빠진 이들에게 선을 가르쳐 아집과 양변을 여의고 바른 가치관으로 국정을 이끌도록 적극적인 활동을 하였다. 그리하여 국가 지도자들이 깨어 있는 마음으로 나라를 바로 세우고 주객을 뛰어넘은 동체대비심으로 백성들의 어려운 삶을 보살피도록 하였던 것이다.

오늘날 우리 사회도 간화선이 정립되던 당시 중국 상황과 크게 다르지 않다. 비록 지난 시대에 비해 물질생활 수준은 나아졌다고 하지만, 정신문화의 성숙도와 교양의 깊이는 낮은 수준에 머물러 있다. 또한 아직도 남북 분단의 비통한 역사 현실과 동서, 노사, 진보와 보수 등등으로 대립하는 사회 흐름은 우리의 삶을 더욱 힘겹게 하고 있다. 더 나아가 지구촌 곳곳에서 대립과 갈등, 그리고 전쟁이 멈출 날이 없는 것이 인류 문명이 도달한 현주소이다.

다행히 근래에 국내외를 막론하고 많은 선남선녀들이 정신문화의 향상을 위하여 수행에 깊은 관심을 보이는 것은 어둠 속에서 한 줄기 빛을 만난 것처럼 밝고 기쁜 일이 아닐 수 없다. 미국과 유럽 등 서양에서도 물질 지향적 가치관을 반성하고 마음의 평화를 위해 수행에 관심을 가지는 이들이 점점 늘어가고 있는 모습은 인류문명이 앞으로 어떤 가치관에 근거해야 하는지를 암시하는 좋은 소식이다. 욕심과 경쟁을 앞세운 과학기술과 물질문명의 흐름은 이제 한계를 보여 주고 있다. 이러한 가치관과 문화로는 쉼 없이 닥쳐오는 스트레스, 화, 그리고 대립과 갈등을 피할 수 없다.

그동안 발전을 구가해 온 과학기술과 물질적 풍요는 마음과 인류 평화에 기여하기보다는 또 다른 대립과 갈등을 낳고 있다. 더 많이 가지려고, 더 오래 살려고, 좀 더 편해지려고 얼마나 상대의 마음을 아프게 하고, 시비분별하면서 살아가고 있는가?

이러한 까닭에 우리는 부처님의 가르침, 그 중에서도 선禪을 이 땅은 물론 전 인류에 널리 알려 생활을 바르게 하고 마음의 평안을 이루어 보다 인간답게 살아갈 수 있는 인연을 확대해 나가야 한다.

한국 불교는 일본이나 티벳, 또는 동남아 불교와는 다른 특징을 가지고 있다. 바로 선이 있다. 한국 불교에는 선이 정착하여 면면히 계승 발전하여 왔다. 그래서 다른 어느 나라 불교보다 법을 깊이 본다. 선종, 즉 조사선·간화선의 전통을 가장 잘 지켜 온 곳이 한국이다. 우리는 당당하게 자부심을 가져도 좋을 정도로 선 사상과 실참 실수의 면에서 대단한 가치를 간직하고 있다.

하나 안타까운 점은 우리나라 수행자들의 삶과 수행이 일치되지 않고 있다는 것이다. 법을 중심으로 일상생활에서 사고하고 실천해야 하는데, 그렇지 못하고 있다. 그것은 부처님의 교법과 선에 대한 이해가 부족하고 또한 이를 생활화하지 못하고 있기 때문이다. 이런 점에서 선 수행자와 종단 사부대중의 겸허한 반성과 뼈를 깎는 정진이 필요하다. 이 점을 개선한다면 한국 선은 우리 국민과 인류에 많은 기여를 할 수 있을 것이다.

세계에 여러 나라가 있고 다양한 종교가 있어 왔지만, 이념과 종교, 인종간의 대립과 갈등을 해소하기는커녕 더 심화시키고 있는 것이 현실이 아닌가? 그러나 불교는 전쟁과 극한 대립을 일으킨 역사가 없었다. 불교의 선을 제대로 알면 서로 평등하게 보아 대립과 갈등을 하지 않으며, 무한 경쟁시대에 무한 향상으로 이러한 문제를 능히 해소할 수 있다.

선의 가치를 세상에 널리 알리는 것은 어느 시대에나 중요했지만 지금은 더더욱 화급을 다툴 정도로 간절하고 시급하다. 삶을 떠받치고 있던 모든 가치 토대가 허물어지고 개인주의와 욕망으로 대변되는 척박하고 황폐한 우리 시대의 정신문화는 이제 우리에게 어떤 현실적 위안도 장미빛 미래도 보장해 주지 못하고 있지 않은가? 오직 인류가 직면한 근본적인 문제를 일거에 뛰어넘어 각자 자기 직분에서 무한 향상하여 서로 더불어 잘 살 수 있는 중도 연기와 선 체험을 인류 문명의 새로운 대안으로 제시해야 하겠다.

이제 인류의 제諸 문제를 자기 문제로 인식한 출ㆍ재가 수행자들은 개인과 시대를 아우르는 크나큰 발심을 일으켜 치열한 선 수행의 길을 가야 할 때이다. 무엇보다 먼저 출ㆍ재가 수행자들이 참선 수행을 통해 생활의 모범을 세우면서 이 땅에 선의 가치를 널리 알려 선사상과 문화를 찬란하게 꽃피워야 할 것이다.

그리하여 선의 자유자재하고 활발발한 기상이 사회의 모든 구성

원에게 전파되어 각자의 마음이 평화롭고 지혜롭고 자유로워지는
데 기여해야 하겠다.

지금 이 순간, 바로 이 자리에서 모양도 자취도 없지만, 활발발하
게 살아 움직이는 이 마음을 바로 보자.

자기 자신을 바로 보자.

우리는 본래 부처다.

흰 구름 담담히 떠가고	白雲淡泞
물은 푸른 바다로 흐르도다.	水注滄溟
만법은 본래 한가하건만	萬法本閑
사람 스스로 시끄럽구나.	而人自鬧[8]

8. 『圓悟心要』「示心道者」

부록 _ 좌선법

　좌선을 하려면 조용하고 정갈한 곳이 좋다. 그러나 보다 중요한
점은 지나치게 장소나 환경에 집착하지 않는 마음가짐이다.

　달마 선사는 "밖으로 모든 인연을 끊고 안으로 헐떡거림이 없어
마음이 장벽과 같이 되어야 가히 도에 들어간다"라고 하셨다.

　육조 혜능 선사는 『육조단경』에서 "밖으로 모든 경계에 마음이
움직이지 않는 것을 좌坐라 하고, 안으로 본래 성품을 보아 어지럽지
않은 것이 선禪이다"라고 하셨다. 참으로 조사 스님들의 고구정녕하
신 가르침이다.

　좌선하는 방법은, 먼저 큰 서원을 세워야 한다.

　'바른 법에 대한 신심이 견고하여 영원히 물러나지 않겠다.'

　'나고 죽는 생사윤회에서 벗어나 결정코 본래면목을 깨달으리라.'

　'반드시 부처님의 혜명을 잇고 모든 중생을 다 제도하리라.'

　이러한 원력을 양식 삼아 좌선할 때만이라도 모든 반연을 놓아
버리고 화두를 면밀히 참구해야 한다.

1. 좌선하는 방법에는 결가부좌와 반가부좌가 있다.

결가부좌는 두 다리를 꼬고 앉는 좌법으로, 오른 다리가 위에 올라가면 길상좌, 왼 다리가 위로 올라가면 항마좌라 한다. 길상좌의 경우 왼쪽 다리를 오른쪽 허벅지 위에 올려놓은 뒤 오른쪽 다리를 왼쪽 허벅지 위에 올려놓는 좌법이다.

반가부좌는 다리를 꼬지 않고 한쪽 자리만을 반대편 허벅지 위에 올려놓는 좌법으로 결가부좌가 불편한 초심자에게 적당하다.

〈결가부좌〉 〈반가부좌〉

2. 허리를 자연스럽게 반듯이 세우고 양쪽 어깨에 힘이 들어가지 않도록 한다. 양쪽 귀와 어깨를 나란히 하고 코와 배꼽이 수직이 되도록 한다.

3. 두 손은 연꽃모양
으로 가지런히 모아 단전
앞에 두고, 양손의 엄지
를 가볍게 서로 맞닿게

〈법계정인〉

붙인다(법계정인). 이 때 길
상좌의 경우 오른손을 왼손 위에 올려놓고, 항마좌의 경우 왼손을
오른손 위에 올려놓는다.

4. 입과 이는 긴장을 풀고 살짝 다물며 혀를 말아 혓바닥 아래쪽
이 입천장에 닿도록 한다. 눈은 반쯤 뜨되 부릅뜨지도 말고 감지도
말고, 자연스럽게 마치 머리가 없는 것처럼 생각하고 1~2m 앞 바닥
에 시선을 내려놓는다.

5. 음식을 너무 많이 먹지 말고 약간 부족한 듯하게 하라. 허리끈
은 여유 있게 하고 가능한 말을 많이 하지 말며 모든 긴장을 풀어 버
리도록 하라.

6. 호흡은 지극히 자연스럽게 하라. 약간 깊이 들이마시고 천천
히 내쉰다는 생각으로 하되 너무 신경쓰지 말고 화두만 참구하라.

7. 몸과 마음을 통째로 화두에 바쳐 버린다는 마음가짐으로 온통
화두와 하나가 되어야 한다. 좌선이 잘 된다는 생각도 잘 안 된다는
생각도 모두 망상이니, 오직 화두 참구만 애써 노력하라. 간절하고
진솔하게 하되 속효심도 해태심도 내지 말라.

8. 경책警策 – 좌선 중에 졸거나 정신을 집중하지 않아 자세가 흐트러지면 죽비로 경책을 한다. 경책은 바른 수행을 돕는 문수보살의 가르침이다. 경책을 할 때는 소임자가 경책받을 사람의 오른쪽 어깨 위에 죽비를 가볍게 올려놓고 지그시 누르면서 경책할 것을 알린다. 그러면 경책받을 이는 졸음에서 깨어 합장하고 머리를 왼쪽으로 가볍게 기울여 어깨로 경책받도록 한다. 경책을 받은 다음에도 합장하여 감사의 인사를 하고 다시 바른 자세로 되돌아간다.

9. 좌선 시간은 50분 앉았다가 10분 포행하는 게 기본이지만, 너무 시간에 구속되지 않아야 한다. 포행은 방선放禪 시간에 선방 안팎을 천천히 걸으면서 다리를 풀어 주는 것을 말한다. 포행 시에도 화두를 놓아서는 안 된다.

이상과 같은 방법으로 좌선을 하되 자세한 사항은 경험이 있는 이에게 배워서 하는 것이 좋다.

ㄷ

『간화선』 개정판을 내며

세존이 영산회상에서 꽃을 들어 보이신 세존염화世尊拈華는 언어 문자에 의지하지 않고 사람의 마음을 바로 가리키는 불립문자不立文字 교외별전教外別傳이 선禪의 본지임을 말하고 있습니다. 하지만 도道를 알지 못하는 범부凡夫에게 문자는 '표월지지標月之指', 즉 달을 가리키는 손가락과도 같습니다. 언어문자로 도의 세계, 깨달음의 세계를 설명하거나 보여 줄 수는 없지만 깨달음의 세계로 가는 길을 지시할 수는 있다 하겠습니다. 종단에서 간화선 수행 지침서인『간화선』을 펴낸 것도 미혹 속에서 방황하는 중생들을 깨달음의 세계로 인도하기 위함입니다.

지난 2005년 5월 선원수좌회와 불학연구소의 노력으로『간화선』이 간행되면서 종단에는 몇 가지 두드러진 성과가 있었습니다. 우선 교계 출판물로는 보기 드물게 많은 부수가 판매되었습니다. 이것은 간화선 수행에 대한 종도들의 높은 기대와 관심을 반영하는 것이라고 생각됩니다. 그러나『간화선』출판의 가장 큰 성과는 간화선 수행에 대한 이론적 체계를 종단적 차원에서 정립했다는 것입니다.

나아가 이러한 수행에 대한 이론적 지침을 확립하였다는 것은 대중적 수행문화를 만들어 가는 초석이 마련되었음을 의미합니다.

제불조사諸佛祖師들의 가르침은 일체 중생을 대상으로 하고 있습니다. 한편 전 세계적으로 불교 수행과 명상에 대한 관심이 날로 높아가고 있습니다. 이같은 추세에 비추어 볼 때 우리나라의 불교 수행 전통을 세계 시민들과 공유하고자 노력하는 것은 당연하다 할 것입니다. 이상과 같은 인식 속에서 종단에서는 『간화선』의 영역英譯을 계획하게 되었고, 또 그에 따라 『간화선』의 내용을 개정할 필요성이 대두되었습니다. 간화선 수행법이 중국에서 체계화된 것이라 여겨 조계종에서 발간한 수행 지침서 역시 중국 선사들의 어록을 중심으로 인용문을 구성하였기 때문입니다.

물론 불교는 정법正法이 핵심이므로 국경과 민족을 초월하고 있는 것은 사실입니다. 하지만 한국은 간화선의 역사와 전통이 살아있는 대표적인 국가라고 해도 과언이 아닙니다. 따라서 『간화선』을 세계에 알림에 있어서 한국 간화선의 깊이와 전통을 보여 줄 수 있어야 함은 물론입니다. 『간화선』 개정판은 이런 고민 속에서 착수되었습니다. 진리 자체는 시대와 지역에 따라 변하지 않는 '불변不變'이지만 진리를 설명하는 언어와 문자는 상황에 따라 능동적으로 변화하는 '수연隨緣'의 특성을 가져야 하기 때문입니다.

이에 선원수좌회와 불학연구소에서는 이미 발행된 『간화선』의 내용 가운데 본문은 현행대로 유지하고 인용문 중에서 중국 선사의 어록 대신 한국 선사의 어록으로 바꾸어도 무방하다고 생각되는 부분들을 교체하는 작업을 수행하였습니다. 다만 간화선과 관련한 우리나라의 어록이 중국에 비해 절대적으로 부족한 관계로 한국선의 우수성을 소개하겠다는 애초의 취지에 비춰 볼 때 만족스럽지 못한 것은 사실입니다. 하지만 이 작업으로 한국선의 존재와 사상적 깊이를 세계에 알리는 데 어느 정도 기여하리라 믿습니다.

끝으로 여러 가지 일로 공사다망하심에도 불구하고 오직 바른 선풍禪風을 전하겠다는 일념으로 개정판 윤독에 참여해 주시고 오류를 바로잡아 주신 전국선원수좌회 간화선 편찬위원 스님들께 깊은 감사의 말씀을 올립니다. 나아가 인용문을 발췌해 주신 김영욱 박사님을 비롯해 개정판 작업에 동참해 준 여러 학자님들께도 감사의 말씀을 드립니다. 더불어 『간화선』 초판 간행에 힘써 주신 전 불학연구소장 화랑 스님과 사무국장 철우 스님을 비롯해 박희승 차장과 고명석 과장 그리고 김방룡 전 연구원 등 불학연구소 전임 소임자께도 감사의 말씀을 전하는 바입니다.

불기 2551년 12월

불학연구소장 현 종

방·함·록

■ 대한불교조계종

종정	도림 법전
원로회의 의장	종 산
총무원장	지 관
중앙종회 의장	자 승
호계원장	법 등
교육원장	청 화
포교원장	혜 총

■ 교육부

교육부장 법 장		교육국장 성 해	
연수국장 범 수		교육차장 이상봉	
연수팀장 류창무		행정관 전인동	
주임 조현우		주임 양원준	
주임 이승철		주임 김영미	
주임 류창하		간사 조영덕	

■ 전국선원수좌회 편찬추진위원

고 우(조계종 원로의원)

무 여(축서사 선원장)

혜 국(석종사 선원장, 위원장)

의 정(상원사 선원장)

설 우(법인선원 선원장)

■ 교육원 불학연구소

소장	현 종
사무국장	명 연
선임연구원	서재영
상임연구원	요경
	대해
	범준
	김광식
주임	장혜정

조계종 수행의 길

간 화 선

초 판 1쇄 펴냄 ㅣ 2005년 5월 3일
개정판 2판 3쇄 ㅣ 2020년 10월 25일

편   저 ㅣ 대한불교조계종 교육원 불학연구소
　　　　　 전국선원수좌회 편찬위원회
발 행 인 ㅣ 정지현
편 집 인 ㅣ 박주혜
펴 낸 곳 ㅣ (주)조계종출판사
출판등록 ㅣ 제2007-000078호(2007.04.27.)
주   소 ㅣ 서울 종로구 삼봉로 81 두산위브파빌리온 232호
전   화 ㅣ 02-720-6107~9 **팩   스** ㅣ 02-733-6708
구입문의 ㅣ 불교전문서점(www.jbbook.co.kr) 02-2031-2070~1

ISBN 979-11-5580-046-1 03220